# Finanzielle Führung von Familienunternehmen

Thomas Zellweger · Patricio Ohle
(Hrsg.)

# Finanzielle Führung von Familienunternehmen

Transparenz – Compliance – Performance –
Strategie – Governance

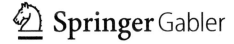

*Hrsg.*
Thomas Zellweger
Center for Family Business
Universtität St. Gallen
St. Gallen, St. Gallen, Schweiz

Patricio Ohle
FBXperts AG
Zürich, Schweiz

ISBN 978-3-658-38060-1      ISBN 978-3-658-38061-8   (eBook)
https://doi.org/10.1007/978-3-658-38061-8

Die Deutsche Nationalbibliothek verzeichnet diese Publikation in der Deutschen Nationalbibliografie; detaillierte bibliografische Daten sind im Internet über http://dnb.d-nb.de abrufbar.

Planung/Lektorat: Ulrike Loercher
Springer Gabler ist ein Imprint der eingetragenen Gesellschaft Springer Fachmedien Wiesbaden GmbH und ist ein Teil von Springer Nature.
Die Anschrift der Gesellschaft ist: Abraham-Lincoln-Str. 46, 65189 Wiesbaden, Germany

*Ohne die Familien Harald von Bohlen und Halbach (Krupp), Dr. Jürgen Manchot (Henkel) und meinen Paten Joachim Pfeifer hätte ich das Thema Familienunternehmen nicht schon bereits als Student zur Neigung gewählt. Für diese Wegleitung bin ich sehr dankbar. Herrn Klaus Köster danke ich für den Appell, die „Fahne der finanziellen Führung" aufrecht zu halten. Prof. Dr. Rolf Dubs, meinem Doktorvater Prof. Dr. Martin Hilb und Prof. Dr. Thomas Zellweger danke ich für Inspiration, Unterstützung und akademische Anleitung auf diesem Weg. Den CFO der Familienunternehmen sei dieses Buch gewidmet. Dr. Patricio Ohle, Zürich, 11. August 2022*

# Inhaltsverzeichnis

# Herausgeber- und Autorenverzeichnis

## Über die Herausgeber

**Prof. Dr. Thomas Zellweger** ist Ordinarius für Unternehmensführung mit besonderer Berücksichtigung der Familienunternehmen an der Universität St. Gallen sowie Geschäftsführender Direktor des KMU-HSG.

**Dr. Patricio Ohle** ist Gründer und Geschäftsführer der FBXperts AG. Er war drei Jahrzehnte lang in Führungspositionen bei Familienunternehmen tätig, unter anderem als Direktor bei der Hipp Holding AG, Schweiz. Dr. P. Ohle ist Research Fellow des Center for Family Business an der Universität St. Gallen, wo er auch promovierte. Er ist zudem Lehrbeauftragter der Universität St. Gallen in „Finance of large family firms".

## Autorenverzeichnis

**Dr. Annette Beller**  B. Braun SE

**Franz Berger**  Ivoclar Vivadent AG

**Dr. Stefan Borchers**  Vaillant Group

**Victor Graf Dijon von Monteton**  Kearney

**Marco Gadola**  DKSH

**Dr. Michael Gaska**  St. Galler Family Office Forum

**Martin Gasser**  Ehemals Reichle de Massari AG, Schweiz

**Dr. Lars Grünert**  TRUMPF GmbH & Co. KG

**Dr. Carsten B. Henkel**  Skyadvisory AG

**Felix Hess**  Hilti Group

**Dr. Mark Hill**  awk Aussenwerbung

**Thomas Holzgreve**  maxingvest ag

**Guido Huppertz**  Ehemals Benteler Gruppe

**Frank B. Jehle**  Benteler Gruppe

**Fabian Kracht**  mesakumo GmbH

**Anja Lagodny**  Ehemals Japan Tobacco International

**Nikolai Graf Lambsdorff**  Signature Ventures

**Andreas Lindner**  Orior Gruppe

**Mathias Margreiter**  Swarovski

**Dr. Claus Martini**  IVF Hartmann Group

**Christoph Michl**  Ehemals Schörghuber Unternehmensgruppe

**Vanessa Muellner**  Credit Suisse

**Dr. Michael Noth**  Ehemals Nordzucker AG

**Dr. Patricio Ohle**  FBXperts AG

**Alexander Pfeifer**  Pfeifer & Langen

**Akash Saini**  Citigroup

**Stanislaus Sayn-Wittgenstein**  Mitglied einer Unternehmerfamilien-Struktur

**Günter Schäuble**  Schindler Holding AG

**Peter Sielmann**  Ehemals Neumann Kaffee Gruppe

**Dr. Johannes Stankiewicz**  Ehemals Chocolat Frey AG/Delica AG

**Thomas Pierre Trinkler**  Trinkler & Partners Ltd.

**Prof. Dr. Andrej Vizjak**  Universität Eichstätt-Ingolstadt

**Axel Wachholz**  Phoenix Contact

**Béatrice Wenzel-Lux-Krönig**  Cartier S.A.

**André Wehrhahn**  Hansgrohe SE

**Franz Wirnsperger**  Berater und Coach

**Dr. Matthias Würsten**  Baumann Springs Ltd.

**Prof. Dr. Thomas Zellweger**  Center for Family Business, Universität St. Gallen

**Andreas Zetzsche**  Carlsquare

**Samuel Zimmermann**  Dormakaba AG

# Teil I

# Hinweise zur Methodik der finanziellen Führung aus Theorie und Praxis

Familienunternehmen sind anders, heißt es oft. Vor allem ist ihre Existenz langfristig betrachtet durchaus unwahrscheinlich. Einer Untersuchung von John Ward zufolge bleiben nicht mehr als 10 % der Familienunternehmen im Durchschnitt in Familienhand, wenn die dritte Generation erreicht wird – eine Schreckensbilanz, wie weltweite Forschungen untermauern (Ward 2011).[1] Damit wiederum scheint die Wissenschaft nur eine Weisheit zu bestätigen, die in Sprichwörtern und Bonmots als Quasi-Gesetzmäßigkeit rund um den Globus verbreitet ist: Länger als drei Generationen scheinen Erfolg und Wohlstand für Familienunternehmen nicht zu haben zu sein (Abb. I.1).

Insofern können wir auch die Frage, die uns der Eigentümer eines großen Mittelständlers in der Entstehungsphase dieses Buchs mit beinahe warnendem Unterton stellte, getrost verneinen: Nein, hier erwartet Sie nicht die „Folklore" vom überlegenen Familienunternehmen. Wir wollen keine Mythen pflegen und stellen uns der Realität. Schließlich fehlt es auch im deutschen Sprachraum nicht an den prominenten Beispielen für den Niedergang bekannter Namen und Marken. Eine unvollständige Liste umfasst die Erb-Gruppe, Charles Vögele Gruppe, die Praktiker Baumärkte, Grundig und Saba, Nordmende, Schlecker, die Glunz AG, Müller-Brot GmbH, Wienerwald und das Bankhaus Oppenheim, die Veritas AG, Esprit, Eisenmann SE und Gerry Weber, Beate Uhse AG, Heinz Kettler GmbH & Co. KG, Marbert, Walter Bau AG, Suhrkamp AG, Schiesser GmbH und Strenesse, Weltbild, Libro – und so weiter.

---

[1] Natürlich ist dies nicht in jedem Fall nur negativ zu bewerten. Unternehmen verschwinden nicht zwangsläufig, nur weil sie nicht mehr als Familienunternehmen gelistet sind. Zuweilen kann der Verkauf eines Familienunternehmens sehr sinnvoll sein, weil die Familie nicht mehr der beste Eigentümer ist. Das ist aber nicht zielkonform mit dem Anliegen dieses Buchs. Natürlich hat die finanzielle Führung für die Klärung der Frage des optimalen Eigentümers eine ganz wesentliche Rolle, durch Schaffung der Transparenz und Entscheidungsgrundlagen. Die Überlebensrate von 10% ist ein Durchschnittswert. Beispielsweise liegt der Wert in Deutschland eher höher – und unterscheidet sich nach Branche und Region.

**Abb. I.1**  Das „Gesetz" der drei Generationen. (Quelle: Hay Group 2014)

Dass der finanziellen Führung des Familien-Unternehmens eine Schlüsselposition dabei zukommt, solche Niedergänge zu verhindern, leuchtet ein. Vereinfacht gehen wir davon aus, dass der Finanzbereich im Minimum ca. ein Drittel der möglichen Verbesserungen eines Gesamtpotenzials von ca. 10–15 % heben kann (egal ob auf EBIT, EBT oder NOPAT bezogen). Wirkt er optimal mit den Ressorts Produktion und Marketing/Vertrieb zusammen und ist das Unternehmen noch nicht gut aufgestellt, liegt dieser Wert entsprechend höher. Insbesondere der[2] Chief Financial Officer (CFO) steht dabei vor spezifischen Anforderungen– und häufig im Brennpunkt verschiedener Herausforderungen und Rollen.

Dies macht die finanzielle Führung von Familienunternehmen zu einer spannenden Aufgabe – und einem ebenso spannenden Forschungsfeld.

Dieses Buch ist ein Ergebnis dieser Grundidee. Es versteht sich als praxisrelevanter Leitfaden und folgt dem Aufbau nach dem Fünf-Stufen-Modell, das Dr. Patricio Ohle in seiner Forschung an der Universität St. Gallen entwickelt hat. Die fünf Aufgabenfelder, die in den folgenden Beiträgen diskutiert werden, gehen weit über das bloße Finanzmanagement hinaus. Wir diskutieren Fragen der Transparenz und Compliance, von Performance und Strategie bis hin zur Governance – und geben konkrete Anregungen für den unternehmerischen Alltag. Ob Management, Eigentümer oder Beirat: Von diesem Brückenschlag zwischen Theorie und Praxis können unserer Überzeugung nach alle profitieren, die in Familienunternehmen Verantwortung tragen.

---

[2] Zur besseren Lesbarkeit wird in den folgenden Beiträgen auf die gleichzeitige Verwendung männlicher und weiblicher Sprachformen verzichtet. Sollte eine männliche Form verwendet werden, bezieht sie sich immer zugleich auf Männer und Frauen.

Am Center for Family Business der Universität St.Gallen hat sich in den vergangenen Jahren seit 2005 ein exklusiver Kreis von CFOs aus großen deutschsprachigen Familienunternehmen gebildet. In diesem Buch teilen diese Topexperten ihren Wissens- und Erfahrungsschatz. Dazu nehmen sie jeweils am Ende der fünf Hauptkapitel kurz zu den wesentlichen Herausforderungen der jeweiligen Entwicklungsstufe Stellung. Dieser Schlusskommentar ist als „FBXperts View" gekennzeichnet (vgl. auch Kapitel 34 und 35). FB steht für "family business" - aber darüber hinaus auch für "finance & business" (www.fbxperts.ch).

## Literatur

Ward, J. (2011). Keeping the Family Business Healthy. How to Plan for Continuing Growth, Profitability, and Family Leadership. Palgrave Macmillan.

Zellweger, T. M., Nason, R. S., & Nordqvist, M. (2012). From longevity of firms to transgenerational entrepreneurship of families: Introducing family entrepreneurial orientation. Family Business Review, 25(2), 136–155.

# From Impact to Insight – Familienunternehmen und finanzielle Führung in Praxis und Theorie

Thomas Zellweger

Die vermeintlich beste Legitimation, sich mit Familienunternehmen aus wissenschaftlicher Perspektive auseinanderzusetzen, scheint sich aus deren volkswirtschaftlicher Bedeutung zu ergeben. Die schiere Tatsache, dass diese Unternehmen mehr als 85 % aller Unternehmen und rund 70 % aller Arbeitsplätze weltweit stellen, scheint auf den ersten Blick Grund genug zu sein, sich dem Thema vertiefter zu widmen. Allerdings ist diese Motivation in dem Sinne nicht ganz überzeugend, als damit das Eingeständnis einher gehen muss, dass sich auch die bisherigen betriebswirtschaftlichen Studien, welche nicht explizit auf Familienunternehmen fokussierten, sich mit dem Thema auseinandergesetzt haben müssen, und entsprechend wohl nicht viel Neues zu erfahren ist.

Dem Thema Familienunternehmen werden wir viel eher gerecht, wenn wir uns in unseren Überlegungen von der Frage leiten lassen, wie Kontrolle durch Familie ein Unternehmen in seinen strategischen Entscheidungen beeinflusst. Damit nähern wir uns dem Kern des Themas, und damit der Frage, was Familienunternehmen effektiv ausmacht. Der heutige Erkenntnisstand ist, dass Familienunternehmen Organisationen sind, welche unter dem kontrollierenden Einfluss einer Familie stehen, wobei die Familie diesen Einfluss auch für künftige Generationen der Familie erhalten möchte. Diese Definition ist insofern wichtig, als dass sich aus ihr die Konsequenzen ableiten lassen, wie Familien ihre Unternehmen beeinflussen, wobei deren Einfluss auf die finanzielle Führung hier besonders interessiert.

T. Zellweger (✉)
Center for Family Business, Universtität St. Gallen, Gallen, Schweiz
E-Mail: thomas.zellweger@unisg.ch

## Familienunternehmen und finanzielle Führung

Aus der obigen Definition leitet sich die Frage ab, inwiefern Familienunternehmen in finanzieller Hinsicht anders geführt werden im Vergleich zu Nichtfamilienunternehmen. Die Forschung hat zu dieser Frage in den letzten Jahren einige Antworten gefunden:

Familienunternehmen sind liquider und weniger verschuldet als Nichtfamilienunternehmen. Sie zahlen geringere Dividenden aus, sind kleiner, haben eine Präferenz für Investitionen in fixed assets, insbesondere Immobilien, und sind eher zurückhaltend, in Forschung und Entwicklung zu investieren. Sie sind darauf bedacht, das bestehende Geschäft zu perfektionieren und weisen dadurch eine höhere operative Effizienz als Nichtfamilienunternehmen auf. Demgegenüber geht der Fokus auf Stabilität und langfristiges Überleben einher mit einer geringeren Effizienz im Einsatz der oft umfangreich verfügbaren Assets.

Diese empirischen Tatsachen lassen sich sehr gut auf die angeführte Definition von Familienunternehmen und die strategischen Präferenzen der Eigner zurückführen: der Erhalt eines Unternehmens, das nicht nur finanziell, sondern auch emotional eine große Bedeutung für deren Eigentümer hat. Die Konzentration von Vermögen und Herzblut in einem Unternehmen führt also zu einer finanziellen Unternehmensführung, die nicht richtig in die Standardmodelle der Finanzierungslehre passt. Diese Modelle gehen in der Regel davon aus, dass alle Investoren breit diversifiziert sind, die Investoren nur einen sehr kleinen Anteil am Unternehmen halten, dass die Märkte für Unternehmensanteile liquid sind, dass alle Investoren nur über eine einzige Zeitperiode hinweg investieren, dass perfekt transparente Information besteht, und dass Investoren nur am finanziellen Wert ihrer Investition interessiert ist. Was für ein Unterschied zu Familienunternehmen!

## Der CFO im Familienunternehmen

Es ist vor diesem Hintergrund nicht erstaunlich, dass der Finanzchef respektive die Finanzchefin in Familienunternehmen eine besondere Rolle einnehmen. Es ist keine einfache Rolle. Auf der einen Seite stehen Eigentümer, die sich mit ihren Unternehmen identifizieren, und an deren effizienter Führung, solider Finanzierung, und langfristigem Erfolg interessiert sind. CFOs arbeiten in diesen Unternehmen mit Eigentümern zusammen, denen Quartalsdenken fremd ist, und welche ein Arbeitsumfeld schaffen, in welchem man sich langfristig entwickeln kann. Die Eigenheiten von Familienunternehmen gehen aber auch einher mit einigen spezifischen Herausforderungen für CFOs. CFOs sind konfrontiert mit einer risikoaversen Grundhaltung im Unternehmen und einer teilweise inkonsequenten Haltung, wenn beispielsweise, wie wir beobachten konnten, bisweilen auch mal Lieblingsprojekte der Eigentümer verfolgt werden, obwohl diese hohe Verluste einfahren, weil privates Vermögen der Eigner mit geschäftlichem Vermögen vermischt wird, oder weil Personalentscheide auf Basis familiärer Bande und nicht auf Basis von fachlicher Eignung getroffen werden. CFOs in Familienunternehmen stehen oft im Brennpunkt zwischen Familie und Unternehmen, wobei die Interessen von Familie und Unternehmen nicht immer gleichgerichtet sein müssen. Vor diesem Hintergrund stehen CFOs manchmal in einem Loyalitätskonflikt, bei welchem auf der einen Seite die Interessen des ultimativen Chefs des Unternehmens stehen, und auf der anderen Seite die Interessen des Unternehmens und seiner weiteren Anspruchsgruppen. Großartige CFOs in Familienunternehmen wissen um die Notwendigkeit des Ausgleichs der Interessen aller Anspruchsgruppen im Unternehmen, inklusive der Eigner. Sie schaffen es, auf Augenhöhe mit CEO, Aufsichts-/Verwaltungsrat und Eignern zu diskutieren und einen Ausgleich der Interessen zu schaffen, indem sie durch ihre analytische Arbeit Transparenz und Objektivität zur Beurteilung von komplexen Fragestellungen schaffen. Ein professioneller CFO in einem Familienunternehmen behält eine gewisse Distanz zu den Eignern im Wissen, dass die Rolle des CFO auch bedingen kann, Vorschläge der Eigner kritisch zu hinterfragen; eine spannende, aber auch herausfordernde Aufgabe mit vielen denkbaren Rollenaspekten.

## Das Center for Family Business der Universität St. Gallen und sein Finanzforum für Familienunternehmen

Es sind genau diese Unterschiede zwischen Theorie und Praxis der (finanziellen) Unternehmensführung, welche Familienunternehmen zu einem faszinierenden Forschungsfeld machen. Im Jahre 2005 gründete die Universität St. Gallen (HSG) ihr Center for Family Business, mit dem Zweck, Erkenntnislücken zur Führung von Familienunternehmen zu schließen. In Anbetracht des Mangels an Theorie zu Familienunternehmen, in Kombination mit einem erschwerten Zugang zu Daten über diese Unternehmen, bietet sich ein Forschungsansatz an, bei welchem wir teilnehmend beobachten, zuhören, hinterfragen, und daraus Erklärungsansätze ableiten, welche in einem nächsten Schritt, quantitativ untersucht werden können. Die Universität St. Gallen, insbesondere ihr Institut für Klein- und Mittelunternehmen und Unternehmertum, verfolgt seit seiner Gründung im Jahre 1946 diesen „engagierten" Forschungsansatz. Dieser Ansatz stand auch bei der Gründung des St. Galler Finanzforums für Familienunternehmen (SGFF) Pate. In enger Kooperation mit Dr. Patricio Ohle, Direktor der Hipp Holding AG mit Verantwortung für die Finanzen und Research Fellow unseres Institutes, konnte über die Jahre ein Kreis von CFOs von großen Familienunternehmen aus dem deutschsprachigen Europa (D/A/CH) gebildet werden.

Dieses Programm bedeutete für uns Alle ein intensives Lern- und Erfahrungserlebnis und eine „Unité de Doctrine" dieses speziellen Kreises. Die Universität wiederum generiert dadurch Wissen, Denkanstöße und Erfahrungsbeispiele, die ihre eigene Lehre und Forschung befruchten. Es sind in erster Linie die Schärfung der Problemstellung sowie der tiefe Einblick in die praktische Welt, welche aus betriebswissenschaftlicher Sicht so wertvoll sind. Auf dieser Basis entsteht zunächst Erfahrungswissen und, ergänzt durch eine vertiefende Auseinandersetzung mit den Themen außerhalb des Finanz-forums, gesichertes Wissen. Dieses Wissen wiederum findet seinen Weg nicht nur in Forschung, Lehre und Weiterbildung, sondern auch zurück ins Forum selber. Dieses Feedback erfolgt über eine Systematisierung der im Forum gemachten Beobachtungen, die Ergänzung mit den außerhalb des Forums gewonnenen Erkenntnissen und die Klärung von Kausalzusammenhängen hinter den praktischen und individuell erfahrenen Problemstellungen der CFOs.

## From Impact to Insight

Das Leitmotiv der Universität St. Gallen lautet „From Insight to Impact". Damit ist gemeint, dass die Universität mit ihrer Forschung eine praktische Wirkung erzielen will oder eben den Anspruch verfolgt: „Wissen schafft Wirkung". Als Universität mit Exzellenzanspruch ist eine wirkungsorientierte Forschung ein wesentlicher Baustein im Rahmen der Positionierung der HSG in der Hochschullandschaft. Das St. Galler Finanz-forum für Familienunternehmen bzw. das digitale Wissensportal fbxperts.ch ist konform mit dieser Strategie, da es aufzeigt, wie wertvoll auch der umgekehrte Weg sein kann, nämlich „From Impact to Insight" zu gehen. In der Quintessenz zeigt dieses Forum auf eindrückliche Weise, wie gegenseitig befruchtend der Austausch zwischen Theorie und Praxis der Unternehmensführung sein kann. Typisch Universität St. Gallen eben.

**Prof. Dr. Thomas Zellweger** ist Ordinarius für Unternehmensführung mit besonderer Berück-sichtigung der Familienunternehmen an der Universität St. Gallen sowie Geschäftsführender Direktor des KMU-HSG.

Patricio Ohle

Die Kenntnis der Führung der privaten Unternehmen ist ein breites Feld: Start-ups, Transaktionen mit Private Equity oder sogar ein partieller IPO, das typische Ein-, Zwei- oder Mehrgenerationenunternehmen, Single Family Offices. Wo könnte man da einen gemeinsamen Nenner oder eine gemeinsame „Unité de Doctrine" beim finanziellen Management bestimmen? „Oftmals schauen Eigentümer in erster Linie auch heute noch auf den Gewinn", sagte Prof. Ingo Böckenholt, inzwischen Präsident und Geschäftsführer der International School of Management im Zusammenhang mit seinem Ausscheiden als Geschäftsführer der familiengeführten Spedition Dachser aus dem Allgäu (Dachser SE 2007): „Solange noch halbwegs schwarze Zahlen geschrieben werden, ist für die meisten Gesellschafter die Welt noch in Ordnung. Diese Betrachtung ist leider nicht angemessen."

Ich stimme Ingo Böckenholt zu. Familienunternehmen müssen die finanzielle Führung aus allen Perspektiven optimieren. Diese Optimierung ist notwendig, aber wie wir auch zeigen werden, nicht hinreichend um den langfristigen Unternehmenserfolg sicher zu stellen. In meiner Forschung am Center Family Business der Universität St. Gallen sowie aus eigenen Erfahrungen als CFO habe ich dazu eine Systematik entwickelt (Ohle 2012). Sie besteht aus fünf unterscheidbaren Entwicklungsschritten, wobei jeder einzelne Entwicklungsschritt als Durchbruch (Systemdurchbruch) im Hinblick auf das Gesamtziel betrachtet werden kann: Wir überleben unabhängig als Familienunternehmen und stellen sicher, dass es auch in der nächsten Generation der Familienunternehmer die Bedürfnisse in seinem Markt erfüllt – besser als seine Wettbewerber.

P. Ohle (✉)
FBXperts AG, Zürich, Schweiz
E-Mail: patrick.ohle@fbxperts.ch

T. Zellweger und P. Ohle (Hrsg.), *Finanzielle Führung von Familienunternehmen*,
https://doi.org/10.1007/978-3-658-38061-8_2

Das Entwicklungsmodell (Abb. 2.1) beginnt mit dem Schaffen von Transparenz, die als Katalysator übergeordnete Bedeutung in der Methodik hat, gefolgt von der Sicherstellung der Compliance, der Optimierung der Performance, einer periodischen Anpassung der Strategie und schließlich der sogenannten „guten" Governance (Führung). Würde man Beispiele für die Phasen suchen, so würde man – um einige Namen zu nennen – Unternehmen wie die Hilti AG, Pfeifer & Langen KG und Henkel KGaA wohl weit oben einordnen. So sollte man jedes Familienunternehmen einmal grundsätzlich kategorisieren, z. B. mit Hilfe eines Ratingmodells. Dabei ist zu beachten, dass eine Zuordnung immer nur an einen thematischen Schwerpunkt der jeweiligen Stufe anknüpft und dass die Betrachtung fortlaufend angepasst und aktualisiert werden muss.

Wir haben zudem analysiert, wie sich spezifische Risikofaktoren von Familien-unternehmen in dieses Modell einordnen und behandeln lassen. Die analysierten Unternehmen waren Walter Bau AG, Haribo GmbH, Oetker GmbH & Co KG sowie weitere typische Beispiele wie Aldi, Lidl, Tengelmann, Dussmann Group, Oppen-heim, Merck KGaA, Diehl Stiftung & Co., Drägerwerck AG & Co. KGaA, Unter-nehmensgruppe Tönnies, Doppelmayr Holding SE, Müller Milch, Stihl GmbH & Co KG, Teekanne, Bahlsen und Peek & Cloppenburg und viele mehr. Zu den typischen

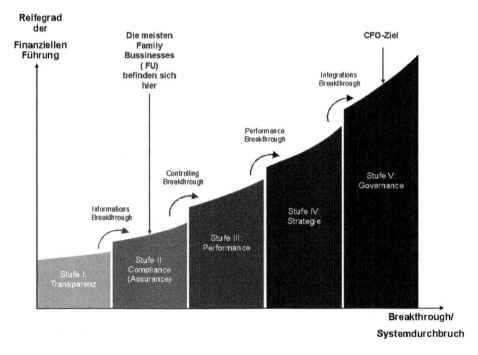

**Abb. 2.1** Die fünf Stufen bis zur Exzellenz der finanziellen Führung. (Quelle: Eigene Dar-stellung)

Risikofaktoren in Familienunternehmen gehört demnach beispielsweise eine unüber-
sichtliche Organisationsstruktur in Folge steuerlich getriebener oder gewachsener
Strukturentscheidungen bzw. als Effekt von Intransparenz. Praktikern wohlvertraut sind
Gesellschafter, die mehrere Hüte aufhaben: einmal Gesellschafter, dann Verwaltungsrat und dann zusätzlich operativ „zuständiger" Geschäftsführer. „Family and friends" –
eine Herausforderung. Auch eine spezifische Finanzlogik, die letztendlich auf Vorlieben
der Eigentümer zurückzuführen ist, gehört hierher. Beispiele sind eine unübliche Aus-
schüttungspolitik, das „Löcherstopfen" durch Intercompany-Darlehen (Buomberger
2005), mangelnde Budgetdisziplin und zu niedrige oder zu hohe Verschuldung, die nicht
geschäftlichen, sondern Familienzwecken folgt.

Fassen wir die typischen Risiken von Familienunternehmen vereinfacht zusammen,
aus denen sich das Risiko suboptimaler Entscheidungen ergeben kann (Abb. 2.2).

In diesem anspruchsvollen Spannungsfeld ist die Finanzfunktion unterwegs. Daher
haben wir neben den o. g. Erfolgsfaktoren in besonderem Maße die Berücksichtigung
der Risiken bei der Gestaltung unseres Modells der fünf Stufen integriert, denn bei
der Bewältigung von Risiken spielt die finanzielle Führung eine ganz wichtige Rolle

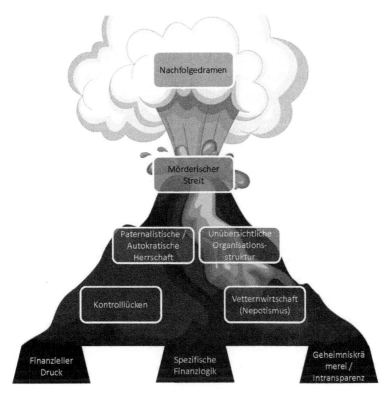

**Abb. 2.2** Spezifische Problemfelder von Familienunternehmen. (Quelle: Eigene Darstellung in
Anlehnung an Kets de Vries (1996))

im Familienunternehmen – in den Augen mancher die wichtigste. Warum das Modell mit der Kategorie der Transparenz startet, mag eine tragische Geschichte illustrieren: die von Adolf Merckle und seiner Merckle Gruppe. 2008 beschäftigte die Gruppe 100.000 Beschäftigte. Phönix Pharmahandel, VEM Gruppe, Ratiopharm, Kässbohrer Geländefahrzeuge und HeidelbergCement sorgten für einen konsolidierten Umsatz von ca. 30 Mrd. EUR. Demgegenüber standen allerdings über 3 Mrd. Schulden bei über 51 Banken, davon 1,2 Mrd. bei der Commerzbank AG. In der Finanzkrise 2008 waren Aktien als Sicherheit verpfändet worden.

Nun verlangten einige Banken die vorzeitige Rückzahlung. Nicht zuletzt die intransparente Struktur der Gruppe führten zu erheblichen Schwierigkeiten bei der Restrukturierung und dem Versuch, die Banken von einem Überbrückungskredit zu überzeugen. Viele Unternehmensteile wurden notfallmäßig verkauft, was zu einem erheblichen Schaden führte. 2009 nahm sich Adolf Merckle das Leben – ein Unternehmer, der aus einem mittelständischen Betrieb einen europäischen Konzern aufgebaut hatte, ohne die finanziellen Strukturen adäquat mitzugestalten (Handelsblatt, 2009). Das Beispiel untermauert, dass mit dem Wachstum und der Ausweitung der Geschäfte auch in Familienunternehmen ausgefeilte Prozesse notwendig werden, z. B. die Betriebsabrechnung und Kostenrechnung, Budgets, Reporting Systeme und das Verwalten der liquiden Mittel, die Wachstumsfinanzierung und die Zusammenarbeit mit Banken und Anteilseignern (Fischetti 2000). Gottlob ereilt nur wenige Familienunternehmen ein derartiges Schicksal wie jenes der Merkle Gruppe. Viele wachsen über die Jahre und Generationen und bleiben auch in stürmischen Zeiten standhaft. In diesem Sinne mag die Analogie mit einem Obstbaum zutreffen, wie sie Abb. II.1 (unten) zeigt: Die Transparenz würde hier die Wurzeln bilden, am erfolgreichen Ende stünde die Ernte in Form guter Governance – oder, auch so kann man die Grafik II.1 verstehen, in Form des langfristigen Erfolgs.

## Literatur

Buomberger, T. (2005). Die Erb-Pleite, 2. Teil: Der Zusammenbruch. https://www.handelszeitung. ch/unternehmen/die-erb-pleite-2-teil-der-zusammenbruch. Letzter Zugriff am 19.07.2022.

Dachser SE (2007). https://www.pressebox.de/inaktiv/dachser-gmbh-cokg/Dr-Ingo-Boeckenholt-als-Dachser-Geschaeftsfuehrer-abberufen/boxid/132098. Letzter Zugriff am 19.07.2022.

Fischetti, M. (2000): Financial Management of Your Family Company. Family Business Publishing Company.

Handelsblatt (2009). https://www.handelsblatt.com/unternehmen/industrie/unternehmer-tragoedie-milliardaer-adolf-merckle-begeht-selbstmord-seite-3/3083488-3.html. Letzter Zugriff am 19.07.2022.

Ohle, M.P. (2012). Die Rolle des CFO in grossen Familienunternehmen. (Diss.), Universität St.Gallen.

**Dr. Patricio Ohle** ist Gründer und Geschäftsführer der FBXperts AG. Er war drei Jahrzehnte lang in Führungspositionen bei Familienunternehmen tätig, unter anderem als Direktor bei der Hipp Holding AG. Dr. P. Ohle ist Research Fellow des Center for Family Business an der Universität St.Gallen, wo er auch promovierte. Er ist zudem Lehrbeauftragter der Universität St.Gallen in „Finance of large family firms".

# Teil II

# Transparenz: Kickstarter für die Transformation

Der Fall Merkle ist ein besonders drastisches Beispiel: Viele Familienunternehmen tun sich schwer mit dem Thema Transparenz (Rappers 2022). Dabei ist es das Bindeglied für alle anderen Dimensionen exzellenter finanzieller Führung – und das Fundament jeder erfolgreichen Transformation, wie die Abb. II.1 zeigt. Deshalb beginnt unsere Reise hier.

> **In diesem Teil erfahren Sie:**
> - wie die optimale Finanzierungsstruktur aussehen muss, um unabhängig zu bleiben
> - wie Sie Daten für die Transformation nutzen und dabei typische Fehler vermeiden
> - worauf es ankommt, wenn der CFO zugleich als Family Officer fungiert
> - wie das Vermögen der Familie am besten zu strukturieren ist
> - wie Sie ihre Finanzprozesse Schritt für Schritt aus der Strategie ableiten können
> - welche Vorteile eine flexible Planung hat und wie Sie diese umsetzen

Das Finanzressort muss für die zielkongruenten Veränderungswünsche sachliche Begründungen liefern für die zielkongruenten Veränderungswünsche – nur so lassen sich die anderen Ressorts mitziehen auf dem Weg, den wir zu beschreiten raten (Vgl. Grafik II.1). Der Anfang einer solchen Transformation erfolgt mit der Phase der Transparenz. Wir bezeichnen das als informationellen Systemdurchbruch (z. B. Information Breakthrough).

Erkennen Sie anhand der Auswahl der Herausforderungen, die wir der Transparenz in unserem Stufenmodell zuordnen, dass es u. E. um mehr als Finanzierung geht?

**Abb. II.1** Was in Familienunternehmen Früchte trägt. (Quelle: Eigene Darstellung; unveröffentlichtes Papier aus Vorlesung: Challenges of international family firms (2021))

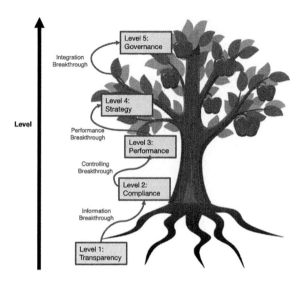

## Literatur

Rappers, T. (2022). Adieu, Geheimniskrämerei und Eigenbrötlerei. https://dienews.net/artikel/adieu-geheimniskraemerei-und-eigenbroetlerei /. Letzter Zugriff am 19.07.2022.

# Optimale Finanzierungsstruktur: Engpässe vermeiden und Headroom vorausschauend wahren: Alles richtig gemacht… fast!

3

Johannes Stankiewicz, Mark Hill und Peter Sielmann

Der CFO des mittelständischen Maschinenbauers hat soeben seine erste Schuldschein-finanzierung erfolgreich platziert. Das Unternehmen konnte sein Fälligkeiten Profil mit langen Laufzeitprofilen von fünf, sieben und zehn Jahren optimal ergänzen und neben seinem bestehenden Konsortialkredit ein zweites Finanzierungsstandbein etablieren. Der (unbesicherte) Schuldschein (SSD) ermöglichte darüber hinaus, neue Fremdkapitalgeber aus dem Sparkassen-, Volksbanken- und dem Versicherungssektor zu erschließen. Fällig-keiten Profil optimiert, Kapitalgeberkreis erweitert, günstige Finanzierungskonditionen gesichert: Alles das wurde in den Präsentationen der Banken dem Unternehmen auch als Vorteile der neuen Finanzierungsstruktur geschildert.

Doch ein knappes Jahr später findet sich der CFO in einer sehr unschönen Gläubiger-runde wieder und kämpft darum, dass die Finanzierungspartner ihre Instrumente nicht kündigen und die für ihn so wichtigen Linien offenhalten. Was war passiert? Zunächst einmal trat eine deutliche Verschlechterung der wirtschaftlichen Lage ein. Der CFO informierte seine Kernbanken und den Agenten der Schuldscheinbanken im Rahmen der vereinbarten Informationsintervalle regelmäßig über die Entwicklung, jedoch nur sehr zurückhaltend über eingeleitete Maßnahmen. Dennoch konnte eine Nachverhandlung der einzuhaltenden Finanzkennzahlen nicht vermieden werden. Somit schwand das Vertrauen

J. Stankiewicz (✉)
Köln, Deutschland

M. Hill
Rosbach, Deutschland

P. Sielmann
Sandtorpark GmbH, Hamburg, Deutschland

einzelner Finanzierungspartner zusehends, einzelne Schuldscheingläubiger fühlten sich nicht mehr wohl im Engagement. Sie kündigten ihren Anteil an der Schuldschein-Transaktion, um ihr eigenes Kreditportfolio zu bereinigen. Hierdurch stieg die Nervosität der anderen Schuldscheingläubiger massiv an, auch erste Banken des Konsortialkredits wurden unruhig. Im Unterschied zum Schuldschein hatten die Konsortialbanken jedoch nicht die Möglichkeit, bilateral zu kündigen und blieben zunächst weiterhin an Bord.

Dennoch waren Kapazitäten des Managements und der Finanzabteilung massiv gebunden, um weitere Kündigungen von Schuldscheingläubigern zu vermeiden. Jedoch hatte das Unternehmen seinen Kreditversicherer vergessen. Dieser wurde bislang nicht intensiv über die aktuelle Entwicklung aufgeklärt, sondern erfuhr „aus dem Markt", dass mehrere Schuldscheingläubiger ihr Engagement zwischenzeitlich kritisch überdenken und einzelne Kündigungen nicht vermieden werden konnten. So kam es zur Reduktion der Obligo-Linien des Kreditversicherers und die Lieferanten des Maschinenbauers konnten ihre Forderungen nicht mehr entsprechend absichern. Im Rahmen der Gläubigerrunde wurde das Management auf einmal zum Zuschauer verdammt, wie die unterschiedlichen Geldgeber darüber nachdenken, ob sie das Unternehmen weiter begleiten wollen, oder ihre Engagements kündigen und das Unternehmen somit in die Insolvenz schicken. Das Unternehmen konnte nur mit Mühe seine unterschiedlichen Gläubigerkreise beieinander halten und die Situation lösen. Wie konnte es zu so einer Entwicklung kommen? Wo hätte das Management früher und anders reagieren können?

## Finanzierungsstrategie bedeutet nicht zwingend möglichst niedrige Zinsen!

Nach wie vor fehlt es in vielen Unternehmen an einer nachhaltigen Finanzierungsstrategie. Vielmehr erfolgen Finanzierungen noch immer anlassbezogen und im Rahmen eines individuellen Prozesses wird dann eine Finanzierungsstrategie überlegt. Sehr oft fokussiert sich diese jedoch vor allem auf vier Punkte:

1. möglichst zinsgünstig;
2. möglichst langes Laufzeitprofil (um sich das gegenwärtige Zinsniveau langfristig zu sichern);
3. möglichst wenig Finanzierungspartner (um Informationen nicht breit in einen Kapitalgeberkreis zu streuen) und
4. möglichst keine Mitsprache (deswegen kein weiteres externes Eigenkapital oder Nachrangkapital).

Diese Punkte sind für sich genommen alle valide, jedoch stellen sie nur einen Teil einer Finanzierungsstrategie dar. Regelmäßig erlebt man in schwierigeren Gläubigerrunden, dass Unternehmer nicht einmal die Frage beantworten können, nach welchen Finanz-kennzahlen sie das Unternehmen führen und wo wichtige Schwellenwerte liegen. Ganz zu schweigen von der Formulierung einer Finanzierungsstrategie, die sich aus der Unternehmensstrategie ableitet. Die Kernaufgabe des CFO im Familienunternehmen ist die Sicherung der Liquidität und damit erfolgreiche Unabhängigkeit. Dazu gehört beispielsweise eine Art Ampelsystem, sobald Linien über einen bestimmten %-Satz genutzt sind, um Verhandlungen zeitnah aufnehmen zu können.

## Bausteine einer integrierten Finanzierungsstrategie

Es lassen sich grundsätzlich vier Elemente oder Bausteine einer solchen Finanzierungs-strategie aufbauen, die dann an die individuellen Bedürfnisse des individuellen Unternehmens angepasst werden müssen:

1. Die Verknüpfung der Finanzierungsstrategie mit der generellen Unternehmens-strategie
2. Die Definition des strategischen Finanzierungsbedarfs
3. Die Auswahlkriterien für Finanzierungsinstrumente und -partner
4. Die Definition eines grundlegenden Finanzierungsprozesses

Abb. 3.1 gibt eine Übersicht zu diesen vier Elementen und ihren wichtigsten Aspekten.

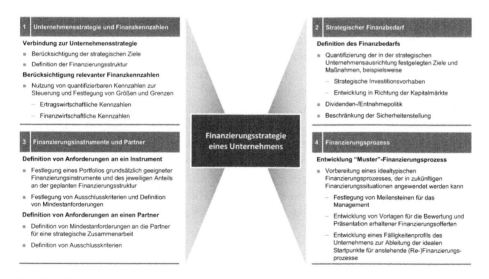

**Abb. 3.1** Elemente der Finanzierungsstrategie. (Quelle: Eigene Darstellung)

## Verknüpfung mit der Unternehmensstrategie und Steuerungskennzahlen

Die übergeordneten strategischen Ziele des Unternehmens definieren auch die finanziellen Möglichkeiten des Unternehmens. Beispiel Börsengang und Struktur der Eigenkapitalgeber: Regelmäßig zieht es Familienunternehmen nicht an die Börse bzw. es liegen klare Limitierungen hinsichtlich der Stimmrechtssituation nach einem erfolgten Börsengang vor. Dies liegt vor allem an zwei Eckpunkten. Erstens wollen Unternehmerfamilien nicht oder nur eingeschränkt die Kontrolle über ihr Familienunternehmen aufgeben und sich dennoch einen Zugang zum organisierten Eigenkapitalmarkt an der Börse sichern.

Zweitens sind gerade Familienunternehmen noch immer äußerst vorsichtig in der Kommunikation von internen Gegebenheiten an externe Finanzierungspartner. Dies sind vorrangig die Erläuterung des teilweise komplexen Geschäftsmodells und der Unternehmensstruktur sowie strategische Informationen über geplante Investitionen, Akquisitionen oder Produkt- bzw. Innovationseinführungen. Das Thema reicht aber bis hin zur Vorsicht vor der Kommunikation der Ertragsentwicklung und der jährlichen Dividenden oder Entnahmen der Eigentümer.

Auch komplexe Governance-Strukturen rechtlicher oder personeller Art, die in Familienunternehmen häufig vorhanden sind, erschweren die Interaktion mit den Kapitalgebern. Die Findung des Ausgleichs zwischen dieser Vorsichtshaltung der (Familien-)Gesellschafter und externen Kapitalpartnern mit ihrem (berechtigten) Interesse nach solchen relevanten Informationen ist regelmäßig eines der schwierigsten Themen in den Verhandlungen mit externen Kapitalgebern. Aus Sicht des Familienunternehmen gilt es, den Wissensunterschied aufseiten der Kapitalgeber auszugleichen. Damit lassen sich im optimalen Fall auch die Finanzierungskosten senken.

Größere, kapitalmarktorientierte Familienunternehmen gehen diesen Schritt, müssen sich aber auch strategisch hierauf vorbereiten. Gerade in Zeiten aktivistischer Investoren ist nach einem solchen Börsengang mit erheblichem Gegenwind aus dem Aktionärskreis zu rechnen, wenn unterschiedliche Erwartungshaltungen hinsichtlich strategischer Entwicklung und Renditeerwartung aufeinandertreffen. Wenn im Extremfall aktivistische Investoren auftreten und Management, Aufsichtsrat und Gesellschafter öffentlichkeitswirksam versuchen anzuzählen, dann ist dies nicht nur lästig, sondern kann wirklich schädlich für das Unternehmen sein. Kein Vorstand lässt sich gerne Lehrbuchgrafiken zu Performance und Corporate Governance mit dem Hinweis zusenden, dass es wohl im eigenen Unternehmen entsprechende Versäumnisse gebe (Schmitt 2017).

## Strategischer Finanzierungsbedarf

Wofür benötige ich in den kommenden Jahren Finanzmittel? Dies ist die strategische Frage hinter diesem Baustein. Welche wesentlichen Vorhaben sind in den kommenden Jahren zu realisieren? Internationale Expansion, Zukäufe von Wettbewerbern oder vor- bzw. nachgelagerte Wertschöpfungsstufen? Finanzierung von Lieferanten und Kunden? Schnell steigende Rohstoffpreise? Oder Konsolidierungskurs, wichtige Ersatz- und Erweiterungsinvestitionen vorantreiben? Entscheidend ist, dass bereits in der Finanzierungsstrategie immer der Ausgleich zwischen der Mittelherkunft und -verwendung geschaffen wird. (Abb. 3.2).

In diesem Zusammenhang ist auch die Dividenden- bzw. Entnahmepolitik zu betrachten. Viele Familienunternehmen limitieren sich selbst stark in ihren jährlichen Entnahmen, beispielsweise auf einen Fixbetrag oder auf einen niedrigen Prozentsatz vom jährlichen Gewinn. Hier bestehen jedoch regelmäßig sehr unterschiedliche Ausgangssituationen, die durch divergierende Interessenslagen insbesondere bei größeren Eigentümerkreisen auftreten. Beispiele sind unter anderem Brenninkmeijer, Haniel oder Heraeus. Hier können Familiensatzungen oder Statuten einen Rahmen vorgeben. Wo dies fehlt, greifen gegebenenfalls Entnahmebeschränkungen in Finanzierungs-verträgen. Gleichwohl sind sie schlecht darauf vorbereitet, wenn in wirtschaftlich schwierigen Situationen Forderungen anderer Kapitalgeber nach Nachschussleistungen aufkommen (Student und Werres 2020). Regelmäßig wird in der Entwicklung einer Finanzierungsstrategie versäumt, genügend Spielraum für Schwankungen („Headroom") einzukalkulieren. All das ist einem integrierten Business Plan mit Cash Flow Projektion aufzunehmen, auch bei zurückhaltender Informationspolitik.

## Finanzierungsinstrumente und -partner

Erst nachdem die ersten beiden Bausteine einer Finanzierungsstrategie entwickelt sind, lassen sich die für das Unternehmen geeigneten Finanzierungsinstrumente ableiten und die jeweils geeigneten Partner identifizieren.

## Eigenkapital, Mezzanine und Fremdkapital

Über die Ausrichtung der Finanzierungsstruktur im Familienunternehmen können sich im Gesellschafterkreis unterschiedliche Meinungen bilden. Verallgemeinerungen zur Finanzierungsstruktur sind meistens nur schwer vertretbar – zu spezifisch ist jede Phase

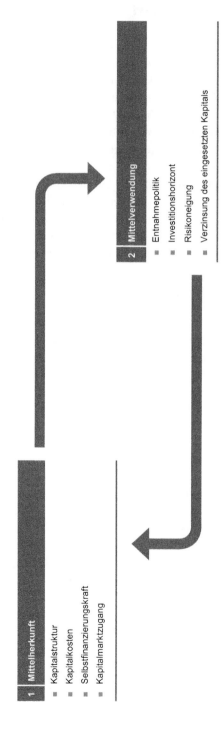

**Abb. 3.2** Interaktion zwischen Mittelherkunft und Mittelverwendung. (Quelle: Eigene Darstellung)

eines Familienunternehmens. Anstöße zu einer Änderung der Finanzierungsstruktur können sein:

- Kapitalbedarf, um wachsen zu können (organisch oder anorganisch)
- Finanzierung von Investitionen (Digitalisierung, Innovationen, Fabrikbau)
- Gesellschafterwechsel (Nachfolge oder Änderungen), Steuern im Erbfall
- Anstehende Refinanzierungen
- Restrukturierungen
- Insourcing externer Zulieferer
- Geänderte Rahmenbedingungen auf den Finanzierungsmärkten

Gerade auf der Eigenkapitalseite sind die Optionen bei Familienunternehmen regelmäßig begrenzt. So erwähnt Peter Kratz als Besonderheiten der Finanzen des Familien-unternehmens neben der Dividenden-, Eigenkapitalpolitik, der Rolle der Banken, der Trennung von Privat – und Geschäftsvermögen inklusive der Haftungstrennung, der Haltung zum Risiko auch eine Investitionspolitik, die durch die Eigenfinanzierung inklusive der Zielverschuldung limitiert ist, da der Kapitalmarkt kaum zur Verfügung steht (Kratz 1994, S. 205).

Familienfremdes neues Eigenkapital wird regelmäßig nicht gewünscht. Eine Option kann eine temporäre Minderheitsbeteiligung einer Unternehmensbeteiligungsgesell-schaft darstellen. Hier muss allerdings von Beginn an klar sein, wie ein zukünftiger Wiederausstieg der Beteiligungsgesellschaft aussehen wird. Eigenkapitalähnliche Finanzierungsbausteine (Mezzanine) in Form von beispielsweise Nachrangdarlehen oder Genussrechten sind hingegen weit verbreitet. Allerdings sind diese sehr individuell auf die jeweilige Situation anzupassen. In diesem Segment ist es besonders wichtig, „hinter die Verpackung" zu schauen. Durch den eigenkapitalnahen Charakter – beispielsweise durch gewinnabhängige Verzinsungen oder durch Rangrücktritt – fordern Kapitalgeber andererseits erweiterte Informations- und Mitspracherechte ein.

Im Fremdkapitalbereich ist hingegen die Instrumentenvielfalt sehr groß. Angefangen von kurzfristigen Finanzierungsbausteinen wie der Forderungs- und Vorratsfinanzierung über Leasingbausteine bis hin zur klassischen bilateralen oder konsortialen Bank-finanzierung sind viele Varianten und Ausgestaltungsformen möglich. Auch kapital-marktnahe Finanzierungselemente wie Schuldscheine oder Anleihen bieten sich für Familienunternehmen an. Hierbei gilt es jedoch, den Überblick zu behalten und das richtige Maß aus Diversifikation der Finanzierungsquellen einerseits und Komplexi-tät in der späteren Handhabung andererseits bei der Entwicklung der individuellen Finanzierungsstrategie von Beginn an im Blick zu haben.

Beispiele für Familienunternehmen, die stark auf Anleihen als zentralen Finanzierungsbaustein setzen, sind Schaeffler und Würth. Diese realisieren die lang-fristigen Finanzierungsbedarfe über eigene Finanzierungsgesellschaften. So finanzierte Schaeffler im Jahr 2020 ein Volumen von 1,5 Mrd. EUR, um Fälligkeiten im Jahr 2022 zu refinanzieren. Dies geschah über zwei Anleihen von jeweils 750 Mio. EUR mit

Laufzeiten von 5 bzw. 8 Jahren. Die Transaktion wurde von einem Bankenkonsortium – bestehend aus der Bank of America, BNP Paribas, Deutscher Bank und HSBC – begleitet. Die Nettoverschuldung vs. EBITDA betrug 1,6 × und war damit unter einer kritischen Größe von 3,5x. Zudem bestanden auf Gruppenebene nicht gezogene Kreditlinien in Höhe von ca. 2 Mrd. EUR zur Verfügung. Aus Sicht der Schaeffler Gruppe galt es, in der Corona-Krisenzeit und Transformation des Automobilmarktes Liquiditätspuffer zu halten, begleitet von entsprechender Disziplin bei Investitionen und Kosten. Voraussetzungen für das langfristige Gelingen ist immer ein stabiles operatives Geschäft. Schaeffler mag ebenso angeführt werden für eine Platzierung eines grünen Schuldscheines im Jahr 2020. Vom Volumen von 350 Mio. EUR sollen 300 Mio. EUR in die Finanzierung von nachhaltigen Projekten fließen. Die Laufzeiten der Schuldscheine beliefen sich auf 3, 5 bzw. 8 Jahre. Als Arrangeure agierten die BayernLB, Helaba, Unicredit und die ING. Auch als eigenkapitalnahe Hybrid-Anleihe erlangt dieses Finanzierungsinstrument bei größeren Familienunternehmen signifikante Bedeutung, unter anderem bei Henkel oder Hero.

## Banken, Kapitalgeber, Investoren

Typischerweise verfügen Familienunternehmen nach wie vor über einen Kernbankenkreis, der neben dem Konto- und Zahlungsverkehrsgeschäft auch mit Kreditfazilitäten zur Verfügung steht. Je nach Größenordnung des Unternehmens können dies zwischen 3 und 15 Banken sein. Jedes Unternehmen braucht einen erfahrenen, belastbaren und in der Linien-Zurverfügungstellung homogenen Bankenspiegel. Die kleinste und langsamste Bank sorgt für Verzögerungen und führen manchmal zur Illiquidität. Heute sind auch Pensionskassen und Family Offices zunehmend als Kapitalgeber an Finanzierungen interessiert.

Es finden sich in Familienunternehmen aber auch nach wie vor Fälle, in denen eine starke Abhängigkeit von einer Hausbank existiert. Diese kann aber ggf. nicht die optimale Bank sein, um eine größere Finanzierung zu bewerkstelligen. Im Zuge einer Finanzierung kann es durch persönliche Präferenzen der Gesellschafter zu einer suboptimalen Zusammenstellung des Bankenkreises kommen. Neben einer persönlichen Zusammenarbeitsebene sollte die Finanzstärke, Erfahrung und Konditionen der Bankpartner als wesentliche Kriterien gelten. Auch ist es wichtig, Finanzierungspartner aus unterschiedlichen Bankensektoren (Geschäftsbanken, Sparkassen und Landesbanken, Genossenschaftsbanken, internationale Häuser, Spezialfinanzierer) zu kombinieren. Denn es gilt immer im Blick zu behalten, dass auch diese Finanzierungspartner ihre Strategie ändern und sich aus Marktsegmenten zurückziehen könnten. Hier darf keine Lücke entstehen!

In der Regel kombinieren Unternehmen diese „Basisstruktur" mit Instrumenten der Finanzierung ihres Umlaufvermögens (Factoring, Forfaitierung oder Vorratsfinanzierung) oder Leasingstrukturen. Auch hier kommen die Finanzierungspartner regelmäßig aus dem Bankenumfeld, was die Koordination zwischen den Finanzierungspartnern grundsätzlich vereinfachen sollte. Allerdings muss das Management bereits in dieser Konstellation die teilweise komplexen Vertragswerke sehr genau im Blick behalten, die nicht zwingend komplett aufeinander abgestimmt wurden. Nicht selten trifft man auf Vertragsstrukturen, bei denen unterschiedliche Finanzkennzahlen und Eskalationsmechanismen vereinbart sind, die überhaupt nicht zueinander passen. Die Details in der Dokumentation sind entscheidend, und das Management muss ein sehr gutes eigenes Bild hierzu entwickeln.

Noch umfangreicher wird dies, sofern das Unternehmen sich in Richtung Kapitalmarkt (Debt Capital Markets) orientiert. Bei Schuldscheinen ist die Dokumentation zwar vergleichsweise kompakt, allerdings können dort bereits die Investorengruppen sehr heterogen sein. Nicht nur Sparkassen, Landesbanken und Genossenschaftsinstitute sind hier aktiv. Der Anteil internationaler Häuser, von Versicherungen und Pensionsfonds und auch von Family Offices hat in den vergangenen Jahren deutlich an Bedeutung gewonnen. Dies macht aber auch die Koordination in schwierigen Situationen komplex, da die Investoren unterschiedliche Interessenslagen verfolgen.

Bei Anleihen stellt das Thema Prospekterstellung und Prospekthaftung für das Management eine zusätzliche Komplexitätsstufe dar. Allerdings schaffen sich die Unternehmen ab einer gewissen Größenordnung über den Schuldschein hinaus einen noch zinsgünstigeren und eigenständigeren Zugang zu den nationalen und internationalen Investorengruppen. Darüber hinaus muss das Unternehmen abwägen, ob es im Rahmen von Anleihen auch den Weg eines externen Ratings beschreitet. Gerade in verunsicherten Kapitalmärkten stabilisieren Unternehmen durch die externe und neutrale Einschätzung anerkannter Ratingagenturen einen weiterhin adressierbaren Zugang zu den Investoren. Allerdings sollte man sich das gut überlegen. Die Geister die man jährlich ruft... bedeuten auch Kosten. Auch grosse Familienunternehmen wie Otto in Hamburg verzichten daher trotz Allem darauf.

## Stakeholdermanagement

Nicht zuletzt das Eingangsbeispiel zeigt auf, dass alle diese Finanzierungsgruppen mit ihren individuellen Anforderungen regelmäßig „abzuholen" sind. Dies wird gerne in Zeiten vergessen, in denen Unternehmen wirtschaftlich prosperieren. Schlägt die Situation um, gelingt es nicht immer, die dann vorhandene Komplexität der einzelnen Gläubigergruppen zu bedienen.

Das zentrale Instrument, um die Komplexität in den Griff zu bekommen ist neben der sorgsamen Selektion der geeigneten Finanzierungspartner je Instrument die Schaffung einer einheitlichen und transparenten Informationsbasis. Diese etablierten Standards sind einzuhalten und schaffen Vertrauen bei den Finanzierungspartnern. Hierzu gehören nicht nur ein regelmäßiges Informationspaket, sondern auch der konstante Austausch beispielsweise durch wiederkehrende Bankenmeetings oder Investorenrunden, zumindest mit den wichtigsten externen Finanzierungspartnern. Der Kreditgenehmigungsprozess hat sich zurzeit eher verlängert und kann bis zu 4–6 Monate dauern im kritischen Fall.

Ein weiteres wichtiges Instrument der Vertrauensbildung mit den externen Finanzierungspartnern ist das Verhalten der Unternehmensfamilie. Hierzu gehört die Einbindung der Unternehmensfamilie in die strategischen und unternehmerischen Entscheidungen, aber auch ganz einfach die Entnahmepolitik. In den Verhandlungen zu Finanzierungsverträgen wird regelmäßig intensivst über Dividenden- bzw. Entnahmebeschränkungen der Gesellschafter gerungen. Hier gilt es, einerseits den „Unternehmerlohn" weiterhin darstellen zu können, aber gleichzeitig die Entnahmen zu limitieren, insbesondere in für das Unternehmen wirtschaftlich schlechteren Zeiten. Die hier gefundenen Vereinbarungen dienen auch dazu, die Eigenkapitalgeber zu disziplinieren. Dies ist vor allem bei größeren und weit verzweigten Gesellschafterkreisen notwendig.

## Finanzierungsprozesse

Nach wie vor werden Finanzierungsprozesse oft nicht frühzeitig und aktiv begonnen, sondern anlassbezogen (bspw. bei einer anstehenden Akquisition) oder auf Initiative eines Finanzierungspartners, der mit neuen Innovationen punkten will. Es fehlt jedoch – selbst bei großen Unternehmen – vielerorts ein frühzeitiges und proaktives Angehen, beispielsweise bei Refinanzierungen. Und es fehlt das Prozess-Know-how, da die Unternehmen ggfs. nur einmal im Jahr oder sogar noch seltener einen solchen Finanzierungsprozess umzusetzen haben. Hier kommt es regelmäßig zu Friktionen, da die Finanzorganisation des Unternehmens dies nicht in der gebotenen Geschwindigkeit und Präzision neben ihrem Tagesgeschäft abbilden kann.

Zunächst einmal ist es wichtig, einen „Musterfinanzierungsprozess" im Unternehmen aufzusetzen. Dieser beginnt mit der internen Vorbereitung der notwendigen Informationen und der Entscheidungsvorlagen. Er beschreibt auch die Marktansprache (wie, mit welchen Dokumenten, wer ist anzusprechen usw.) und die nachfolgende Auswahl- und Umsetzungsphase. Hierbei geht es nicht primär um die Koordination der externen Finanzierungspartner, sondern vor allem um die Abstimmung der internen Ressourcen und Schritte. Welche Informationen sollen Controlling und Finanzbuchhaltung zusammenstellen, wer trägt zusammen und koordiniert? Vor allem aber: Wer muss wann genehmigen, beschließen und unterschreiben? Es ist nicht glücklich, wenn man am Freitagnachmittag versuchen muss, den Geschäftsführer einer Tochtergesellschaft aus dem Urlaub zurück ins Büro zu beordern, weil man vergessen hat, ihn den neuen Konsortialkreditvertrag mit unterzeichnen zu lassen. Oder die Gesellschafter nicht früh genug über eine entsprechende notwendige Beschlussfassung informiert wurden. Diese und andere Stolpersteine müssen vorab möglichst ausgeräumt werden.

Darüber hinaus muss sich das Management vorab darüber informieren, welche Entwicklungen und Änderungen seit dem letzten Finanzierungsprozess eingetreten sind.

Gerade in den letzten Jahren gab es deutliche Entwicklungen in Richtung einer unternehmensfreundlicheren Kredit- und Anleihedokumentation. Aber hierzu benötigt das Management eigene Kanäle und Sparringspartner, um diese Entwicklungen auch nachverfolgen zu können.

## Transparenz und strukturierte Vorgehensweise als Erfolgsbausteine

Eine nachhaltige Finanzierungsstrategie muss jedes Unternehmen individuell für sich entwickeln. Die vorgenannten vier Bausteine sollen als Idee für wesentliche Elemente dienen, die sich aus der Praxis herauskristallisiert haben und die immer wieder in Finanzierungssituationen zu Herausforderungen führten bis hin zum Scheitern des Finanzierungsprozesses. Ganz entscheidend für die Strategie ist hierbei die Orientierung an dem Grad der Transparenz, den man mit seinen unterschiedlichen Kapitalgebern teilen kann und will. Hierdurch bestimmen sich die verfügbaren Finanzierungsbausteine und -partner.

Die Interaktion mit den Gläubigern ist sehr wichtig. Nach welchen KPI's wird das Unternehmen aktiv gesteuert? Welche Covenants/Sicherheiten würde der Kreditnehmer maximal akzeptieren können? Bisweilen passen die Covenants der Banken nicht zum Geschäft der Kreditnehmer; Must have versus nice to have. Wir halten es für einen „mittelständischen CFO" für sehr wichtig, dass er den Kontakt zur Marktfolge bei den Banken aufbaut und gut pflegt. In diesem Zusammenhang sei daran erinnert, dass alle Unternehmen ihren Jahresabschluss veröffentlichen (müssen) und die Gläubiger sehr auf die Qualität der Lageberichte achten.

Aus Bankensicht verbessern sich mit der Transparenz für ein Familienunternehmen, das den Kapitalmarkt nicht angehen möchte, aber kapitalmarktähnliche Instrumente (US-Private Placement o. Ä.) nutzen möchte, Flexibilität und Konditionen im Finanzierungsbereich (Knop 2011). Banken erheben für die qualitativen Ratingkomponenten die Prozessdauer von Bilanzstichtag bis Abschlusserstellung – das muss nachvollziehbar sein. Eindeutig ist aber der Zusammenhang zwischen der Transparenz und mit dem Finanzierungspotenzial sowie den Kosten.

Der zweite zentrale Aspekt ist die strukturierte Vorgehensweise, denn jeder Finanzierungsprozess bindet massiv interne Kapazitäten und greift in die Aktivitäten und Prozesses der Unternehmen ein. Wichtig ist, dass man sich diesen Prozess nicht komplett aus der Hand nehmen lässt, sondern diesen auch aktiv mit vorantreibt, gegebenenfalls unterstützt durch Berater und Sparringspartner.

## Literatur

Abresch, M. (Hrsg.), Finanzielle Führung, Finanzinnovationen & Financial Engineering. Teilbd. 1 (S. 203–214). Schäffer-Poeschel.

Knop, C. (2011). Familienunternehmen entdecken den Kapitalmarkt. https://www.faz.net/aktuell/wirtschaft/unternehmen/finanzierungsalternativen-familienunternehmen-entdecken-den-kapital-markt-1358035.html. Letzter Zugriff am 19.07.2022.

Kratz, P. (1994). Finanzielles Management im Familienunternehmen. In Siegwart, H., Mahari, J..

Schmitt, J. (2017). Aktivist Wyser-Pratte kritisiert Mittelständler OHB in bissigem Brief. https://www.finance-magazin.de/finanzierungen/kapitalmarkt/aktivist-wyser-pratte-kritisiert-mittelstaendler-ohb-in-bissigem-brief-1410421/). Letzter Zugriff am 19.07.2022.

Student, D., Werres T. (2020). Die Grillo-Werke brauchen dringend Kapital. https://www.manager-magazin.de/unternehmen/ulrich-grillo-die-grillo-werke-brauchen-dringend-kapital-a-00000000-0002-0001-0000-000174480372. Letzter Zugriff am 19.07.2022.

**Dr. Johannes Stankiewicz** ist aktuell im Immobilienmanagement und als Gründer tätig. Zuvor war er als Head Corporate Finance bei der Chocolat Frey AG/Delica AG beschäftigt.

**Dr. Mark Hill** ist seit 2020 CFO der awk Aussenwerbung GmbH. Er verfügt über mehr als 20 Erfahrung im Bereich Corporate Finance mit internationalen Stationen unter anderem bei der Dresdner Bank und KPMG.

**Peter Sielmann** prägte als CFO 32 Jahre lang die Geschicke der Neumann Kaffee Gruppe. 2012 wurde er vom Finance Magazin zum „CFO des Jahres" gekürt. Zuvor war Sielmann Mitglied der Geschäftsleitung der Bernhard Rothfos AG gewesen.

# Bedeutsame Daten für richtige Entscheidungen: Wie Sie mit Data Management Impact erzielen

Anja Lagodny und Nikolai Graf Lambsdorff

Der Verwaltungsrat eines Hidden Champions im deutschsprachigen Raum mit über 1 Mrd. EUR Umsatz trifft sich zu einer seiner vier Sitzungen pro Jahr. Der Präsident ist Miteigentümer und Familienmitglied und seit über 30 Jahren im Unternehmen tätig, auch operativ. Er fragt sich, wie mit den neuen technologischen Herausforderungen und Zukunftstechnologien umgegangen werden soll. Und überhaupt: Sind virtuelle bzw. erweiterte Realitäten (VR/AR), Anwendungen der Künstlichen Intelligenz (KI) und Blockchain-Lösungen für seine Firma relevant? Auf den ersten Blick nicht, schließlich bewegt sich das Unternehmen in einem eher traditionellen Geschäftssegment. Aber ist das wirklich so? Bei weitem nicht – wie Sie sicherlich schon erahnt haben. Zukunftstechnologien ermöglichen nicht nur komplett neue Geschäftsmodelle, sondern Sie bieten allen Unternehmen – ganz unabhängig von ihrem Betätigungsfeld – die Möglichkeit, sich Vorteile zu verschaffen: Kostenersparnis, Effizienz, Geschwindigkeit, Innovation. Und vieles mehr. (Abb. 4.1).

Was soll der Verwaltungsrat unseres Beispielunternehmens aber nun tun? Im ersten Schritt muss das Board eine grundsätzliche Entscheidung treffen und damit eine grundsätzliche Frage beantworten: Was bedeutet „digital" für unser Unternehmen? Abb. 4.2 zeigt drei mögliche strategische Antworten auf diese Frage.

In vielen Unternehmen besteht die Tendenz, dass man eigentlich alles machen möchte und offensichtlich spielen Daten für alle drei strategischen Ansätze eine große Rolle.

A. Lagodny (✉)
Basel, Schweiz

N. G. Lambsdorff
Berlin, Deutschland

© Der/die Autor(en), exklusiv lizenziert an Springer Fachmedien Wiesbaden GmbH, ein Teil von Springer Nature 2022
T. Zellweger und P. Ohle (Hrsg.), *Finanzielle Führung von Familienunternehmen*,
https://doi.org/10.1007/978-3-658-38061-8_4

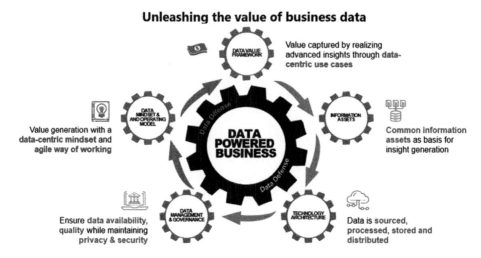

**Abb. 4.1** Der Wert von Daten. (Quelle: https://insuranceblog.accenture.com/smart-insurers-will-use-data-to-outpace-competitors-heres-how. Letzter Zugriff am 22.07.2022.)

| EFFIZIENZ | WACHSTUM | INNOVATION |
|---|---|---|
| DIGITIZATION | DIGITALIZATION | DIGITAL TRANSFORMATION |
| Die Digitalstrategie ist auf Kostenersparnis fokussiert | Die Digitalstrategie fokussiert sich auf die „experience" zur Umsatzsteigerung | Die Digitalstrategie wird genutzt, um neue Geschäftsmodelle zu finden |

**Abb. 4.2** Ansätze für eine Digitalstrategie. (Quelle: Eigene Darstellung)

Aber es bedarf einer realistischen Investitionsstrategie und schon die erste Entscheidung ist ein wichtiger Wegweiser. Hinzu kommt, dass damit die für das Unternehmen besonders relevanten Zukunftstechnologien bereits ein wenig gefiltert werden können.

Unser Hidden Champion hatte eine solch richtungsweisende Entscheidung getroffen – ein sehr guter Start für eine erfolgreiche Digitalreise, aber auch nur die allererste Hürde. In der Praxis fangen die Herausforderungen erst jetzt an. Hören wir dazu den CDO:

Daten sind nicht nur eine essenzielle Zutat für die Steuerung und Lenkung des Unternehmens. Data Management und eine datenbasierte Unternehmenskultur sind entscheidend für die Sicherung des zukünftigen Erfolges. Warum ist Data Management so wichtig?

- Das **Datenvolumen** steigt rasant – Daten werden von immer neuen Quellen erstellt und haben sich gleichzeitig zu einem wichtigen Asset für datenbasierte Geschäftsmodelle entwickelt.

- Die **Datenhoheit** hat extrem an Wichtigkeit gewonnen: Neue Strategien müssen her, um die für den Erfolg wichtigen Unternehmensdaten mit hoher Qualität zu sichern.
- **Gesetzliche Anforderungen** und neue Regulierungen (z. B. GDPR) machen eine Data Governance unabdingbar (Welche Daten sind wo, und von wem werden sie benutzt?).

Das „Data-driven enterprise strategy framework" von Accenture zeigt exemplarisch zwölf kritische Fähigkeiten, die ein datengetriebenes Unternehmen braucht (Abb. 4.3).

Viele Unternehmen – und vielleicht kommt auch Ihnen das bekannt vor– haben dies auch schon längst erkannt und Data Management zum wichtigen Thema der Führungsebene benannt. Oft unter hohem Druck der Führungsebene wird eine Data Governance aufgesetzt und sehr schnell in Technologien investiert. Unser Beispielunternehmen hat sogar neue Kompetenz an Bord geholt und Data Scientists eingestellt.

Doch trotz aller Anstrengungen: In der nächsten Boardsitzung lässt das Update zum Thema Data Management viele Fragen offen – und es entsteht der Eindruck, dass sich

**Abb. 4.3** Kritische Fähigkeiten für ein datengetriebenes Unternehmen. (Quelle: https://www. accenture.com/us-en/insights/technology/closing-data-value-gap. Letzter Zugriff am 22.07.2022.)

eigentlich noch nichts bewegt hat. Damit steht das Board nicht allein da: Viele verschiedene Studien gehen davon aus, dass im Jahr 2021 lediglich 10 % der Unternehmen signifikante Fortschritte im Data Management gemacht haben.

In der Praxis sind es häufig die gleichen Herausforderungen, die signifikante Fortschritte verhindern:

- Top Down-Ansatz
- Keine wirkliche Problemlösung
- Silos und die Überbewertung der Technologie

## Die Problematik des Top Down-Ansatzes

Beschließt ein Unternehmen, das Datenthema wirklich voranzubringen, wird dies häufig zur Chefsache erklärt. Das ist aufgrund der Bedeutung ein guter Ansatz – auf der anderen Seite liegt häufig genau dort das Problem. In vielen Unternehmen gibt es schon ein gewisses Level von Datamanagement: zum Beispiel in Vertrieb und Marketing, wo Abteilungsleiter Daten zur Kundensegmentierung, Verkaufskennzahlen usw. aktiv nutzen. Gleichzeitig werden Data Management-Projekte häufig aus der Finanzabteilung vorangetrieben – man erhofft sich bessere Steuerungszahlen. Leider enden diese Projekte sehr häufig im Design neuer Dashboards, die nun automatisiert erstellt werden.

Die Problematik: Data Management braucht eine breite Unterstützung im Unternehmen. Automatisierte Dashboards werden mit Sicherheit immer wieder ob ihrer Richtigkeit infrage gestellt und auch als „Kontrolle von oben" bewertet.

Das häufige Ergebnis: Man ist zufrieden mit den neuen, automatisierten Dashboards, die auch einen Ad-hoc real-time-Zugriff erlauben, aber die Zahlen werden von Führungskräften und Mitarbeitern immer wieder infrage gestellt. Es ist gelungen, verschiedene Datenquellen zu verbinden, man hat etwas Neues erschaffen – aber nach großem Fortschritt für das Unternehmen fühlt es sich nicht wirklich an. Der Verwaltungsrat unseres Hidden Champions traf übrigens auf genau diese Herausforderungen.

Was kann man tun? Es ist sicherlich richtig, Data Management zur Chefsache zu machen. Allerdings ist es wichtig, dass jeder Mitarbeiter im Unternehmen von Anfang eingebunden ist: Warum machen wir das, was ist das Ziel – und was brauchen wir von allen, damit das Projekt zum Erfolg wird? Gerade bei Data Management-Projekten, die aus dem Finanz- und Controllingbereich kommen, ist die richtige Kommunikation wichtig, um nicht in die Falle des internen „Datenboykotts" zu geraten.

## Keine wirklichen Problemlösungen

Bleiben wir bei unserem Dashboard-Beispiel von oben: Sicherlich haben auch Sie schon Sitzungen beigewohnt, in denen die neuen Dashboards referiert wurden und man anerkennend dachte: Dass wir das nun alles automatisch und aus einer Quelle erhalten, ist ein großer Fortschritt. Aber ist es das wirklich? Oder sind die Dashboards mehr ein Selbstzweck?

Der Rohstoff „Data" wird ja vor allem deshalb gewonnen, um auf allen Ebenen der Unternehmung Impact zu erzeugen. Optimierte Unternehmensdaten sind vielleicht ein erster Schritt dahin, der wahre Wert wird sich allerdings erst dann zeigen, wenn mithilfe von Daten echte Probleme gelöst werden. Oft hat dies wenig mit Unternehmenskennzahlen zu tun, sondern vielmehr mit operativen Daten.

Einige Beispiele:

- Können wir mit unserem CRM-System über eine KI-Integration die Kaufbereitschaft unserer Kunden messen und entsprechende Trigger automatisiert versenden?
- Können wir mit Smart Shelf-Datenpunkten Out of Stock-Situationen im Retail verhindern?
- Kann die Anbringung von Sensoren im Produktionsbereich unseren Output optimieren?

Dies knüpft an die „Problematik des Top-down Ansatzes" an: Um die richtigen Fragen zu stellen, werden die Spezialisten aus den verschiedensten Bereichen gebraucht, um positive Auswirkungen auf den Fortschritt im Datenmanagement zu erzielen. Der Verwaltungsrat unseres Hidden Champions hatte dies früh erkannt und konnte schnell über „neue automatisierte" Dashboards hinauswachsen: mit echten Problemlösungen, neuen Ziele und vielen neuen Optimierungs- und Innovationsideen.

## Silos und die Überbewertung der Technologie

In vielen Studien über den Status des Data Management liest man immer wieder, dass eine der großen Herausforderungen die fehlende Expertise im Unternehmen ist. Gemäß einer Umfrage der WHU sind in vielen Unternehmen in der Tat oftmals keine Experten angestellt, die Zukunftstechnologien und Ihre Auswirkungen auf das Geschäftsmodell im Detail bewerten könnten (Soluk et. Al. 2021, S. 14 ff.). Wenn Data-Kompetenz ins Unternehmen gebracht wird, dann häufig über ein neues Team, das sich aus Spezialisten zusammensetzt. Die neuen Fachkräfte kennen das Unternehmen aber nicht unbedingt. Und wenn wir ehrlich sind, sind viele der Begriffe wie z. B. API, Data Lake und KI, die in Präsentationen zum Thema Data Management auftauchen, im Kern meistens nicht ganz verständlich.

Mehr noch: Während das neue Team seine Arbeit aufnimmt, haben sich häufig viele unterschiedliche Abteilungen bereits auf den Weg des Data Management im kleinen Rahmen gemacht: Das Marketing hat von Agenturen angebotene Lösungen getestet, der Vertrieb hat bereits eine CRM-Lösung integriert. Letztere wurde „außerhalb" pilotiert, um das Momentum nicht zu verlieren, ehe man sich an die interne IT-Abteilung gewandt hat, um das Tool zu integrieren und zu skalieren.

Die Problematik: Obwohl Data Management zur Chefsache erklärt wurde, obwohl die neuen Fachkräfte eingestellt wurden, hat man nur ein weiteres Silo kreiert. Andere Abteilungen machen weiter wie bisher, da sie ja ihre Themen nach vorne treiben müssen. Zwar geht das Data Team mit vollem Elan an die Herausforderungen, die der Verwaltungsrat ihm gestellt hat, heran, allerdings schauen andere Bereiche des Unternehmens eher skeptisch auf das Team: Die IT ist besorgt um die Security und die Systemlandschaft, Vertrieb und Marketing arbeiten mit dem Data Team zwar an einem Piloten, alle anderen Projekte treibt man aber wie gehabt selbständig voran. Einen Impact auf die Kultur im Unternehmen hat dies nicht.

Der Lösungsansatz: Die Quintessenz liegt am Anfang dieses Artikels – in der Digitalstrategie und der damit hergeleiteten Data Management-Strategie des Unternehmens.

Data Management kann ein sehr komplexes Thema sein. Daher ist es angeraten, schrittweise vorzugehen:

1) Transparenz und Klarheit schaffen: Wie sieht die Data Value Chain für unser Unternehmen aus?
2) Identifizierung des Ausgangspunkts – und wie Ihr „Level up" aussehen soll (establish, value proof, scale, accelerate, optimize)
3) Datenstrategie: Identifizieren Sie ihre Vision, die strategischen Fokusbereiche und Ihr „How to win" – Ihre Data Agenda oder die „Data Strategy on a page"
4) Bevor Sie in die Operative gehen: Erstellen Sie eine solide Kommunikationsstrategie und eine Stakeholder Map

Diese ersten vier Schritte werden ca. drei bis sechs Monate Zeit benötigen. Unterschätzen Sie sie nicht: Sie bilden damit die erste Basis für die weitere Vorgehensweise, und so wird es möglich sein, erste Problemlösungen zu testen und sich fokussiert mit den für Sie wichtigen Technologien zu beschäftigen.

## Zukunftsausblick: Distributed Ledger Technology (DLT) oder: Was bringt die Blockchain? (Nikolai Graf Lambsdorff)

Eine Technologie, die einen fundamentalen Einfluss auf das Internet, Data Management, und somit auch auf Innovation im Generellen, haben wird, ist die Distributed Ledger Technology (DLT), auch „Blockchain" genannt. In seinem Kern ist DLT nichts anderes als eine Datenbank, die es ermöglicht, Informationen unveränderlich und transparent (in verschlüsselter Form) zu speichern. Datenbankänderungen werden dabei an die vorherigen Änderungen der Datenbank angehängt, ähnlich einer Kette. Dies ermöglicht es, nicht nur den aktuellen Status der Datenbank auszulesen, sondern die gesamte Historie aller Datenbankänderungen einzusehen. Da diese „Kette der Änderungen" (in Gesamtheit als Datenbank zu betrachten) mit einer Sammlung von Knoten („Nodes"), die kollektiv die Zulässigkeit jeder Änderung verifizieren, ein offenes Netzwerk bilden, besitzt eine DLT keine zentrale Entität mit Sonderrechten („Gatekeeper"). Dies wird „Trustless" genannt. Was sich anfangs trivial anhört, hat enorme Auswirkungen. Denn bei vielen der wertvollsten Unternehmen unserer Zeit liegt ein zentraler Aspekt ihres Wettbewerbsvorteils in den Daten, die sie sammeln, halten, und auswerten. (Abb. 4.4).

Eine „trustless" Datenbank hat zur Folge, dass sich Applikationen, Nutzer und Entwickler nicht mehr um ein Unternehmen als „Gatekeeper" herum entwickeln, sondern direkt auf Basis der eigentlichen Datenbank aufbauen können. Kommunikation und Interaktion können direkt auf Basis der Daten geschehen, da jeder der Richtigkeit der Datenbank vollständig vertrauen kann. Dabei kann eine Blockchain, ähnlich wie ein „Ledger" in der Buchhaltung, den Tausch von Werten und Dienstleistungen zwischen Entitäten sicherstellen. Daher ist einer der evidentesten Anwendungsfälle für DLT die Finanzbranche.

Weiterhin funktioniert unser heutiges Internet anhand Verknüpfungen vieler Datensilos, in denen Daten von spezifischen Plattformen oder Applikation erhoben und verwaltet werden. Der Nutzer hat zwar einen gewissen rechtlichen Anspruch auf seine Daten, technisch gesehen allerdings keinerlei Zugang dazu und Kontrolle darüber. DLT ermöglicht es erstmals, dass auf technischer Ebene ausschließlich der Nutzer Kontrolle über seine Daten hat (ob bei Bankkonten oder Aktienportfolios, bei Gesundheitsdaten oder sozialen Netzwerke). Dadurch wird DLT einen profunden Einfluss darauf haben, wie Unternehmen mit sämtlichen Daten, die sie aktuell sammeln und auswerten, umgehen werden.

Wie genau das Datenmanagement in der Zukunft aussehen wird ist noch unklar, denn wir stehen gerade erst am Anfang dieses Paradigmenwechsel. Doch da es sich um eine

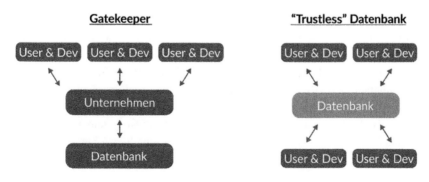

**Abb. 4.4** Die Datenbank als offenes Ökosystem. (Quelle: Eigene Darstellung)

Innovation an der Basis unserer IT-Infrastruktur handelt, wird dieses in den nächsten 10 bis 20 Jahren einen massiven Einfluss auf sämtliche Industrien haben. Schon in fünf bis zehn Jahren kann dieser Trend eine Bedrohung für das Geschäft vieler Unternehmen werden, aber auch eine immense Chance. Daher ist es umso wichtiger, dass Unternehmen sich so früh wie möglich mit dieser Technologie beschäftigen, auch wenn sie in ihrer Branche gar keine direkte Bedrohung durch DLT-getriebene Businessmodellen vermuten. Das wichtigste Fundament dabei ist es, ein tiefes Verständnis für die Technologie und Kernkompetenzen im Unternehmen aufzubauen.

Konkrete Handlungsschritte wären:

- Anwerben und Ausbilden von Mitarbeitern im Bereich R&D in Bezug auf DLT
- Schaffen eines breiten, grundlegenden Verständnisses für DLT im gesamten Unternehmen
- Weiterentwicklung der Unternehmensphilosophie
- Entwicklung DLT-basierter Pilotprojekte, innerhalb und außerhalb Ihres Kerngeschäfts

Da DLT auf einer sehr breiten Ebene für Ihr Unternehmen relevant werden wird, sollten alle Mitarbeiter so früh wie möglich mit der Technologie vertraut sein. Vor allem in den Bereichen Buchhaltung und Finanzen könnte die Technologie schneller relevant (und von großem Nutzen) werden, als Sie es sich vorstellen können. Eine nachhaltige Unternehmensphilosophie zu entwickeln, ist aufwendig und zeitintensiv. Daher sollten sie so früh wie möglich wichtige Aspekte von DLT in ihre Philosophie einarbeiten. Ein wichtiges Umdenken muss im Bereich vom Umgang mit Daten stattfinden, was direkt an den Gedanken aus dem vorherigen Abschnitt anknüpft. Dabei müssen Daten weiterhin eher als eine Art Infrastruktur gesehen werden, auf der man Produkte, Applikationen, Kommunikation und Interaktion aufbauen kann. Auch „Open Source" ist ein wichtiger Bestandteil von DLT und sollte daher auch eine Komponente Ihrer Unternehmensphilosophie werden.

Die Weiterentwicklung der Unternehmensphilosophie sollte von der Entwicklung kleinerer experimenteller Projekte und Applikationen auf Basis von DLT begleitet werden. Vor allem dient dies auch der Erforschung und Etablierung der Server- und Software-Infrastruktur, die für DLT nötig ist. Denn eine stabile und kostengünstige Infrastruktur wird dank der dadurch möglichen höheren Skalierbarkeit und Sicherheit für ihr Unternehmen einen starken Wettbewerbsvorteil bedeuten. Wenn Sie als Unternehmen so früh wie möglich DLT als Bedrohung und Chance gleichzeitig sehen, schaffen Sie für Ihr Geschäftsmodell rechtzeitig die Grundlagen, um ein Wettbewerbsvorteil in einer Welt aufzubauen, in der Daten nicht mehr in Silos, sondern in Ökosystemen liegen. Natürlich wird Blockchain nicht für Alles in Zukunft die Lösung sein. Sehen Sie bitte die Chancen.

## Literatur

Soluk, J., Kammerlander, N., Zöller, M. (2020). Digitale Transformation im Mittelstand und in Familienunternehmen. WHU.

**Anja Lagodny** verfügt über mehr als 20 Jahre Erfahrung als Global Chief Digital Officer und Senior Advisor in der Konsumgüterindustrie. Zuletzt war sie von 2019 bis 2022 als CDO bei Japan Tobacco International (JTI) tätig. Vorangegangen waren Stationen bei der Carlsberg Group sowie Mondelēz International.

**Nikolai Graf Lambsdorff** ist Investment Manager bei Signature Ventures, einem Venture Capital Fonds, der sich auf die Finanzierung von Start-ups aus den Bereichen Blockchain und Distributed-Ledger-Technologien sowie Web3-Technologien fokussiert hat.

# Der Finanzvorstand und das Family Office

# 5

Michael Gaska

Family Offices haben sich im deutschsprachigen Raum in den letzten zehn Jahren zunehmend als Vermögensmanagementvehikel wohlhabender Unternehmerfamilien etabliert. Diese Organisationen beschränken sich jedoch nicht nur auf Kernaufgaben des Asset- und Investmentmanagement, sondern erbringen je nach Leistungsumfang auch begleitende Dienstleistungen, wie etwa die Steuer- und Rechtsberatung. Verglichen mit traditionellen bankennahen Institutionen zeichnet sich das Dienstleistungsspektrum von Family Offices maßgeblich darin aus, dass es neben dem Wealth Management auch nicht-finanzielle Bedürfnisse wohlhabender Unternehmerfamilien adressiert.

Die Wahrung des Familienzusammenhalts über Generationen hinweg stellt hierbei eine der zentralen Aufgaben von Family Offices dar. Mithilfe von Familienzusammenkünften, Weiterbildungsveranstaltungen für die Next Gen oder philanthropischen Aktivitäten versuchen Family Offices den Familienzusammenhalt zu stärken sowie zentrale Werte und Traditionen zu pflegen. Eine Aufgabe, die sich zunehmend stellt, wenn das identitätsstiftende, ursprüngliche Familienunternehmen nicht mehr existiert und die Familie sich nun in ihrer neuen Rolle als Investorin der vorwiegend liquiden Vermögenswerte zurechtfinden muss.

Im Laufe der Zeit haben sich drei Typen von Family Offices herauskristallisiert, die sich sowohl in ihren Leistungsumfängen als auch Eigentümerstrukturen unterscheiden: Neben dem Multi Family Office, das Wealth Management-Dienstleistungen auf kommerzieller Basis erbringt, sind dies insbesondere das im Eigentum der Familie befindliche Single Family Office sowie das Embedded Family Office.

M. Gaska (✉)
St.Gallen, Schweiz
E-Mail: michael.gaska@unisg.ch

T. Zellweger und P. Ohle (Hrsg.), *Finanzielle Führung von Familienunternehmen*, https://doi.org/10.1007/978-3-658-38061-8_5

Ein Single Family Office ist ein besonderes Familienunternehmen, das sich vollständig im Besitz einer Unternehmerfamilie befindet und – wie die Bezeichnung bereits suggeriert – lediglich einer Familie dient. Im Zeitverlauf kann ein solches Single Family Office mit zunehmender Familienkomplexität durchaus Vermögenswerte mehrerer Stämme und Generationen umfassen. Als rechtlich eigenständige und von einem möglichen existierenden Familienunternehmen losgelöste Organisation ermöglicht es die Trennung der privaten und betrieblichen Vermögenswerte. Der Vorteil von Single Family Offices ergibt sich in der Gestaltungsfreiheit des Leistungsumfangs. Unternehmerfamilien besitzen die Möglichkeit, das Dienstleistungsspektrum und das Personal nach eigenen Bedürfnissen und Kriterien auszuwählen. Dies ermöglicht maßgeschneiderte Dienstleistungen, die andere Typen von Family Offices nur bedingt liefern können. Des Weiteren bilden Single Family Offices das familiäre Bedürfnis nach Vertraulichkeit und Privatsphäre deutlich effizienter ab, da die Familie über wesentliche Kontroll- und Einflussmöglichkeiten auf die Strategie und den Betrieb eines solchen Family Offices verfügt.

Die eingeschränkte Visibilität ist ein Vorteil, der bei sog. Embedded Family Offices noch stärker zur Geltung kommt. Dieser Typ von Family Office ist eine in das bestehende Familienunternehmen eingebettete, informelle Struktur des Wealth Managements. In der Regel übernehmen besonders loyale und vertrauensvolle Mitarbeitende der Finanzabteilung (insbesondere der Finanzvorstand) das Management privater Vermögenswerte der Eigentümerfamilie zusätzlich zu den eigentlichen Unternehmensaufgaben. Das Embedded Family Office stellt vermeintlich eine kosteneffizientere Möglichkeit des Vermögensmanagements im Vergleich zu einem dedizierten Single Family Office dar. Während Letzteres in der Regel erst ab einem dreistelligen Millionenvermögen wirklich profitabel zu betreiben ist, ermöglicht das Embedded Family Office bereits bei deutlich kleineren Vermögensgrößen administrative Synergien mit dem Familienunternehmen.

## Der Finanzvorstand als Family Officer

Wenn es um die Wahl eines geeigneten Family Officers geht, sehen sich Unternehmerfamilien im Dilemma zwischen der Auswahl einer vertrauensvollen und einer kompetenten Person. Bestellt die Familie ein Mitglied aus ihren Reihen zum Family Officer, so kann dies das familiäre Bedürfnis nach einer vertrauenswürdigen Person befrieden. Gleichzeitig müssen unter Umständen Defizite in der Kompetenz und Ausbildung in Kauf genommen werden. Setzen Unternehmerfamilien auf qualifizierte familienexterne Family Officer, besteht ex ante Unsicherheit hinsichtlich der Loyalität eines angestellten Family Officers.

Um die Spannungsfelder Vertrauen und Kompetenz aktiv zu managen, ernennen Unternehmerfamilien zunehmend Finanzvorstände von Familienunternehmen zu ihren Family Officers. Insbesondere der CFO des eigenen, originären Familienunternehmens wird in der Praxis häufig mit dem Wealth Management der Familie betraut, wenn er sich durch einen besonderen Leistungsausweis im Unternehmen hervorgetan hat. Von Vorteil sind zudem auch steuerliche Kenntnisse. Aus Familiensicht erweist der Finanzvorstand somit einerseits die berufliche Voraussetzung für die Tätigkeit eines Family Officers. Gleichzeitig entsteht aufgrund seiner Expertise ein Vertrauensverhältnis zur Familie, das nicht selten über Jahre gewachsen ist und Wissen über Bedürfnisse sowie Interessenlagen der Familie und inhärente Dynamiken umfasst. Die Ernennung des Finanzvorstands zum Family Officer der Familie stellt damit eine natürliche Entwicklung dar, die jedoch nicht unumstritten ist.

Ist der CFO tatsächlich der beste Family Officer, den eine Unternehmerfamilie für sich gewinnen kann? Sicherlich stünden aus dem Bankenumfeld versiertere und erfahrenere Investment- und Asset Manager zur Verfügung. Familien wünschen sich jedoch zumeist Family Officer, die über persönliche Integrationsfähigkeit und Empathie verfügen, die unternehmerisch und nicht produktseitig denken sowie angenehm im Umgang sind – Eigenschaften, die sie bei potenziellen Family Officers aus dem Bankenumfeld nicht allzu selten missen.

Für den Finanzvorstand seinerseits ergibt sich mit Aufnahme der Tätigkeit als Family Officer einer Unternehmerfamilie ein erweitertes Aufgabenspektrum. Bei unternehmerisch aktiven Familien fungieren Single Family Offices als Muttergesellschaften im Rahmen von Holdingstrukturen, sodass vom Family Officer weiterhin unternehmerische Qualitäten im Management des Beteiligungsportfolios erwartet werden. Auch im Falle von Embedded Family Offices, bei denen der CFO eine Doppelrolle einnimmt, indem er weiterhin Finanzvorstand des Familienunternehmens ist und zugleich als Family Officer der Familie private Vermögenswerte betreut, ist sein Erfahrungsschatz aus dem Unternehmensbereich essentiell. Weitere Aufgaben für den Family Officer könnten noch ergänzt werden (unter anderem Personalauswahl für Family Office, Wahrung des Überblicks und Koordination für/mit Familie etc.). Ein neues Betätigungsfeld ergibt sich jedoch aus dem Management des liquiden Vermögens. Sofern der Finanzvorstand nicht aus dem Banken- oder Versicherungsgewerbe kommt, wird er kaum die Möglichkeit gehabt haben, im Rahmen seiner Tätigkeit einen Aktienfonds aufzubauen. Entsprechend bereichernd werden solche Aufgaben wahrgenommen.

Ungeachtet möglicher Defizite in der Investmentexpertise stellt sich bei Finanzvorständen in der neuen Rolle als Family Officer ein entscheidender Vorteil heraus: das vorhandene Prozessverständnis und die bereits vorhandene Kenntnis der Investmentinteressen und Werte der Familie. Das Grundverständnis in der Steuerung eines M&A-Prozesses als CFO und dem Investment in Finanzmarktanlagen (bspw. Aktientitel) als Family Officer ist deckungsgleich. Entscheidend für den Erfolg eines Finanzvorstands als Family Officer ist damit seine Fähigkeit der Komplexitätsreduktion und strukturierten Problemlösung.

Unternehmerfamilien verstehen ihre Family Officers als loyale Vertrauenspersonen. Entsprechend hoch sind die Freiheitsgrade und Gestaltungsspielräume mit dem Vermögen der Gesellschafter umzugehen. Family Officers sind damit deutlich näher an der

Familie als Finanzvorstände, haben Einblicke in das Gesellschafterleben und befassen sich mit höchst sensiblen und persönlichen Themen einzelner Familienmitglieder. Dabei werden von Family Officers emotionale Aspekte in der Zusammenarbeit als besonders wertvoll wahrgenommen, wie etwa das gute Gefühl, von der Familie gebraucht zu werden und diese zu unterstützen.

## Herausforderungen des Family Officers

Die Tätigkeit als Family Officer einer Unternehmerfamilie kann für den Finanzvorstand also eine erfüllende Aufgabe darstellen. Die Anforderungen hinsichtlich Expertise und persönlicher Integrität sind im Family Office jedoch deutlich vielschichtiger als im Familienunternehmen, da auch die inhärenten Herausforderungen komplexer sind.

Insbesondere im Rahmen von Embedded Family Offices, die informelle Strukturen im bestehenden Familienunternehmen darstellen, sind Konfliktpotenziale aufgrund fehlender Formalisierung der Tätigkeit für die Familie vorhanden. So ist der Finanzvorstand in seiner Doppelrolle als gleichzeitiger Family Officer der Familie Zielkonflikten ausgesetzt. Einerseits ist er als CFO dem CEO des Familienunternehmens weisungsgebunden, andererseits als Family Officer unmittelbar auch der Familie. Er steht also im Dienst zweier „Herren", die durchaus divergierende Interessen aufweisen können. So mag es beispielsweise aus Vorstandssicht in Krisenzeiten sinnvoll erscheinen, Gewinne nicht auszuschütten, während es im Interesse der Familie und damit des Family Officers ist, auf Dividendenzahlungen zu pochen.

Zielkonflikte aufgrund der Doppelrolle als Finanzvorstand des Familienunternehmens und Family Officer der Unternehmerfamilie führen zu dilemmatischen Situationen, die den CFO und Family Officer in Dissens-Situationen automatisch dazu verdammen, die Erwartungen eines seiner beiden „Herren" zu enttäuschen. Divergierende Interessen, die den Family Officer tangieren, treten aber nicht nur auf der Linie Familienunternehmen – Family Office auf. Ebenso können innerhalb der Familieneigentümerschaft Konflikte aufbrechen. Aufgrund des geringen Formalisierungsgrads eines Embedded Family Office und damit einhergehend mangelnder Übereinkünfte zur Verrechnung von Leistungen ist eine Eskalation der Nachfrage nach Diensten seitens einzelner Familienmitglieder nicht unüblich.

Wiederum sieht sich der Finanzvorstand in seiner Rolle als Family Officer im Dilemma: Den Bedürfnissen welcher Gesellschafter soll zuerst Rechnung getragen werden? Und wie soll bei Familienmitgliedern vorgegangen werden, die überproportional Kapazitäten des Family Officers binden? Zwangsläufig ergeben sich hieraus Schnittstellen zur Rolle als Finanzvorstand, indem über eine grundsätzliche Priorisierung von Unternehmensaufgaben versus Family Office–Aufgaben nachgedacht werden muss.

Nachdem es sich beim Embedded Family Office um eine kaum institutionalisierte Form des Vermögensmanagements handelt, bei der nicht nur dedizierte Arbeitsverträge, sondern auch Regularien und Statuen fehlen, sollte sich der Finanzvorstand in seiner Rolle als Family Officer auch der besonderen Verantwortung bewusstwerden, die das Handling sensibler Daten mit sich bringt. Zur Erfüllung des familiären Wealth Managements kann er sich durchaus der Hilfe seiner Mitarbeitenden aus der Finanzabteilung bedienen. Allerdings ist steuerlich zu beachten, dass diese Dienstleistungen möglicherweise verrechnet werden müssen (Problematik der verdeckten Gewinnausschüttung). Dabei ist sicherzustellen, dass diese Mitarbeitenden hochsensible Informationen zu Vermögensverhältnissen der Familie mit der nötigen Vertraulichkeit und Verschwiegenheit verarbeiten. Indiskretionen und Lecks, wie sie in solchen Konstellationen vorkommen können, bewirken nicht nur, dass persönliche Daten der Familie in das Familienunternehmen getragen werden, sondern im Zeitverlauf auch an Externe gelangen. Dies untergräbt das Vertrauen der Familie in den Finanzvorstand als Family Officer.

Das Single Family Office erlaubt aufgrund seiner starken Institutionalisierung und implementierter Governanceinstrumente ein deutlich effizienteres Wealth Management. Aber auch dieser Typus von Family Office ist nicht frei von Herausforderungen im Zusammenspiel mit der Familie. Informationsasymmetrien zwischen dem Family Officer und der Familie treten auf, wenn große Diskrepanzen in der Expertise zwischen beiden Parteien vorliegen und betreffen insbesondere diejenigen Gesellschafter, die operativ nicht involviert sind. Mit proaktiver Kommunikation sollte der Family Officer Transparenz schaffen und den Eindruck vermeiden, nur selektiv ihm förderliche Informationen an die Familie weiterzutragen. Nach außen hin dient der Single Family Officer im Rahmen dieser Organisation als Gatekeeper der Familie. Seine Aufgabe liegt somit auch darin, die Familie und ihre Vermögenswerte von der Öffentlichkeit immer dann abzuschotten, wo dies im Sinne der Gesellschafter ist. Die familienseitige Herausforderung besteht entsprechend darin, ein Eigenleben des Family Offices zu vermeiden und einen Interessensausgleich zwischen dem Family Officer und der Familie zu schaffen. Da im Single Family Office disziplinierende externe Governancemechanismen fehlen, gewinnen interne Kontroll- und Anreizmechanismen an Bedeutung. Beiräte, die nicht nur aus Insidern und Freunden der Familie bestehen, spielen eine ebenso wichtige Rolle, wie Vergütungsstrukturen für den Family Officer.

Im Gegensatz zu mittleren und großen Familienunternehmen, sind performancebasierte Vergütungsstrukturen im Single Family Office jedoch deutlich seltener. Um Fehlanreize für den Family Officer in der Allokation des Familienvermögens zu vermeiden, setzen Familien stattdessen auf unsystematische monetäre Vergütungen. Diese Zahlungen sind jedoch hinsichtlich ihrer Höhe sowie Regelmäßigkeit unvorhersehbar und beruhen auf subjektiven Kriterien der Familie, die für den Family Officer ex ante nicht transparent sind. Erfahrungsgemäß ist die incentivierende Wirkung solcher variabler Vergütungsstrukturen eher gering, sodass sich mit der Zeit bei Family Officers, die aus dem Finanzvorstand kommen, eine Desillusion einstellen kann. Diese führt insbesondere in Fällen inhaltlicher Unzufriedenheit mit der Tätigkeit und Konflikten mit Gesellschaftern zu einer Resignation. Sofern zusätzlich mangelnde berufliche Alternativen vorliegen und sich der Job im Family Office als Karrieresackgasse herausstellt, können sich opportunistische Verhaltensweisen einschleichen. Finanzvorstände, die ins Single Family Office wechseln, sollten sich dieses Paradigmenwechsels auf Familienseite und allfälliger persönlicher Konsequenzen bewusst sein.

Aber auch auf spezifische Herausforderungen inhaltlicher Natur muss ein Family Officer vorbereitet sein. So steht das Thema Vermögensnachfolge und die Einbindung der nächsten Generation regelmäßig an vorderster Stelle. Damit geht eine Diversität an Weltanschauungen und politischen Einstellungen einher, die in der strategischen Vermögensallokation entsprechend zu berücksichtigen ist. In jüngerer Zeit betrifft dies das Thema der Nachhaltigkeit von Anlagen sowie die Konformität des Portfolios mit ESG-Kriterien. Zentral für das Gelingen von Veränderungsprozessen ist die Integrationsfähigkeit des Family Officers über verschiedene Familienstämme und Interessenslagen hinweg.

▶    Tipps für den Finanzvorstand in seiner neuen Rolle als Family Officer

- Transparenz schafft Vertrauen
- Richtige Banken und Finanzberater aussuchen
- Ansichten aller Gesellschafter berücksichtigen, ohne seine eigene Sicht zu vernachlässigen

## Literatur

St. Galler Family Office Forum. https://www.sfof.ch. Letzter Zugriff am 19.07.2022.

**Dr. Michael Gaska** verantwortet seit über zehn Jahren als Präsident das St.Galler Family Office Forum. Für seine Dissertation am Center for Family Business der Universität St.Gallen zu Governanceherausforderungen und Kosten in Single Family Offices erhielt er den Best Doctoral Paper Award der European Academy of Management.

# Generationsübergreifender Vermögenserhalt: Perspektiven und Handlungsfelder

**6**

Stanislaus Sayn-Wittgenstein

Der Blick der UnternehmerIn als auch der sie oder ihn begleitenden Familie auf die unternehmerische Tätigkeit ist untrennbar verbunden mit dem Begriff des Vermögens. Es ist Voraussetzung im Sinne des Risikokapitals als auch Gradmesser für den Erfolg. Im Zyklus der Entwicklung reicht das Spektrum vom Unternehmen als Hauptursache und Ursprungsquelle von Vermögen hin zu Diversifikationsüberlegungen, um eine sinnvolle Risikostreuung von Vermögen außerhalb des Unternehmens zu gewährleisten. Je weiter diese Entwicklung fortschreitet und das Ursprungsunternehmen zunehmend nur noch ein Asset im Portfolio der Unternehmerfamilie ist, desto wichtiger werden Überlegungen, neben Fähigkeiten, die den Kern der unternehmerischen Tätigkeit betreffen, auch vermögenserhaltende Kompetenzen in einer Unternehmerfamilie zu erschaffen. Diese sind ganz regelmäßig generationsübergreifend zu verstehen und über einen längerfristigen Zeitraum nur mit Unterstützung familienfremder Mitarbeiter und/oder Dienstleister zu gewährleisten. Der generationsübergreifende Vermögenserhalt im Unternehmen und/oder in unternehmensexternen Strukturen ist zweifellos eine der großen Aufgaben jeder Unternehmerfamilie.

## Herausforderungen und Spannungsfelder

Die Herausforderungen, diese Entwicklung sinnvoll und effektiv zu gestalten, sind vielschichtig. Sie haben ihren Ursprung neben den unternehmens- und familieninternen Faktoren in einer dynamischen Umgebung, die jede Gestaltungsmaßnahme früher oder später einem Effektivitätstest unterzieht. Generationsübergreifend sind neben Marktentwicklungen die Folgen politischer Einflussnahmen, kriegerischer Auseinandersetzungen

S. Sayn-Wittgenstein (✉)
München, Deutschland

© Der/die Autor(en), exklusiv lizenziert an Springer Fachmedien Wiesbaden GmbH, ein Teil von Springer Nature 2022
T. Zellweger und P. Ohle (Hrsg.), *Finanzielle Führung von Familienunternehmen*,
https://doi.org/10.1007/978-3-658-38061-8_6

sowie alle Formen von Krisen zu nennen, die die Geschichte kennt und die den Erhalt von Unternehmen und unternehmerischen Vermögen bedrohen. Aus aktuellem Blickwinkel scheinen diese Krisen in kürzeren Abständen und mit spezifisch größeren Wirkungen zu entstehen. Sie bergen Risiken, jedoch auch Chancen für unternehmerische Gestaltung.

Betrachtet man das Unternehmen als Quelle von Vermögen, so ist eine der ersten Fragestellungen, inwiefern ein dauerhafter und regelmäßiger Kapitalbedarf für die Refinanzierung des Unternehmenszwecks und Wachstum besteht, oder ob bzw. in welchem Umfang die Möglichkeit einer Ausschüttung für Vermögensstrukturierung außerhalb der unternehmerischen Haftungsmasse besteht. Offensichtlich wird dies davon abhängen, welche Wachstumsmöglichkeiten im Unternehmen bestehen und welche Investitionsprojekte unter Maßgabe der anzuwendenden Investitionskriterien attraktiv erscheinen. Üblicherweise wird hierbei auch eine Rolle spielen, welche alternativen Quellen der Unternehmensfinanzierung zur Verfügung stehen. Je weiter der Reifegrad im Entwicklungszyklus des Unternehmens fortgeschritten ist, desto stärker wird das Element der Schaffung von unternehmensexterner Vermögensstruktur unter dem Aspekt der Risikostreuung in den Vordergrund treten.

Die Entscheidung wieviel Vermögen aus der eigentlichen unternehmerischen Ursprungstätigkeit in eine externe Struktur überführt werden soll, ist eng verknüpft mit der Entwicklung der Familien des bzw. der UnternehmerIn. In der Frühphase des Unternehmens, die in der Regel durch eine oder mehrere starke Unternehmerpersönlichkeiten geprägt ist, dürfte die Reinvestition in das Unternehmen im Vordergrund stehen. Spätestens mit einem Generationenübergang ist diese Frage jedoch neu zu bewerten. Während die geniale GründerIn und ErfinderIn neuartiger Produkte und Geschäftsmodelle dazu neigen wird, jede potenziell freie Liquidität in das Unternehmen zu reinvestieren, um Wachstum zu finanzieren, ist bereits die Vorbereitung eines Erbgangs unter dem Aspekt der Reserveliquidität für Erbschaftssteuern zu gestalten.

Die nachfolgende Generation wird gegebenenfalls unterschiedliche unternehmerische Schwerpunkte parallel oder auch nach Abgabe des Ursprungsunternehmens aufbauen wollen. Sie wird sich gewissermaßen neu erfinden und sich von der Vorgängergeneration emanzipieren müssen. Dies ist naturgemäß davon abhängig, inwieweit unternehmerisches Talent und Fähigkeit zur Unternehmensführung vorhanden ist, sowie die Leidenschaft und Konsequenz, die erforderliche Einsatzbereitschaft aufzubringen. Aus den in Familien unterschiedlich vorhandenen Bedürfnissen, Neigungen, Interessensgebieten und Anforderungen an das vom Ursprungsunternehmen geprägte Vermögen ergeben sich Spannungsfelder, die in der Strukturgestaltung berücksichtigt werden müssen.

## Orientierungspunkte und Effizienzfaktoren

Die oben genannten Spannungsfelder sind naturgemäß für jede Familien- und Unternehmenskonstellation spezifisch zu betrachten und aufzulösen. Es lassen sich jedoch übergeordnete Muster identifizieren, die zu Lösungen beitragen und effektiv sind.

Unter der Grundannahme, dass die Finanzierungssituation des Ursprungsunternehmens eine systematische und regelmäßige Ausschüttung zulässt und es hierdurch zu einem substantiellen Aufbau von Vermögen außerhalb der unternehmerischen Haftungsmasse kommt, sind die klassischen Elemente der Vermögensanlage zu berücksichtigen. Neben einer strategischen Asset Allokation, d. h. der Festlegung von Anlageklassen und ihrer Größenordnung sind vor allem Rendite-/Risikoparameter zu definieren. Üblicherweise wird hierbei auch der Anlagehorizont festgelegt, der in der hier beschriebenen Umgebung einen eher langfristigen Charakter (mindestens 5–10 Jahre, in der Regel länger) hat. Ein wesentliches Element dürfte die Festlegung von Liquiditätsparametern sein, die in der Planung zum einen Refinanzierungsanforderungen des Ursprungsunternehmens, aber auch taktischen und strategischen Anforderungen genügen müssen. Elemente der erbschaftssteuerlichen Anforderungen sind ebenso zu berücksichtigen, wie gegebenenfalls Anforderungen der Lebensführung.

Vor allem in der Übergangsphase, in der das Eigentum am Ursprungsunternehmen einen großen Vermögensanteil ausmacht, hin zu einem Aufbau substantieller unternehmensexterner Vermögensstrukturen ist die Zieldefinition einer anzustrebenden Asset Allokation im Sinne einer effizienten Diversifikation von Bedeutung, sowie der Zeitpfad, um diese zu erreichen. Naturgemäß kann zu Beginn die gesamthafte Vermögensstruktur nicht den Anforderungen einer sinnvollen Risikostreuung genügen, und Klumpenrisiken sind nicht zu vermeiden. Um so wichtiger ist die Definition und die effiziente Umsetzung eines systematischen Prozesses, um die Zielstruktur zu erreichen.

Das wesentliche Element der Gestaltung von generationenübergreifenden Vermögensstrukturen ist jedoch die Entwicklung der Unternehmerfamilie. Die emotionale Herausforderung des Überganges von einer starken Prägung durch eine Gründungsunternehmerpersönlichkeit hin zu einer großen Familie bestehend aus vielen Mitgliedern, die Anforderungen an das unternehmerische Vermögen formulieren und Einfluss nehmen möchten, ist in keinster Weise zu unterschätzen. Sie kann auch in der nächsten und übernächsten Generation nach der Unternehmensgründung noch nachwirken und die Entscheidungsfindungen beeinflussen. Die emotionalen Belastungen, die sich aus hieraus herrührenden Konflikten ergeben, können erheblich sein. Die negativen Auswirkungen langwieriger juristischer Auseinandersetzungen auf das Vermögen und die Opportunitätskosten nicht getroffener Entscheidungen lassen sich durch keine noch so effiziente Rendite-/Risikostreuung kompensieren. Streitvermeidung ist für alle Beteiligten im Sinne des Vermögenserhalts essenziell und mindestens so wichtig wie kluge Investitions- und Anlageentscheidungen.

Um dies zu gewährleisten lohnt es sich im Kontext maßgeblicher Strukturentscheidungen, spätestens vor anstehenden Erbgängen eine Reihe von Fragen zu formulieren, deren Beantwortung die Grundlage für anstehende Strukturentscheidungen sein sollten. Erfahrungsgemäß ist hierbei ein geordneter Prozess sinnvoll, der Erben und Erblasser mit ausreichend Zeit gleichermaßen einbindet und Interessen sowohl transparent macht als auch die Möglichkeit schafft, diese in den Strukturentscheidungen zu berücksichtigen. Hierbei ist gegebenenfalls die Einbindung externer, neutraler und professioneller Moderatoren sinnvoll, die den Prozess begleiten. (Abb. 6.1).

Es ist sinnvoll, die gefundenen Antworten im Sinne einer Familiencharta zu verschriftlichen und sie im Sinne einer identitätsstiftenden Grundlage für alle betroffenen Familienmitglieder transparent zu machen. Die explizite Bezugnahme in Kommunikation und Entscheidungsfindung dient als kulturschaffendes Element und hilft, einen Orientierungsrahmen für alle Familienmitglieder zu setzen, auch für extern hinzutretende Partner. Eine in regelmäßigen Zeitabständen erfolgende Überprüfung dient dazu sich in Bezug auf verändernde Interessenslagen abzustimmen und diese zu berücksichtigen sowie die Familiencharta gegebenenfalls an neue Rahmenbedingungen anzupassen. Die gefundenen Antworten werden in jedem Fall sowohl in der Entwicklung des Ursprungsunternehmens als auch in der Entwicklung des Familienvermögens in der Generationenübertragung eine maßgebliche Rolle spielen.

| Familie | • Welche kulturellen Werte strebt die Familie im Umgang miteinander und in Bezug auf ihre unternehmerischen Entscheidungen an?<br>• Welches unternehmerische Selbstverständnis soll verfolgt werden? Bezugnahme auf das Ursprungsunternehmen als Unternehmer oder als Multi Asset Manager mit mehreren Investitionsfeldern und -formen?<br>• Wie soll in Bezug auf unternehmerische Belange kommuniziert werden?<br>• Governance innerhalb der Familienstruktur:<br>  o Welche Familienmitglieder sollen in Entscheidungsprozesse eingebunden sein (strukturierter und transparenter Entscheidungsmechanismus)?<br>  o Ist die Etablierung eines Entscheidungsgremiums bzw. geschäftsführenden Verwaltungsrates sinnvoll?<br>  o Welche Voraussetzungen für die Einbindung in Entscheidungsprozesse sollen im Sinne von Ausbildung und Erfahrung vorhanden sein?<br>  o Wie werden Familienmitglieder gegebenenfalls kompensiert, wenn sie keinen Einfluss auf Entscheidungsprozesse haben (Vorzugsaktienmodell) und wie werden diejenigen vergütet, die Funktionen übernehmen?<br>  o Wie laufen die Entscheidungsprozesse ab bzw. wie sind sie organisiert?<br>  o Festlegung von Quoren im Falle von erforderlichen Abstimmungen?<br>  o Welche Mechanismen zur Konfliktvermeidung sollen genutzt werden?<br>• Ab wann und in welcher Form sollen Familienmitglieder in den Verwaltungsstrukturen der Familie oder im Ursprungsunternehmen mitarbeiten?<br>• Welche Ausbildungsmaßnahmen von Familienmitgliedern der nachfolgenden Generation werden unterstützt, in welcher Form?<br>• Unterscheiden sich die Ansichten und Interessenslagen verschiedener Gruppen innerhalb der Familie zu den o.g. Fragestellungen?<br>• Wie kann in diesem Fall ein sinnvoller Ausgleich geschaffen werden, ohne das unternehmerische Vermögen in seiner Funktionsfähigkeit in Bezug auf die formulierten Ziele der Investmentstrategie zu belasten? |
|---|---|
| Ursprungsunternehmen | • Welche Rolle soll das Ursprungsunternehmen im Selbstverständnis der Familie spielen – wesentliche Determinante oder Portfolio Asset?<br>• Welcher Beteiligungsgrad wird nachhaltig angestrebt, bzw. welche Opportunitätskosten ist man bereit in Kauf zu nehmen - zu Gunsten einer definierten Beteiligungsquote?<br>• Mitarbeit von Familienmitgliedern in operativen oder Aufsichtsfunktionen:<br>  o Wie sollen Ausbildungs- und Karrieremuster für Familienmitglieder idealerweise verlaufen?<br>  o Ist eine externe, familienunabhängige Karriere als Befähigungsnachweis ein Zulassungskriterium?<br>  o Sind externe Familienmitglieder (einheiratende Partner) erwünscht? Wenn ja, unter welchen Voraussetzungen?<br>  o Definition von Leistungsbemessung in der Karriereentwicklung für Familienmitglieder |

**Abb. 6.1** Typische Fragen im Kontext von Erbgängen

## Anforderungen an Verwaltungsstrukturen

Die Umsetzung der genannten Prozesse erfordert in der Regel einen gewissen Verwaltungsapparat. Je nach Umfang der Vermögenssubstanz und der Entwicklung aus dem Ursprungsunternehmen heraus wird sich dies effizient in Embedded, Multi oder Single Family Office-Formaten umsetzen lassen. Unabhängig vom Format sind die zu lösenden Aufgabenstellungen jedoch vergleichbar und werden im Hinblick auf die Zielstellung gleichartig zu bearbeiten sein, ob nun mit einem eigenen familienspezifischen oder im Wesentlichen durch externe Dienstleister geprägten Konstrukt. In jedem Falle ist es hilfreich, sich den Aufbau der Verwaltungsstrukturen als eigene Unternehmensgründung zu vergegenwärtigen und auch vergleichbar vorzugehen. Auch der Betrieb einer solchen Verwaltungsstruktur ist als Führung eines Unternehmens im Hinblick auf seinen Zweck zu begreifen. Dies reicht von Governancestrukturen, Mitarbeitergewinnung und -führung, Entscheidungsprozessen und Steuerungsfunktionen bis hin zum geeigneten Berichtswesen. Die in Abb. 6.2 genannten Handlungsfelder sind zum Teil als notwendig, zum Teil aber auch als optional zu verstehen.

Ein wichtiges Gestaltungskriterium wird es hierbei sein, inwiefern Familienmitglieder in der Verwaltungsstruktur tätig sind. Dies wird ebenso wie die Tätigkeit im Ursprungsunternehmen davon abhängen, ob Fähigkeit, Neigung, Talent und Erfahrung

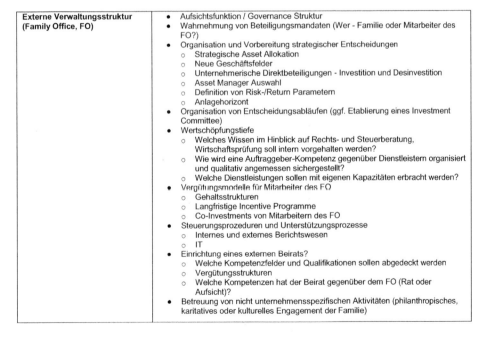

**Abb. 6.2** Handlungsfelder bei Gründung eines Family Offices

vorhanden sind. Begreift man den Vermögenserhalt bzw. die -weiterentwicklung als ureigene unternehmerische Tätigkeit, so wird man in der Auswahl und Ausbildung der Familienmitglieder ebenso viel Sorgfalt walten lassen wie in der Fragestellung, wer in welcher Form im Ursprungsunternehmen tätig sein soll. Kritisch zu hinterfragen und ein potenzielles Konfliktfeld ist sicher die Informationsasymmetrie der im Family Office tätigen Familienmitglieder gegenüber denjenigen, die es nicht sind. Umso wichtiger sind transparente und den Investmentkriterien genügende Entscheidungsprozesse sowie gegebenenfalls die Einrichtung eines Investment Committees, welches aus nicht operativ tätigen, aber gut ausgebildeten und spezifisch erfahrenen Familienmitgliedern besteht.

Die Führung einer Familienkonstellation, die gegebenenfalls weiterhin eine maßgebliche Beteiligung am Ursprungsunternehmen sowie ein Portfolio unterschiedlichster Assets hält, welches von Direktbeteiligungen, PE und VC Fonds über Kapitalmarktanlagen, Immobilien und gegebenenfalls Land- und Forstwirtschaft reicht, ist eine hochkomplexe Aufgabe. In diesem Management der Komplexität hat das Family Office eine Kernfunktion. Es dient als Umsetzer der Strategie, jedoch auch als Impulsgeber für neue Investmentansätze, als Sparringspartner und Inputgeber (und gegebenenfalls als Facilitator) für die Strategieentwicklung der Familie. Es koordiniert Due Diligence-Aktivitäten, verkörpert gegenüber Dienstleistern die Auftraggeberkompetenz und gewährleistet die Qualitätssicherung, generiert die erforderlichen Steuerungsinformationen und dient der Prozessdisziplinierung in den Entscheidungsprozessen der Familie. Darüber hinaus kann die Führung des Family Office eine Rolle in der Reflektion spielen, inwiefern Familienmitglieder tatsächlich befähigt und geeignet sind, Funktionen im unternehmerischen Kontext der Familie wahrzunehmen.

Eine solche Funktion erfolgreich auszuüben erfordert von den beteiligten Persönlichkeiten eine große Bandbreite an Kompetenzen, vor allem aber Empathie für einander und kommunikative Fähigkeiten. Zweifellos muss dies auf einem Vertrauen basieren, welches über einen entsprechenden Zeitraum erarbeitet werden muss. Es wird dies immer eine beidseitige Basis sein, die sowohl die Familienmitglieder gegenüber den Funktionsträgern im Family Office empfinden müssen als auch diese gegenüber den Familienmitgliedern. Ein Erfolg von Entscheidungsprozessen wird davon abhängen, ob kritischer Input familienfremder Mitarbeiter gewertschätzt und als positiv wahrgenommen wird. Die Effektivität des Family Office im Familienverbund wird nur soweit reichen können, wie das Führungsverhalten der Familie gegenüber den Mitarbeitern dieses Unternehmens dies auch ermöglicht und eine Tätigkeit mit zielführender Wirkung zulässt.

Wie jedes andere Unternehmen auch wird sich ein Family Office in diesem Zusammenhang mit der Rekrutierung von leistungsfähigen, familienfremden Mitarbeitern als wesentliche Grundlage für unternehmerischen Erfolg im Sinne des Unternehmenszwecks auseinandersetzen müssen. Der Wettbewerb um Talent wird auch hier bestritten werden müssen, ebenso wie im Ursprungsunternehmen. Das Anforderungsprofil wird davon abhängen, welche Wertschöpfungstiefe im Family Office wahrgenommen wird und welches Wissen in den verschiedenen Funktionen inhouse vorgehalten werden soll. Die Frage, ob ein Family Office in der familienfremden Führung eher mit einer CEO-Persönlichkeit mit einer starken eigenen unternehmerischen Impulssetzung, einem controlling- und prozessorientierten CFO-Typus, einem Wirtschaftsprüfer/Steuerberater oder mit einem Wealth Manager/Asset Manager effektiv sein wird, hängt unmittelbar mit der Frage der eigenen Schwerpunktsetzung der Familie in der Asset Strukturierung und in der Transaktionsaktivität bzw. -intensität zusammen. Wichtig erscheint hierbei vor allem eine klare Zielsetzung und Selbstreflektionsfähigkeit der Familie (wer sind wir, was wollen wir?), sowie eine Komplementarität zu den Funktionsträgern der Familie in Ausbildung, Erfahrung und Entscheidungsverhalten zu sein.

Es wird ein Verständnis zwischen Familie und Mitarbeiter herbeigeführt werden müssen, wie Karrieremuster und Vergütungsstrukturen aussehen sollen. Eine Motivation in einer Family Office-Struktur tätig zu sein, wird sich in der Regel nicht aus hierarchischer Entwicklung ergeben, sondern zu einem großen Teil intrinsisch basiert sein müssen. Ein mögliches Gestaltungselement kann die Eröffnung von Co-Investmentmöglichkeiten für wesentliche familienfremde Leistungsträger des Family Office sein. Hier besteht jedoch ein Risikopotenzial für Interessenskonflikte, sodass dies wohl abgewogen und mit entsprechenden Governancestrukturen versehen werden muss.

Ganz wesentliches Auswahlkriterium für familienfremde Mitarbeiter wird neben der fachlichen Kompetenz die Bereitschaft dieser sein, sich kulturell im Wertesystem der Familie zu positionieren und eine konstruktive und der Gesamtsituation der Familie angemessene Rolle einzunehmen. Die oben beschriebene Familiencharta wird auch hierbei eine wesentliche Hilfestellung bieten. Sie dient dazu familienintern wie -extern Transparenz über das relevante Wertesystem zu schaffen und dieses zu kommunizieren. Loyalität, Integrität und Diskretion sind neben fachlicher Professionalität entscheidend, um in und mit einer solchen besonderen Konstellation langfristig erfolgreich zu sein. Dies gilt sowohl für die Mitglieder der Familie wie auch für Mitarbeiter außerhalb des Familienkreises. Eine Unternehmerfamilie ist auf konstruktive und positiv kritische Geister angewiesen. Eines jedoch muss jedem klar sein, der sich einer Familienstruktur anschließt oder der in sie hineingeboren wird: Niemand steht in seiner Bedeutung über der Familie.

**Stanislaus Sayn-Wittgenstein** ist Mitglied einer Unternehmerfamilien-Struktur und hat langjährige Erfahrung als Mitglied in Aufsichtsgremien von großen Publikumsgesellschaften sowie privaten Beteiligungsunternehmen. Zudem war er auch selbst als Beteiligungsunternehmer aktiv.

# Das Family Office als moderne Form des Majordomus

**7**

Thomas Pierre Trinkler

Das Kernziel eines Family Offices sollte unseres Erachtens eine klare Trennung von Privatvermögen und operativer Tätigkeit sein. Dies kann, wenn gut organisiert, auch u. a. inhaltliche und steuerliche Vorteile bringen. Zudem lässt sich so in einem Gerichtsverfahren oder bei zivilrechtlichen Streitigkeiten eine Vermengung von Geschäfts- und Privatvermögen verhindern. (Abb. 7.1).

Ein Family Office kann auch dabei helfen, frühzeitig die Nachfolgeplanung aufzugleisen. Leider vergessen viele Patrone von Familienunternehmen, dass auch bei ihnen die „Lebensuhr" tickt. Es gibt genug prominente Beispiele, bei denen Nachfolgeplanung misslang. Zum Beispiel hört man in der Schweiz, dass Ueli Prager mit Mövenpick und Rudolf Sprüngli, der Schokoladenunternehmer, „den Abgang verpasst haben". Sie konnten mit zunehmendem Alter schwer oder gar nicht loslassen.

Unsere Erfahrung zeigt, dass p. a. im Schnitt je nach Familienkomplexität eine Rendite bis zu 2 % über dem Wettbewerb und über der Inflation erreicht werden muss, um den Vermögenserhalt über Generationen hinweg zu gewährleisten. Um angesichts von Generationenfolgen Substanz für zukünftige Familienmitglieder zu sichern, sollte

---

Der Majordomus oder Steward war ursprünglich der Vorsteher der Hausverwaltung an einem Fürstenhof oder in einer Abtei. Unter den Merowingern wurde der Majordomus zum Vorstand des königlichen Hofes. Er war verantwortlich für das Personal und die Verwaltung der alltäglichen Geschäfte. Der Fürst konnte sich auf das Regierungsgeschäft und, nicht zu vergessen, sein Vergnügen konzentrieren.

---

T. P. Trinkler (✉)
Zürich, Schweiz
E-Mail: tpt@trinklerpartners.com

T. Zellweger und P. Ohle (Hrsg.), *Finanzielle Führung von Familienunternehmen*, https://doi.org/10.1007/978-3-658-38061-8_7

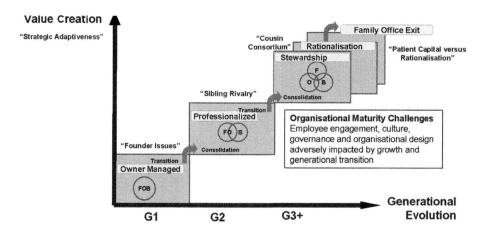

**Abb. 7.1** Wertschöpfung in der Generationenfolge. (Quelle: Korn Ferry is credited as the creator of the image/concepts shown here)

also eine Wachstumsstrategie angestrebt werden. Dem UBS/Camden Wealth Global Family Office Report 2020 kann man jedoch entnehmen, dass in Nordamerika über 50 % der Assets unter Growth klassifiziert wurden, während das in Europa bei 15 % lag. Asien lag mit 33 % dazwischen (UBS et. al. 2020). Nicht zu Unrecht behaupten Viele, dass Investieren eine Kunst und keine Wissenschaft darstellt – und diese besteht darin, immer wieder Anpassungen vorzunehmen und Grundwahrheiten unabhängig von der jeweiligen Entwicklung treu zu bleiben. In einem solchen Fall kann ein Family Office praktische Hilfe bieten. Idealerweise ist es von der Geschäftsführung getrennt. Der Patron vertraut dabei frühzeitig die Verwaltung eines Teils seines Vermögens einer oder mehreren Vertrauenspersonen an. Er kann sich so besser auf seine Kernkompetenz der Unternehmensführung konzentrieren. Das Family Office wird so zum Majordomus der Familie. Unter dessen Tätigkeit fällt dabei nicht nur die Vermögensverwaltung und die Verwaltung von Eigentumswerten der Familie, sondern auch ganz alltägliche administrative Arbeiten, welche die Familie vom operativen Geschäft trennen sollte. Hierzu gehören zum Beispiel die Administration und Finanzierung der Liegenschaften, des Privatflugzeuges oder der Yacht, die Aussonderung, Verwaltung und Kuratierung der Kunstsammlung, aber auch die Organisation von Reisen, die Ausbildung der Nachkommen sowie die Zahlung der Saläre der Angestellten, die nicht im Betrieb arbeiten. Grundsätzlich können hierunter alle administrativen Tätigkeiten der Familie fallen, die nicht zum Geschäftsleben gehören. Um diese Dienstleistungen effizient und vor allem gewissenhaft anbieten zu können, braucht es m. E. ein anderes Profil als das eines Finanzchefs oder das eines reinen Vermögensverwalters bzw. ehemaligen Bankers. Es braucht vor allem einen Manager – und das ist nicht Jeder.

## Literatur

UBS/Camden Wealth Global Family Office Report 2020. https://hkifoa.com/wp-content/uploads/2021/05/ubs-global-family-office-report-2020.pdf. Letzter Zugriff am 19.07.2022.

**Thomas Pierre Trinkler** ist seit 2013 CEO, VRP und Inhaber von Trinkler & Partners LTD., einem Multi Family Office. Davor war er über 20 Jahre in Managementfunktionen bei Banken in der Schweiz und Deutschland tätig. Zusätzliche Engagements umfassen Tätigkeiten in Anlageausschüssen von Stiftungen sowie Verwaltungsräten.

# „Structure follows Strategy": Vom Erbsenzähler-Modus zur Ausrichtung der Finanzprozesse auf die Strategie

**8**

Patricio Ohle und Michael Noth

Der neue CFO ist da. Er ist gut ausgebildet, kommunikationsstark und international erfahren. Die alten Hasen im Unternehmen empfangen den Neuling mit guten Ratschlägen: „Im Kern haben wir alles im Griff", hört er. Kurz darauf erfährt er, dass manche den neuen Finanzer fürchten. Warum? Liegen hier etwa Leichen im Keller?

Wozu würden Sie dem neuen Finanzchef in dieser Situation raten: Ran an die Arbeit? Oder Vorsicht? Und müsste man nicht zwischen der Sache oder dem Karriereinteresse des CFO unterscheiden? Eine Deloitte-Studie hat 2003 einen Zusammenhang von Eigentümerstruktur und der Rolle des CFO postuliert – im Grunde wenig überraschend, da sich die Erwartungen der Eigentümer auch auf Kultur, Anreizsysteme und die Steuerung des Unternehmens und somit die Prozesse auswirken (Deloitte 2003). Umso mehr empfiehlt es sich für den CFO, zunächst besonnen ganz genau hinzuschauen – beinahe wie ein Arzt, der für seine Diagnose auch nicht an der Oberfläche kratzt, sondern die Geschichte seines Patienten ganzheitlich aufrollt. Gerade in dieser typischen Situation besteht die Gefahr, zu maßnahmenorientiert zu agieren und sich auf Basis unvollständiger Information und mangelnder Kenntnis des Unternehmens zum Handeln drängen zu lassen. Da landet man schnell auf dem Holzweg – oder wird von den lieben Kollegen aufs Glatteis gefahren. Der sichere Weg des Scheiterns ist schnelles Handeln ohne Transparenz, denn jedes Familienunternehmen ist „ganz anders". Ein typisches Fazit zur kurzen Zusammenarbeit hört man immer wieder: „Ich hätte mehr Zeit mit dem Zuhören verbringen sollen."

P. Ohle (✉)
FBXperts AG, Zürich, Schweiz
E-Mail: patrick.ohle@fbxperts.ch

M. Noth
Köln, Deutschland

T. Zellweger und P. Ohle (Hrsg.), *Finanzielle Führung von Familienunternehmen*,
https://doi.org/10.1007/978-3-658-38061-8_8

Es geht aber noch weiter: Eigentümer und Management formulieren häufig hohe Erwartungen an den CFO, ohne dass der Unterbau und ein gutes Team dafür existieren. Was hier hilft, ist Erfahrung mit den Spezifika von Familienunternehmen: Dann wird man auch von denen gehört, die ihren Betrieb zum Teil selbst aufgebaut haben – oder ihn zumindest genau kennen. Doch eine Garantie ist auch das nicht, wie rasche CFO-Wechsel etwa in der Müller Gruppe oder bei der Hero AG zeigen (Wnuck 2006). Was immer die Gründe im Einzelfall sein mögen, diese Trennungen innert kurzer Frist zeigen auf, wie heikel gerade die berühmten „100 ersten Tage" für beide Seiten sind. Eine wichtige Grundregel dafür hat Alfred D. Chandler schon 1962 festgelegt: Die Struktur muss der Strategie folgen (Chandler 1962). Sie ist bis heute ein Kernthema der Organisationslehre. Die folgenden drei Beispiele von Familienunternehmen sollen nur zeigen, dass die Struktur der Strategie folgen muss und wie unterschiedlich das im Einzelfall jeweils motiviert und im Ergebnis aussehen kann.

## Knorr-Bremse: Neuaufstellung vor Börsengang

Vor dem Börsengang 2018 war Investor Relations für Knorr-Bremse kein Thema, da das Unternehmen zu 100 % in den Händen von Familie Thiele lag. Mit Beginn der Vorbereitung des IPO stellte CFO Ralph Heuwing eine Projektorganisation aller Spezialisten für den Börsengang auf. KPMG unterstützte das IPO Readiness Assessment und den Gesamtprozess. Die Corporate Governance und viele der zentralen Unternehmensprozesse mussten an die neuen Transparenzanforderungen angepasst werden. Unter anderem betraf dies Satzung und Geschäftsordnung von Vorstand und Aufsichtsrat, Compliance, Internal Audit, Risikomanagement und externes Reporting. Das Rechnungswesen wurde auf IFRS umgestellt und die Abschlussprozesse beschleunigt. Corporate Controlling musste daran arbeiten, verlässlichere Forecasts zu geben, um die Marktguidance abzusichern. Die Equity Story und der Börsenprospekt wurden gemeinsam mit den IPO-Banken (JPM, MS und DB) sowie mit Commercial DD Unterstützung durch Roland Berger erarbeitet. IR wurde zunächst durch den CFO selbst wahrgenommen und durch einen Kommunikationsberater von CNC Kekst begleitet. Einige Monate nach dem erfolgreichen Börsengang wurde dann die Position durch einen erfahrenen IR-Leiter besetzt. (Abb. 8.1).

## Fritz Meyer Holding AG: Transformation durch Restrukturierung

Auch eine Restrukturierung kann einen solche Transformation auslösen. Ein gutes Beispiel ist die Fritz Meyer Holding AG aus der Schweiz. Dort wurde der Finanzbereich neu ausgerichtet: durch die Abwicklung der Verkaufstransaktionen (Asset Deals), die Restrukturierung der verbleibenden juristischen Einheiten, den Aufbau eines

**Abb. 8.1** Projektorganisation von Knorr-Bremse vor Börsengang. (Quelle: Eigene Darstellung, Vortrag an der Universität St. Gallen; Interview mit CFO)

Immobilienmanagements sowie das Outsourcing der Informatik und Restrukturierung der Finanzabteilung (Top Fifty 2019). Diese Beispiele illustrieren, dass eine abgestimmte Neuausrichtung der Finanzabteilung dann erfolgt, wenn sich die Strategie und in Folge dessen auch die Prozesse und Organisation ändert. Aber das beantwortet noch nicht unsere eingangs gestellte Frage: Wo soll der neue CFO denn anfangen mit der Anpassung der Organisation seines Ressorts?

## Der Weg zur Finanztransformation

Wir schlagen vor, diesen Zusammenhang methodisch durch einen Transformationsprozess herzustellen, der im Folgenden mit seinen fünf Schritten kurz beschrieben werden soll. Durch eine systematische Vorgehensweise stellt dieser fünfstufige Prozess die Harmonie (man spricht von Alignement) von Struktur und Strategie sicher. Kennen Sie das Buch „Schlafwandler" über die europäischen Mächte vor der Krise des Ersten Weltkrieges (Clark 2013)? Es erinnert uns daran, dass man auch unbewusst ins Desaster stolpern kann. Ein Konzept ist immer besser – das wäre jedenfalls unser Rat (Zellweger 2017). Wir sehen hier fünf Schritte vor, die kurz beschrieben werden. (Abb. 8.2).

Beim Fünf-Phasen-Modell (welchen anderen ebenfalls praktizierten Modellen ähnelt z. B.: erst Ziele, dann Steuerungskonzept, dann Prozesse (Ablauforganisation), dann IT-Tools, dann Aufbauorganisation) würde in den späteren Phasen eine höhere Konkretisierung als hier geboten helfen. Beispielsweise, herauszuarbeiten, was das konkrete Deliverable der jeweiligen Phase ist. Dazu muss man sich aber im Detail mit dem Sachverhalt vor einer Transformation vertraut machen, was hier den Rahmen sprengen würde, da es sehr unterschiedliche Ausgangssituationen gibt.

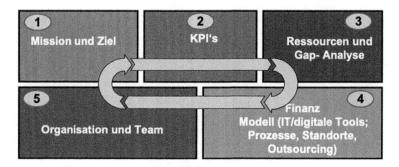

**Abb. 8.2** Fünf Schritte zur Finanztransformation. (Quelle: Eigene Darstellung)

## Schritt 1: Structure follows Strategy (Anpassung an Mission und Ziele)

Ich halte diese Reihenfolge für in der Tat essentiell: Erst die Ziele, dann, wie ich deren Erreichung messen will, und erst danach Prozesse, Tools und Organisation. Die M&A-Aktivitäten bei Bertelsmann, der Börsengang bei KB usw. sind die Triggering Events und neue Zielsetzungen für das Verändern des Finanz-Bereichs. Viele Unternehmen haben demgegenüber keine wirkliche Klarheit der Ziele und KPI.

Unser Konzept ist so angelegt, dass die Aufstellung und Organisation des Finanzbereichs mit einigen Ratschlägen und Methodiken (Prozessanalyse) wie folgt gestaltet wird: Jede Funktion muss sich ins große Ganze einordnen. Diese sogenannte Finance Transformation richtet in einem stringenten Prozess die Strukturen und Prozesse somit auf die Strategie aus. Wir empfehlen, dass der Finanzverantwortliche dies konzeptionell so oder so ähnlich durchspielt, um seine Vision für die nächsten fünf Jahre aufzustellen. Man definiert die Vision, Ziele und die Rolle der finanziellen Führung, erhebt die Performance und KPI zur Analyse und Zielbestimmung. Dann wird ein Funktionsmodell erstellt und mit einer Roadmap die notwendigen Schritte definiert. Hört sich doch einfach an, oder?

## Schritt 2: KPI der Ablauforganisation (Prozesse & Strukturelemente wie Anzahl Konten, Anzahl Profitcenter, Bankbeziehungen usw.)

Aber wie werden diese KPI ermittelt? Zunächst müssen wir die Finanzprozesse in den Fokus nehmen, identifizieren und aufgliedern. Hier definiert der Finanzbereich die wesentlichen Hauptprozesse. Der Reifegrad der Prozesse muss festgestellt werden, wie Abb. 8.3 vereinfacht darstellt: In einem Ratingverfahren wird der Reifegrad der Prozesse objektiviert, evtl. unter Einbezug von Externen bzw. Benchmarks.

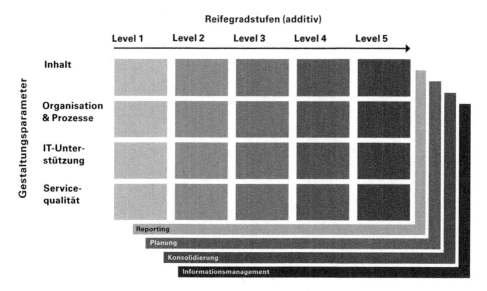

**Abb. 8.3** Schematische Darstellung von Reifegradstufen. (Quelle: Eigene Darstellung)

Dabei wird jedoch die Perspektive der Analyse so erweitert, dass keinesfalls nur Rechnungslegung (Accounting) darunter verstanden wird, sondern alle dem CFO zugeordneten Instrumente und Methoden mit direktem (z. B. Treasury) oder indirektem (z. B. teilweise Planung) Ressourcenzugriff. Diese Prozesse hat bereits der Harvard-Professor Michael Porter thematisiert (Gibson et. al. 2004). Am Ende sind Prozesse schnell ablaufende Organisationsstrukturen und sind auch den Funktionsträgern als „Prozessinhabern" zuzuordnen. Die Gestaltung der Ablauf- bzw. Prozessorganisation muss mindestens gleichrangig zur Aufbauorganisation betrachtet werden (Horvarth und Partners 2006, S. 98). Wesentlich ist auch die Bewertung der Prozessreife und Einstufung in ein Rating-Modell, wie in der o. g. Grafik vereinfacht dargestellt. Dies ermöglicht später den Soll-Ist-Vergleich.

In der Praxis kann man diese Prozesse je nach Notwendigkeit priorisieren, in Zeiteinheiten planen und Ist-Werte erheben (Zeitaufschreibung) und so die richtige Ressourcenzuteilung treffen. Dies ist also eine Achse des Modells: die Aktivitäten. Diese werden auch Personen zugeordnet (zweite Achse einer Tabelle). Schauen wir uns dies am Beispiel Accounting/Controlling an. (Abb. 8.4).

Die hier gezeigten Prozesse sind fein aufzugliedern, um die Ressourcenplanung durchzuführen. Es kann auch situativ immer mal wieder neue Prozesse geben, die ins Modell aufgenommen werden müssen: beispielsweise die Wettbewerbsanalyse, die Organisation des Aufsichtsgremiums oder das Monitoring von Innovationsprozessen. Im Rahmen eines Transferpreiskonzeptes können solche Prozesse bei genügendem Detailgrad im Rahmen einer Aktivitäten-Analyse sachgerecht zugeordnet werden. So dienen

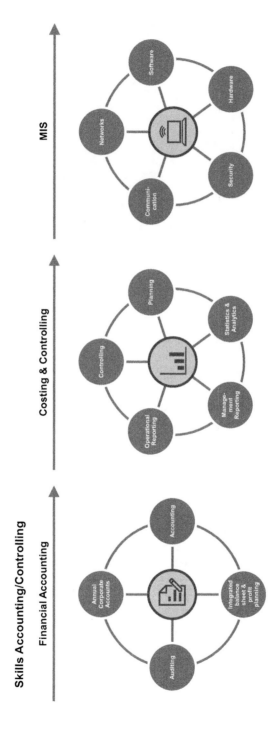

**Abb. 8.4** Zuordnung von Aktivitäten und Personen. (Quelle: Eigene Darstellung)

sie wiederum der Transparenz. Dies entspricht in etwa der Methodik, die Anwalts-
kanzleien oder Berater für Rechnungen an Klienten anwenden (Zeitaufschreibung).
Die Prozesse/Aktivitäten können dann mit Projekten, Profit Centern, Reporting Units,
Zielen oder Landesgesellschaften verknüpft werden. Stellen Sie sich also eine mehr-
dimensionale Matrix vor. Das schafft die Verknüpfung der Dimensionen.

Die Prozessanalyse muss aber in alle Bereiche gehen. Das bedarf vieler Kenntnisse
und Erfahrung. Aus der umfassenden Aufgabenstellung wird empfohlen, die Fachab-
teilung der jeweiligen Bereiche (z. B. Finanzen, Controlling, Treasury, Steuern, Recht,
IT, M&A, Reporting etc.) nicht auf verschiedenen Instanzenebenen anzusiedeln, sondern
ein Eigenleben durch Zuordnung zu der integrierenden finanziellen Führung zu vermeiden (Gleich et. al. 2007, S. 39 und 259).

Natürlich gibt es viele weitere KPI: Berücksichtigung z. B. Strukturvariablen, wie
bebuchte Konten, Anzahl Profit Center, Sparten, Bankbeziehungen usw. die im Rahmen
des 2ten Schrittes beachtet werden müssen. Wir können hier nicht in alle Details ein-
steigen, sondern wollen Grundsätzliches aufzeigen, denn es sind auch qualitative
Beurteilungen (Scoring Analysen) usw. anzustellen. Eine Grafik soll das anschaulich
machen.

## Schritt 3: Gap-Analyse

Der an oberster Stelle Verantwortliche muss ein Soll-Bild entwerfen und es mit der Aus-
gangssituation vergleichen. Daraus ergibt sich eine sogenannte Gap-Analyse und ein
Profil. In der Praxis werden dann situative Umstände zu Prioritäten in Bezug auf die
Vision und Mission führen, die im Rahmen der Analyse erarbeitet wurden. Wenn die
Verluste sprießen, braucht man den Fokus auf Controlling, MIS und Accounting. Gibt
es eine Klage wegen Kartellthemen, ist es der Bereich Assurance mit der Funktion
Compliance. Eine Kartellstrafe kann sehr teuer werden, wie auch Familienunternehmen wissen – ob Wiltmann, Eberspächer, Brose oder Villeroy & Boch. Angesichts
von Millionenstrafen im hohen zweistelligen Bereich lohnt es sich, zu prüfen, ob die
Prozesse passen. Die Finanzfunktion muss aber die Kernprozesse in den Fokus nehmen
und situativ und mit richtiger Prioritätensetzung in den folgenden Aspekten anpassen:

- Setzen von Prioritäten in Abhängigkeit von der Vision, Mission und Strategie
- Führungsrolle bei der gruppenweiten Prozessdefinition
- Standardisierung und Qualitätssicherung
- Digitalisierung und Automatisierung, wenn möglich und sinnvoll
- Kontinuierliche Verbesserung der Performance und Serviceorientierung

Eine Optimierung aller Prozesse gleichzeitig ist erfahrungsgemäß kaum möglich oder
sinnvoll, da diese teilweise aufeinander aufbauen und man auch das Feedback der
Organisation und Stakeholder immer wieder aufnehmen muss. So ist z. B. ein sauberes

Controlling kaum möglich, wenn nicht die verursachungsgerechte Verrechnung von IC-Leistungen z. B. im Rahmen eines Transferpricing-Konzepts erstellt wurde. Dieses umfasst dann Dienstleistungen, Handelsware und Fertigprodukte, Lizenzen und R&D, IC-Mieten – und weitere Spezialsachverhalte, die innerbetrieblich zwischen rechtlichen Einheiten „arm's-length" zu regeln sind.

Wie beispielhaft gezeigt wurde, können die Prozesse relativ detailliert geplant werden und zwar in einem sinnvollen Detaillierungsgrad (Beispiel: Produktionscontrolling). Wichtig ist die Bündelung der Prozesse, um sinnvolle KPIs ermitteln zu können.

Interessante Aspekte bei der Gap-Analyse sind u. a.:

- Trennung zurechenbare Aktivitäten auf die Kostenträger, z. B. Reporting Units, Projekte usw. und den Gesellschaftern bzw. Eigentümern zurechenbare Aktivitäten
- Projektzuordnung usw. (Kostenträgerrechnung, Management Erfolgsrechnung usw.)
- Doppelspurigkeiten (Redundanz kann aus Risikoerwägungen gewollt sein)
- IT-Durchdringung (Vereinheitlichung ERP, Spezialsysteme für Planung, Konsolidierung usw.)
- Soll- versus Ist-Fähigkeitenprofil des Finanzteams (vgl. fbxperts.ch; FBCheck)
- Funktions-Standorte (wo was erbracht) und Outsourcing von Leistungen (z. B. Rechtsabteilung; Steuerberatung)

Ganz wesentlich ist die Harmonisierung der Prozesse, die nach der hier dargestellten Standardisierung und Anpassung an die Strategie und Ziele zu „Routinen" werden. Neben dem oben dargestellten Prozessvorgehen, kommen nunmehr weitere Aspekte wie Technologie, Standorte, Steuerungsphilosophie (Performance Management) usw. in die Gleichung als Gestaltungsvariablen. Man spricht in der Managementlehre auch vom Alignement von Strategie und Struktur.

## Schritt 4: Strategisches Finanzmodell konzipieren

Schauen wir uns als Ergebnis einer Aktivitätenanalyse Abb. 8.5 an.

Die hier gezeigte Erhebung zeigt mit 28 % der Zeiteinheiten einen relativ hohen Anteil beim Accounting, was auf Optimierungspotenzial z. B. zum Business Support hinweist. Ein typisches Ergebnis: Wir sind noch im „Erbsenzähler-Modus". Dafür gibt

| 28 % | 22 % | 11 % | 17 % | 9 % | 13 % |
|------|------|------|------|------|------|
| Accounting/ Rechnungswesen | Corporate Finance | Assurance | Business Support | Personal | Sonstige |

N-20

**Abb. 8.5** Aktivitätenanalyse großer Familienunternehmen. (Quelle: Eigene Erhebung bei 20 Familienunternehmen > 1 Mrd. EURO Umsatz)

es sicher Gründe. Es darf aber nicht so bleiben. Diese Key Performance Indicators (KPI) können im Rahmen einer Gap-Analyse der Strategie und den Zielen gegenübergestellt werden. Ziel einer unternehmerischen Vision müsste es nun sein, bei Corporate Finance und Business Support zu optimieren, um den Finanzbereich strategisch auszurichten, und hier mehr Ressourcen einzusetzen. Beispielsweise kann es doch nicht richtig sein, 28 % der Ressourcen auf das Thema externe Berichte zu verwenden. Anhand solcher KPI beginnt die strategische Ausrichtung.

Die Integration zentraler und dezentraler Funktionsträger der finanziellen Führung ist als Optimierungspotenzial einzuschätzen, da oftmals keine disziplinarische Unterstellung vorliegt, sondern nur eine fachliche Unterstellung (die sogenannte „Dotted line"-Berichtslinie). Wichtig hinsichtlich der Prozesszuordnung sind die jeweiligen Schnittstellen, die sich zu anderen Prozessen ergeben, ferner das angemessene Leistungspotenzial in Abhängigkeit von der Steuerungs- und Kontrollphilosophie. Das gebündelte Know-how um Prozesse, Synergien mit IT und MIS, eine gewisse Standardisierung und Konsistenz der Botschaft sprechen für eine Bündelung beim CFO. Dieser muss aber in der Lage sein, die Botschaft ins Unternehmen zu tragen, d. h. die Mitarbeiter zu Betroffenen zu machen.

## Schritt 5: Ein funktionierendes Team & Organisationsmodell

Um aber den angepeilten Durchbruch zu schaffen, muss nach der Erfahrung die finanzielle Führung ein wohlfunktionierendes Team & eine Organisation hinter sich aufbauen, das glaubwürdig und auf Basis von nachvollziehbaren Fakten die Argumente und Empfehlungen vorbringt (McKinsey 2008).

Es muss berücksichtigt werden, dass es sich bei der finanziellen Führung sui generis um eine sog. Querschnittsfunktion wie beispielsweise das Qualitätsmanagement handelt, die maßgeblichen Einfluss auf die Kommunikations- und Informationsflüsse, Strukturen und Prozesse hat, sodass prinzipiell alle Aspekte des Unternehmens (und der Eigentümerfamilie) berührt sind (Seghezzi 1996). Die Anpassung der Rolle der finanziellen Führung hat aber nicht nur Auswirkungen auf die Strukturorganisation und die Ablauforganisation bzw. Prozesse – sondern auf die Organisation der Führung überhaupt, z. B. auf den Grad der Zentralisierung (Finanzholding oder Strategie Holding oder Operative Management Holding im Unterschied zur Stammhausorganisation).

Glaubwürdigkeit für den neuen CFO entsteht erst, wenn das Verständnis für heterogene IT-Systeme, die manuellen Prozesse und organisatorischen Strukturen und das Team im Detail erworben wurde. Daher müssen die ersten Monate genutzt werden, diesen Überblick zu erhalten und dann an der stetigen Verbesserung gearbeitet werden. Dazu braucht es die Fähigkeit, Prioritäten richtig zu setzen. Risiken können in der falschen Bewertung von Fremdwährungen und Derivaten liegen, in operativen Themen oder in der unsauberen Rechnungslegung und fehlenden Controlling-Daten oder z. B. falsche Transferpreise, die Ergebnisse verzerren.

Es gibt hervorragende Finanzfachleute, die aber kein Unternehmen unter den spezifischen Rahmenbedingungen eines Familienunternehmens finanziell optimal führen können. Der Begriffsbestandteil Führung in der Definition zeigt, dass es nicht allein um technisches Fachwissen eines Spezialisten geht, sondern um „Management" – die korrekte Übersetzung von finanzieller Führung wäre also „financial management", denn im Englischen ist „Führung" gleichzusetzen mit „Management". Dieser Führungsaspekt ist sicher die halbe Miete des Erfolges in C-Level Positionen, insbesondere in dem komplexen Gefüge der Familienunternehmen. Dieser Bereich eignet sich besonders für ein Mentoring.

## Praxisbeispiel: global agierender Automobilzulieferer in Familienbesitz (Dr. Michael Noth, ehemals CFO Nordzucker)

Den systematische Transformationsprozess wollen wir anhand des Beispiels aus der Automobilzulieferbranche erläutern, einer Branche, die schon seit langer Zeit große Wachstumschancen, aber auch ein herausforderndes Marktumfeld bietet. Wichtigstes, vom Eigentümer vorgegebenes strategisches Ziel war ein jährliches zweistelliges profitables Umsatzwachstum durch Einführung neuer Technologien, Globalisierung und Ausbau der Kundenbeziehungen, insbesondere mit asiatischen OEMs. Um diese Ziele verwirklichen zu können, sollte in einer weltweit integrierten und einheitlichen Organisation möglichst hohe Transparenz geschaffen werden. Ein zweiter wichtiger Schwerpunkt war die Performance. Da die Eigentümer kein externes Eigenkapital nutzen wollten, mussten Investitionen und Working Capital effizient eingesetzt werden.

Die Aufnahme der Ist-Prozesse verlief sehr pragmatisch. Die Organisation hatte zwar ein einheitlich eingeführtes IT-System und wurde straff zentral und regional geführt; es gab aber drei etwas unterschiedliche regionale Ansätze, die sich an einfachen KPIs festmachen ließen. So hatte bei vergleichbarer Größe ein Werk weniger als 10 Kostenstellen, ein anderes 200 und ein drittes um die 1000. Statt einer detaillierten Datenaufnahme zu nur eingeschränkt vergleichbaren Prozessen lag daher der Schwerpunkt auf Auswertung vorhandener Daten und einem guten Verständnis der bestehenden Abläufe mit ihren Vorzügen und Herausforderungen.

Intensive Diskussionen innerhalb des Finanzbereichs, mit den Funktionsverantwortlichen und dem Haupteigentümer halfen bei der Erarbeitung eines abgestimmten Bildes zu Gaps und Sollkonzept und vor allem zum Maßnahmenplan. Der Haupteigentümer dachte nicht nur sehr unternehmerisch, sondern auch finanzorientiert – eine starke Unterstützung des Transformationsprozesses.

Die Erarbeitung eines sinnvollen mittelfristigen Aktionsplans war eine erhebliche Herausforderung, umso mehr, da finanzielle und personelle Ressourcen durch das Wachstum angespannt waren. Die richtige Balance zwischen kurzfristigen Verbesserungen und mittelfristig wirksamen Basismaßnahmen, die realistische Aufstellung von Zeitplänen war ein intensiver Prozess. So konnten Life Cycle Controlling oder Planungstools bei nicht vollständig harmonisierten ERP-Systemen nur näherungsweise Informationen liefern, aber ihre zügige Einführung war enorm wichtig, gerade weil in großem Umfang neue Aufträge akquiriert wurden. Wenn nach einer Harmonisierung der ERP-Systeme dann wieder z. B. die Vorkalkulation angepasst werden musste, war das nicht schlimm – es sollte nur allen vorher klar sein und in den Projekten „mitgedacht werden".

Die Geschwindigkeit der Transformation war genau so kritisch. Zu viel zu schnell zu versprechen, erzeugt Frustration und lässt den Finanzbereich in einem schlechten Licht erscheinen, bei zu wenig ambitionierten Plänen verliert man Momentum. Letztlich mussten aber die Planungen angepasst werden, um flexibel reagieren zu können. Wenn zum Beispiel bei immer mehr Entwicklungsstandorten eine zentrale Software zur Verwaltung und Archivierung von Entwicklungsdaten eingeführt werden sollte („PLM") oder eine allgemeine Finanzkrise wie in 2008/9 kurzfristige Aktionen notwendig machte, musste der CFO seine Prioritäten umstellen und reagieren.

Eine Reorganisation des gesamten Unternehmens war die Basis für die Neuausrichtung des Finanzbereichs. Schon vor der Transformation besetzten erfahrene Mitarbeiter die wichtigsten zentralen und regionalen Führungspositionen, ein wirklich starkes Führungsteam. Durch das Wachstum im Geschäft und die Schaffung neuer wichtiger Positionen war aber die Gewinnung von weiteren leistungsfähigen Mitarbeitern und ihre Weiterentwicklung eine der wichtigsten Aufgaben des CFOs und des gesamten Teams. Die weltweite Suche nach High Potentials, der Aufbau eines Talent Pools, ein Lehrauftrag an der Universität am Stammsitz, regelmäßige Workshops zur Entwicklung von Nachwuchskräften und internationale Rotation von vielversprechenden Mitarbeitern waren unerlässlich für die erfolgreiche Transformation.

**Fassen wir zusammen:** Wir konnten hoffentlich mindestens ansatzweise aufzeigen, dass und wie sich Finanzprozesse durch eine Optimierung und die oben dargestellte fünf-Schritt Vorgehensweise strategiekompatibel machen lassen. Dabei gibt es natürlich eine Vielzahl von ähnlichen Methoden. Finanzprozesse können auch im Familienunternehmen Vorreiter dafür sein, wenn es darum geht, notwendige Anpassungen an die uns immer mehr entgegentretende Komplexität vorzunehmen. Dies zeigt sich etwa im „freiwilligen Rating" der Würth-Gruppe, auf das Reinhold Würth zu Recht stolz sein kann (Würth 2022). Der CFO nimmt so einen wesentlichen positiven Einfluss auf die Führung und den Erfolg des Familienunternehmens – oder im Sinne von M. J. Roe: „Finance determines Governance" (Roe 1994). Den Eigentümern raten wir: Packen Sie den Prozess an – und lassen Sie die Finanzleute machen. Es lohnt sich! Beginnen Sie, wenn gewünscht ein Visioning der Finanzorganisation mit Ihrem Management (und suchen Sie gerne auch das Gespräch mit unseren Experten von fbxperts.ch (vgl. Kapitel 35))

## Literatur

Chandler, A. D. (1962). Strategy and Structure: Chapters in the History of the American Industrial Enterprise. MIT Press.

Clark, C. (2013). Die Schlafwandler: Wie Europa in den Ersten Weltkrieg zog. DVA.

Deloitte Consulting (2003). Restoring Trust: Empowering the CFO. Deloitte Research 7/03.

Gibson, C./Birkinshaw, J. (2004). The Antecedents, Consequences, and Mediating Role of Organizational Ambidexterity. The Academy of Management Journal, 47, 2, 209–226.

Gleich, R. , Michel., U. (Hrsg.). 2007). Organisation des Controlling: Grundlagen, Praxisbeispiele und Perspektiven. , Haufe-Mediengruppe.

Horvarth & Partners (2006). Das Controllingkonzept. Beck.

McKinsey (2008). Perspectives on Corporate Finance and Strategy 27.

Roe, M. J. (1994). Strong Managers, Weak Owners: The Political Roots of American Corporate Finance. Princeton University Press.

Schmitt, J. (2021). Abschied vom Schloss. https://www.finance-magazin.de/cfo/cfo-wechsel/cfo-andre-wehrhahn-verlaesst-faber-castell-2076671/. Letzter Zugriff am 19.07.2022.

Seghezzi., H. D. (1996). Integriertes Qualitätsmanagement: Das St. Galler Konzept. Hanser.

Top Fifty (2019). Neustrukturierung der Fritz Meyer Gruppe, Basel. https://www.top50interim.com/Portals/0/adam/News/tYegjRmNu0eGuW_vp49E2A/Body/TopNews_Herbst_2019_mit_Datum_X4.pdf. Letzter Zugriff am 19.07.2022.

Wnuck, C. (2006). Hero: CFO Grenz scheidet nach sechs Monaten wieder aus. https://www.finance-magazin.de/cfo/cfo-wechsel/hero-cfo-grenz-scheidet-nach-sechs-monaten-wieder-aus-1203502/. Letzter Zugriff am 19.07.2022.

Würth (2022). Finanzielle Strategie. https://www.wuerthfinance.net/web/de/wuerth_finance/investor_relations_1/wuerth_gruppe_1/finanzielle_strategie/startseite_finanzielle_strategie.php. Letzter Zugriff am 19.07.2022.

Zellweger, T. (2017). Managing the family business: Theory and practice. Edward Elgar Publishing.

**Dr. Patricio Ohle** ist Gründer und Geschäftsführer der FBXperts AG. Er war drei Jahrzehnte lang in Führungspositionen bei Familienunternehmen tätig, unter anderem als Direktor bei der Hipp Holding AG Dr. P. Ohle ist Research Fellow des Center for Family Business an der Universität St.Gallen, wo er auch promovierte. Er ist zudem Lehrbeauftragter der Universität St.Gallen in „Finance of large family firms".

**Dr. Michael Noth,** ehemals Vorstand/CFOHellmann Worldwide Logistics SE & Co KG, Nord-zucker AG.

# Optimierung von Planungssystemen im VUCA-Umfeld

**9**

Felix Hess und Franz Wirnsberger

Ein ganz kritischer Geschäftsprozess ist die Planung. Da gibt es Unternehmen, die Ihre Planung erst abschließen, wenn der nächste Zyklus beginnt: das Unternehmen gefangen im Hamsterrad. Andererseits gibt es Branchen, deren Geschäftserfolg unbedingt auch von einer guten Planung abhängt, denkt man z. B. an Out of Stock oder Working Capital Management – ein Thema für Experten.

## Macht langfristige Planung im VUCA Umfeld noch Sinn?

Der Begriff VUCA – also Volatility, Uncertainty, Complexity und Ambiguity – ist mittlerweile zum Standard der Beschreibung des aktuellen Unternehmensumfeldes geworden. Die Corona-Pandemie hat dem Begriff Unsicherheit nochmals eine neue Dimension gegeben. „Auf Sicht fahren" war und ist zum Zeitpunkt der Verfassung dieses Beitrags für viele Unternehmen gezwungenermaßen zur Regel geworden. Budgets werden noch schneller obsolet als sowieso schon und Mittelfristplanungen werde zunehmend ausgesetzt. Szenario-Planung ist angesagt. Die Extremsituation „Corona-Pandemie" spitzt eine aufgrund des VUCA-Umfeldes grundsätzlich bestehende Unternehmensführungsfrage zu: Ist es in VUCA-Zeiten überhaupt noch zielführend, längerfristig zu planen?

F. Hess (✉)
Schaan, Schweiz
E-Mail: felix.hess@hilti.com

F. Wirnsberger
Triesenberg, Schweiz
E-Mail: f.wirnsperger@newpm.li

© Der/die Autor(en), exklusiv lizenziert an Springer Fachmedien Wiesbaden GmbH, ein Teil von Springer Nature 2022
T. Zellweger und P. Ohle (Hrsg.), *Finanzielle Führung von Familienunternehmen*,
https://doi.org/10.1007/978-3-658-38061-8_9

Verfolgt man die praktische und wissenschaftliche Diskussion zu der Fragestellung, dann kristallisiert sich eine recht klare Antwort heraus: Ja, aber. *Ja,* weil es gerade in Zeiten der schnellen Veränderung und Unsicherheit umso mehr langfristige Vision und Ziele braucht, um nicht die Orientierung zu verlieren und im Chaos zu versinken. Die Bedeutung von Strategie nimmt daher Experten zufolge zu und nicht ab (Baaij 2018). *Aber,* weil es im VUCA Umfeld eine andere Art der Führung, Planung und Organisation braucht (Drucker 1998).

Die traditionellen linearen Planungs- und Steuerungsmuster bauen auf der uralten Hypothese auf, dass es möglich und daher sinnvoll ist, in einem relativ hohen Detailgrad und über längere Frist Pläne zu erstellen, deren Erfüllung man dann so starr wie möglich nachhält, um zum Ziel zu kommen. Dass diese Hypothese in einem VUCA-Umfeld wohl nicht mehr zu halten ist, dürfte unter Praktikern auf sehr hohen Konsens treffen. Welche Konsequenzen daraus für den Planungsprozess einer größeren Organisation abzuleiten sind und wie eine VUCA gerechte Planung und Steuerung konkret aussehen könnte, ist jedoch wesentlich weniger klar. Viele Unternehmen experimentieren mit agilen Methoden in Teilbereichen der Organisation. Das gesamte Planungs- und Steuerungssystem anzupacken und anzupassen, wagen jedoch noch sehr wenige oder sehen es nicht als zielführend an. Dazu fehlt oft auch die Vorstellung für einen wirklich praktikablen alternativen Ansatz.

Der folgende Beitrag zeigt einen Weg auf, den der Hilti-Konzern eingeschlagen hat, um mit dem Problem der zunehmenden Dynamik und Komplexität umzugehen. Die Kernhypothese, die dabei zugrunde gelegt wurde, war, dass die Fähigkeit des schnellen organisationalen Lernens in einem VUCA-Umfeld zum entscheidenden Wettbewerbsfaktor wird und dass daher ein linearer, dem „Kommando & Kontrolle"-Muster folgender Planungsansatz mit Mittelfristplanungen und jährlichen Planungs- und Budgetierungsroutinen nicht mehr zeitgemäß ist und zu kurz greift. Ein neuer Ansatz sollte sowohl die Orientierung an längerfristigen Zielen stärken als auch häufigere Reflektionen und eine flexible Anpassung der Ressourcenallokation ermöglichen, um auch das kurzfristige „Auf Sicht fahren" besser zu integrieren.

## Entkoppelung von Zielsetzung und Maßnahmenplanung

Als erster und wesentlicher Schritt wurde die im traditionellen Steuerungsansatz vorherrschende enge Koppelung von Zielsetzung und Maßnahmenplanung/Koordination gelockert. Die zugrunde liegende Überlegung war eine sehr einfache: Wenn einerseits Klarheit und Stabilität hinsichtlich der strategischen Ziele vorliegt – dies war bei Hilti aufgrund eines soliden Strategieprozesses in hohem Ausmaß gegeben – und andererseits jährliche Pläne und Budgets trotz viel Aufwand und Energie immer schneller obsolet werden, warum dann nicht den Zielsetzungsprozess radikal vereinfachen und die strategischen Ziele zu den einzig relevanten Zielen erklären? Durch diesen einfachen Wechsel des relevanten Leistungsmesskriteriums – „Veränderung der Strategischen Lücke" statt der jährlichen Budgets – wurde implizit eine Trennung der Zielsetzung von der Maßnahmenplanung und -steuerung vorgenommen. Es entstand ein Planungs- und Steuerungssystem auf Basis von zwei Regelkreisen. Regelkreis eins sorgt für die Setzung und das Relevantmachen von strategischen Zielen, den sogenannten Nordsternzielen. Regelkreis zwei koordiniert eine regelmäßige Umsteuerung und Anpassung der Pläne bei Bedarf. Die Art der Zielsetzung – relativ und regelbasiert und damit selbst-adjustierend – löst die enge Verknüpfung von Zielsetzung und Planung und ermöglicht mehr Flexibilität in der Steuerung. Im Ergebnis kommt es zu einem wesentlich höheren Ausmaß an Selbststeuerung und Selbstorganisation im Führungssystem (Abb. 9.1).

Der Ansatz entspricht einem agileren Zugang zur Führung und Steuerung einer Organisation nach dem Motto „Roughly right is better than precisely wrong" und basiert auf einer starken führungskulturellen Überzeugung, dass wenige strategische Vorgaben in einem zunehmend dynamischen und komplexen Umfeld deutlich effizienter und effektiver sind als ein „Kommando & Kontrolle"-System mit engen Vorgaben. Die Ausprägungen aller wesentlichen Steuerungspraktiken (Zielsetzung, Verbindung zur Vergütung, Planung, Forecasting, Messung/Reporting) werden angepasst und neu aufeinander abgestimmt, wodurch es zur Integration der Mittelfristplanung und der jährlichen Planung und Budgetierung zu einem integrierten, auf kontinuierliche Verbesserung ausgerichteten Planungs- und Steuerungssystem kommt. Die Ausprägungen der Regelkreise werden in weiterer Folge erläutert.

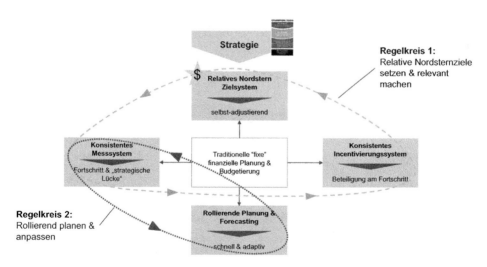

**Abb. 9.1** Trennung der Zielsetzung von Planung/Koordination durch zwei Regelkreise. (Quelle: Eigene Darstellung)

## Regelkreis 1: Nordsternziele mit Strategie verzahnen und relevant machen

Die strategischen Ziele sollten auch für die operative Steuerung und Führung herangezogen werden können und somit zum zentralen Steuerungsinstrument in der Organisation werden. Damit sollte der – v. a. in dem zunehmend volatilen und komplexen Unternehmenskontext – als vollkommen unverhältnismäßig eingeschätzte bürokratische Aufwand für eine „doppelte" Planung (Mittelfristplanung und Jahresplanung) eliminiert werden.

Die Ziele mussten daher so eng wie möglich mit der Strategie des Unternehmens verzahnt werden und der Zielsetzungsprozess sollte auch so einfach wie möglich sein. Für die Verzahnung mit der Strategie wurde das „House of Performance" (HoP) entwickelt. Dabei handelt es sich um eine Struktur der wichtigsten finanziellen „Outcome-KPIs", die zur durchgängigen Steuerung der finanziellen Wertschöpfungstreiber (Wachstum, Profitabilität, Kapitaleffizienz) auf allen Steuerungsstufen der Unternehmensgruppe (Gruppenebene, Geschäftsbereiche, Vertriebsgesellschaften, Servicebereiche, Unterstützungsbereiche) herangezogen wird (Abb. 9.2).

Mithilfe dieser Outcome-KPI Struktur des HoP wurden – ausgehend von den Zielen des Konzerns – nun die jeweiligen Nordsternziele für die jeweiligen Steuerungsstufen der Organisation definiert. Zusätzlich wurde eine flexible Zielregellogik für die Ableitung jährlicher Verbesserungsziele für Business Units, Vertriebsgesellschaften, Servicebereiche und die wesentlichen Funktionen definiert. Das verantwortliche Management wurde in den Entwicklungs- und Zieldefinitionsprozess, ähnlich wie in einem strategischen Planungsprozess, involviert. Die Regellogik zur Ableitung der jährlichen Verbesserungsziele ist einfach: Je näher das Ist-Ergebnis des Vorjahres der jeweiligen KPIs am strategischen Ziel

| | | Growth | Profitability | Capital Efficiency |
|---|---|---|---|---|
| **Sustainable Value Creation** (Economic Profit) | | | | |
| **Group** | | ≥ Factor x to Market | RoS X%-Y% | RoCE X%-Y% CFC >X% |
| **Regions & Markets** | | Sales Growth % | Ebit % | NWC % NS |
| **Business Units** | | Relative Market Share (RMS) | Gross Margin % | Capital Turns |
| **Plants, Logistics, Repair** | | Quality, Service Level | Productivity | DOH |
| **Global Functions (IT, HR, Finance, HQ)** | | n/a | Efficiency Improvement (Input/Output rules) | n/a |

**Abb. 9.2** Outcome-KPI Zielsetzungsstruktur – „House of Performance" (HoP). (Quelle: Eigene Darstellung)

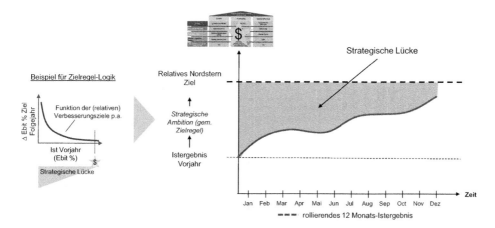

**Abb. 9.3**   Zielregellogik und Messung der Strategischen Lücke. (Quelle: Eigene Darstellung)

(Nordsternziel) liegt – je kleiner also die „Strategische Lücke" –, desto kleiner sind die ebenfalls relativ ausgedrückten jährlichen Verbesserungsziele und umgekehrt (Abb. 9.3).

Nach dem einmaligen Aufwand für die Entwicklung des Nordsternziel-systems – dieser war nicht unerheblich, da das Regelwerk sämtliche Erfahrungen aus der Vergangenheit und die Einschätzung des Managements bezüglich zukünftigem Verbesserungspotenzial widerspiegeln musste, um auf volle Akzeptanz zu stoßen – konnte das Regelwerk sowohl die Zielsetzungsfunktion der jährlichen Budgetierung als auch die Zielsetzungsfunktion der Mittelfristplanung vollkommen ablösen. Konsequenterweise wurden diese regelbasierten Ziele auch zur neuen Bemessungsgrundlage für die variable Vergütung verwendet. Damit war der erste der zwei Regelkreise eines integrierten strategischen und operativen Planungsprozesses komplett.

Die gesamte Organisation wird mit diesem Regelkreis nun schon über zwei Strategie-perioden hinaus mit dem gleichen selbst-regulierenden Ansatz permanent und mit vernachlässigbarem bürokratischem Aufwand auf die strategischen (finanziellen) Ziele des Konzerns ausgerichtet. Es musste dazwischen geringfügig nachadjustiert werden, um einen Wechsel der Prioritäten in der Strategie des Konzerns auf mehr Wachstum nachzuschärfen.

## Regelkreis 2: Rollierend planen und anpassen

Die Umstellung der Zielsetzung auf relative Nordsternziele und Zielregeln zur Selbst-adjustierung von jährlichen Verbesserungszielen in Verbindung mit der Anpassung des Mess-systems auf rollierende Messung der „Strategischen Lücke" schuf ideale Voraussetzungen, um den jährlichen Planungsrhythmus in einen agileren rollierenden Prozess weiter zu entwickeln. Alle vier Monate (Trimester) wird nun in allen Teilbereichen des Konzerns folgende Frage gestellt: Kommen wir wie erwartet vorwärts oder müssen wir unsere

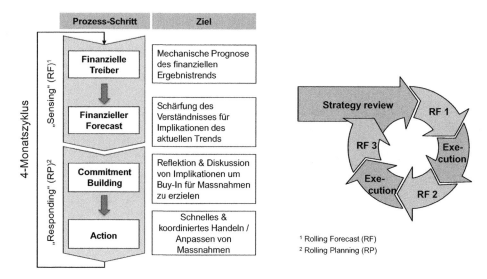

**Abb. 9.4** Integration von RF & RP im Regelkreis 2. (Quelle: Eigene Darstellung)

bestehende Roadmap von Maßnahmen anpassen? Das zentrale Koordinationsinstrument für dieses „rollierende Planen und Anpassen" ist das Instrument des Rolling Forecasts (RF), der mit der Rollierenden Planung (RP) eng verzahnt ist. Mit dem RF wird das „Sensing" gemacht. Mit dem RP werden bei Bedarf die Maßnahmen angepasst („Responding").

Die Umstellung des Messsystems unterstützt diesen rollierenden Planungsprozess optimal. Die Messung des Trends und der Entwicklung der Strategischen Lücke liefern hohe Transparenz zur Beantwortung der regelmäßig gestellten zentralen Frage: Müssen wir vor dem Hintergrund der Trends unsere Maßnahmen anpassen? Müssen wir umsteuern? Durch die „Auslagerung" der Zielsetzung in den ersten Regelkreis ist der Forecast auch nicht mehr die Basis für das nächste Ziel, womit die finanziellen Prognosen von taktischen Überlegungen befreit wurden. (Abb. 9.4).

Die Aufteilung des Planungs- und Steuerungssystems auf zwei Regelkreise führte dazu, dass die Organisation immer einen strategischen Nordstern vor Augen hat, der auch stabil bleibt und nicht, wie vorher, mit jedem Mittelfristplanungsprozess wieder angepasst wird. Gleichzeitig wird häufiger reflektiert und Maßnahmen und Ressourcenallokation werden in Abhängigkeit vom Fortschritt der Ergebnisse angepasst. Damit wird auch das „Auf Sicht fahren" besser unterstützt.

## Zusammenfassung der Erfahrungen aus der Anwendung

Aus der mehr als zehnjährigen Anwendung lassen sich folgende wesentliche Erkenntnisse ableiten:

- Die Anpassung des Planungs- und Steuerungssystems hat sich mehr als gelohnt. Der Ansatz unterstützt systematisch die Agilität der gesamten Organisation und hat sehr positive Auswirkungen auf das unternehmerische Verhalten von Teamleitern und Mitarbeiter. Es führt zu einem „Loslassen, ohne die Steuerung aus der Hand zu geben". Die Wirkung dieser Anpassung wird bei größeren Unternehmen sehr häufig deutlich unterschätzt. Der Ansatz hat z. B. bei Hilti unzweifelhaft zur Leistungssteigerung und Wertsteigerung des Unternehmens beigetragen. Eine Entkoppelung der Zielsetzung von Maßnahmenplanung & Koordination sowie das Design des Nordsternzielsystems sind der Schlüssel für die Wirkung des gesamten Steuerungssystems (Wirnsperger 2017).
- Es ist möglich, strategische und operative Planung zu integrieren und mit deutlich weniger Aufwand wesentlich mehr Effektivität und Effizienz in der Planung und Steuerung zu gewinnen. Für die Finanzorganisation bedeutete diese Befreiung von nicht wertschöpfenden Planungs- und Budgetierungstätigkeiten eine große Chance, sich noch besser in der Rolle eines Business Partners in Szene zu setzen.
- Die bisherigen Erfahrungen im Hilti Lab der Universität St. Gallen – auf dessen Arbeit die Dokumentation oben basiert – zeigen, dass der Planungs- und Steuerungsansatz mit zwei Regelkreisen sich grundsätzlich auch auf andere, weniger homogene Geschäftsmodelle als das Hilti-Geschäftsmodell übertragen lässt. Die Muster der Planungs- und Steuerungsprozesse bei größeren, komplexeren Organisationen sind im Kern ähnlich und die Probleme und möglichen Lösungsansätze sind daher auch ähnlich gelagert.
- Das „Kommando und Kontrolle"-Muster in der Planung und Steuerung von Unternehmen sitzt jedoch sehr tief. Eine Anpassung des Systems berührt ein grundsätzliches Führungs- und Steuerungsparadigma (Theorie Y statt X (McGregor 1960)) und braucht daher die grundsätzliche Bereitschaft und Überzeugung der obersten Führungsorgane, die dem Ansatz zugrunde liegende Führungskultur auch in die Praktiken der finanziellen Führung einfließen zu lassen. Vor allem eigentümergeführte Unternehmen bzw. Unternehmen im Familienbesitz führen sehr oft bereits mit dem entsprechenden Führungsparadigma und bringen daher i. d. R. sehr gute Voraussetzungen für die Anwendung des skizzierten Ansatzes mit.

Überträgt man diese Betrachtung auf den Mittelstand, so ergeben sich eine Reihe von weiteren spannenden Fragen, mit denen wir uns beschäftigt haben:

1. Den Einsatz von AI (bis dato unbefriedigend)
2. Der Verzicht auf Planung (nicht bewährt)
3. Einsatz von Planungssoftware und Schnittstellen zu anderen Systemen
4. Externe Berichte planen und interne Berichte auf Basis interner Kostensätze usw. planen (Zwei Welten)
5. Branchenspezifische Modelle
6. Planen in der Krise und langfristige Planung sowie Szenarios

Es ist erkennbar, dass dieser Prozess in die Kapillaren der Unternehmung eingreift und auch für die Steuerung der Erfolgsmechanismen von Bedeutung ist. Daran kommt Niemand vorbei – und wir helfen gerne.

## Literatur

Baaij, M. (2018). Mapping a Winning Strategy. Emerald Publishing Limited.

Drucker, P. F. (January-February 1988). The Coming of the New Reorganization. Harvard Business Review.

McGregor, D. (1960). The human side of enterprise. Mcraw-Hill.

Wirnsperger, F. (2017). Flexible, relative Zielsysteme zur agilen Unternehmenssteuerung. Universität St. Gallen.

**Felix Hess** begann 2011 seine Karriere bei Hilti, nach Stationen bei Arthur D. Little und der Porsche Holding GmbH. Seit 2017 fungiert er Group Executive Vice President und Global Finance Director des Familienunternehmens und ist ab 2023 Mitglied des Gruppenvorstands.

**Franz Wirnsperger** besitzt mehr als 30 Jahre internationale Führungserfahrung als CFO, hauptsächlich in der Hilti Gruppe. Mittlerweile arbeitet er als selbständiger Experte und Coach im Bereich Corporate Performance Management.

# Ein Plädoyer für mehr Transparenz: Der FBXperts View

**10**

Patricio Ohle

Jedes Unternehmen muss sich letztendlich mit den Grundsätzen der Unternehmensführung, seiner Governance befassen, also der Gesamtheit aller Vorschriften, Werte und Grundsätze, die eine Unternehmensführung ausmachen. Dem CFO als „Wächter" einer guten, zukunftsorientierten, verantwortungsvollen Governance kommt dabei eine gewisse Schlüsselrolle zu. Ein zentrales Element guter Governance ist Transparenz sowohl innerhalb des Unternehmens als auch gegenüber externer Stakeholder und der Öffentlichkeit. Definiert ein CFO seinen Aufgabenbereich, ist aus Sicht der finanziellen Führung die Verbesserung der Transparenz im umfassenden Sinne die zentrale Aufgabe und der erste Schritt für einen Systemdurchbruch (vgl. Abb. 2.1).

Es geht dabei ans und ums Eingemachte: Umsetzung von Strategieoptionen in quantifizierbare und nachvollziehbare Varianten, die als Entscheidungsgrundlage dienen können.

Familienunternehmen sind in der finanziellen Sphäre der Gefahr einer inadäquaten und transparenzmeidenden Strukturierung von Organisation, Prozessen und Strategien ausgesetzt, die sich in typischen Fehlentwicklungen niederschlagen kann. Wir beobachten seit längerem ein Umdenken, jedenfalls bei den mittleren und größeren Familienunternehmen. Unternehmen mit Familieneinfluss wie Roche, Looser Holding, Schindler, SFS Group, Stadler Rail, Vetropack, Ypsomed und Bossard, die zwischen 1975 und 2003 an die Börse gingen und immer noch zu über 50 % in Familienhand sind. Dies gilt aber auch immer mehr für private Unternehmen wie Maxon, Endress & Hauser,

P. Ohle (✉)
FBXperts AG, Zürich, Schweiz
E-Mail: patrick.ohle@fbxperts.ch

© Der/die Autor(en), exklusiv lizenziert an Springer Fachmedien Wiesbaden GmbH, ein Teil von Springer Nature 2022

T. Zellweger und P. Ohle (Hrsg.), *Finanzielle Führung von Familienunternehmen*, https://doi.org/10.1007/978-3-658-38061-8_10

Liebherr, Hilti, Würth, REHAU (Braun et. al. 2020). Alle diese Unternehmen sehen die Transparenz als entscheidend an. Ein gutes Beispiel für umfassende Transparenz ist auch das durch Max Viessmann begründete Digitalisierungsnetzwerk „Maschinenraum", das sich als „offenes Ökosystem für langfristige Kooperationen und Innovationen" versteht und „das Bewusstsein für und Antworten auf neue Realitäten" fördern will (Maschinenraum 2022). Der CEO von „Maschinenraum" Tobias Rappers schreibt etwas pointiert: „Adieu, Geheimniskrämerei und Eigenbrötlerei!"

Die Rolle der finanziellen Führung ist naturgemäß die einer Instanz, die Rationalität und Klarheit in eine Diskussion einbringen wird, auch in Bezug auf die Verbesserung der Transparenz. Diese Diskussion wird bisweilen auch von Bauchentscheidungen und unvollständigen Fakten dominiert – und gar nicht so selten auch absichtsvoller Intransparenz. Es stellt sich die Frage, wieviel dieser „CFO-ness" im Hinblick auf verbesserte Transparenz für ein Familienunternehmen angemessen erscheint und was sich unter diesen spezifischen Randbedingungen bewährt hat. Die folgenden Zitate aus unseren Befragungen von Vorständen großer Familienunternehmen geben einen Eindruck über die aktuelle Ausgangssituation in den Firmen und den Grenzen, die im Hinblick auf die Transparenz gezogen werden:

- „Die Familie ist stolz, dass wir transparent sind. Viele Dinge sind bedeutsam: das Kredit-Rating einer Institution, die Vergleichsmöglichkeiten, die zusätzlich möglich werden. Eine Vorgabe der Eigentümerfamilie ist, dass wir nicht unter dem Standard liegen wollen, nur weil wir es als Familienunternehmen könnten."
- „Gefördert wird durch die bessere Informationsbasis auch der Dialog als Instrument des Risikomanagements."
- „Daneben ist Transparenz bezüglich der Performance ein Muss für die Steuerung des Unternehmens. Ohne zeitnahe Transparenz zu den Schwächen besteht die Gefahr, dass auch nicht zeitnah Gegenmaßnahmen ergriffen werden."
- „Fremdgeschäftsführung und Aufsichtsrat/Beirat sorgen für Transparenz – wegen Messbarkeit und Komplexität. "
- „Wir überlegen immer wieder neu: Was wird gewünscht? Wo haben wir Defizite und wo liegen wir vorne im Vergleich zur Peer Group?"
- „Grenzen gibt es: Alles, was die Gesellschafter angeht. Zum Beispiel Gehälter, Dividenden, Privatsachen – auch Management."
- „Den Vorwurf der Bürokratie nehmen wir ernst. Dezentralität ist eine Erfolgsgrundlage, um mit dem größeren Wettbewerb fertig zu werden."

Als zentrales Element einer guten, zukunftsorientierten, verantwortungsvollen Governance ist Transparenz ein Muss. Wir raten den Familienunternehmen zu einem Weg der „goldenen Mitte", wie ihn vielleicht Aristoteles empfohlen hätte: nicht zu wenig und nicht zu viel – eben das richtige Maß an Transparenz und in angemessenen Schritten. Transparenz sollte in einem Prozess nach und nach verbessert werden. Durch die Formulierung klar nachvollziehbarer und passender Ziele und umfassender Bewertung der Optionen können für das einzelne Familienunternehmen maßgeschneiderte Lösungen definiert werden. Der Trend schreitet weiter voran, oftmals extern induziert und dann auch aus Überzeugung der Unternehmen.

Wir raten Ihnen, die folgenden Praxisberichte und Darstellungen insbesondere auch unter dem Blickwinkel der Transparenz zu studieren.

In den nachfolgenden Kapiteln werden wir uns dem nächsten Schritt im Stufenmodell widmen: der Ordnungsmäßigkeit, besser bekannt als „Compliance". Dieser kommt eine Verbesserung der Transparenz natürlich sehr entgegen, was wiederum die Grundlage für die Vermeidung von Risiken darstellt – ein Must für Familienunternehmen, die unabhängig bleiben wollen.

Die Stufe der Compliance wird umfassend verstanden: Risikomanagement (RMS), Internes Kontrollsystem (IKS inkl. interne Revision) – Compliance im engeren Sinne. Diese Funktionen, die oftmals das Ressort des CFO betreffen werden auch als Assurance-Funktionen bezeichnet (z. B. von den „big 4" Prüfungskonzernen).

## Literatur

Braun B., Kissling, S. (2020). Erfolgreich an und jenseits der Börse: Führungsinstrumente in Familienunternehmen. Orell Füssli.

Maschinenraum (2022). Wer wir sind. https://maschinenraum.io/ueber-uns. Letzter Zugriff am 19.07.2022.

**Dr. Patricio Ohle** ist Gründer und Geschäftsführer der FBXperts AG. Er war drei Jahrzehnte lang in Führungspositionen bei Familienunternehmen tätig, unter anderem als Direktor bei der Hipp Holding AG. Dr. P. Ohle ist Research Fellow des Center for Family Business an der Universität St.Gallen, wo er auch promovierte. Er ist zudem Lehrbeauftragter der Universität St.Gallen in „Finance of large family firms".

# Teil III

# Compliance - ein „Must", um Risiken zu vermeiden

Gemeinsam mit dem Risikomanagement (RMS) und dem Internen Kontrollsystem (IKS) bildet die Compliance eine von drei sogenannten Verteidigungslinien für die gute Führung von Unternehmen. Die großen Beratungshäuser sprechen in diesem Zusammenhang auch von „Assurance-Prozessen". Wir verwenden Compliance im Folgenden als Oberbegriff für einige der wichtigsten Facetten, die damit zusammenhängen.

**In diesem Teil erfahren Sie**
- wie Sie ein internationales IKS mit dem Risikomanagement und der Internen Revision zu einem ganzheitlichen System der ordnungsgemäßen Unternehmensführung verknüpfen
- welche Betrugsrisiken Sie wo vermuten könnten (Frühwarnung) und
- warum Sie Cyber-Angriffen höchste Aufmerksamkeit schenken müssen und wie Sie das damit verbundene Risiko minimieren

# Internes Kontrollsystem auch für Familiengesellschaften – die Basis für eine ordnungsmäßige Geschäftsführung?!

**11**

Annette Beller und Vanessa Muellner

## Compliance und IKS – Ziele und Aufgaben

Während der Begriff „Compliance" mit der Einhaltung gesetzlicher Vorschriften und allgemeingültig anerkannter Regeln umschrieben werden kann, ist es Aufgabe des Internen Kontrollsystems (IKS), dazu beizutragen dies sicherzustellen. Allerdings greift das IKS weiter, denn auch die Einhaltung interner Guidelines soll durch die Etablierung eines IKS gewährleistet werden. Ein IKS sorgt für eine ausreichende Sicherheit der Geschäftsführung und beinhaltet die vom Unternehmen definierten Vorgänge, Methoden und Maßnahmen. Ziel ist es, die Wirksamkeit der Geschäftsprozesse, die Genauigkeit der finanziellen Berichterstattung und die Einhaltung von Gesetzen und Weisungen zu gewährleisten.

In der Presse finden sich fortlaufend Berichte über Kosten und Strafen, die Unternehmen tragen müssen, weil in einem Unternehmen Compliance-Verstöße nicht verhindert wurden. Der Fall der Abgasmanipulation bei VW mit seiner Größenordnung und Auswirkungen zeigt: Ein Compliance-Problem hat das Potenzial ein Familienunternehmen auszulöschen. In jüngerer Vergangenheit zu nennen wären auch die 55-Mio.-€-Strafe gegen Melitta zu nennen (Compliancepraxis 2014) oder die Haniel-Gruppe (Stern 2008) oder Prym: 75 Mio. € betrug gemäss Zeitungsmeldungen die verhängte Strafe in

A. Beller (✉)
Franz Berger Ivoclar Vivadent AG, Kassel, Deutschland
E-Mail: annette.beller@bbraun.com

V. Muellner
FBXperts AG, Zuerich, Schweiz

© Der/die Autor(en), exklusiv lizenziert an Springer Fachmedien Wiesbaden GmbH, ein Teil von Springer Nature 2022
T. Zellweger und P. Ohle (Hrsg.), *Finanzielle Führung von Familienunternehmen*,
https://doi.org/10.1007/978-3-658-38061-8_11

diesem Fall. Sie hätte beinahe zum Untergang eines der ältesten Familienunternehmen überhaupt (man spricht von 475 Jahren) geführt (Die Welt 2007). Schon diese wenigen Beispiele weisen auf systemische Schwächen hin.

In Einzelfällen sind die finanziellen Konsequenzen von Non-Compliant-Verhalten so erheblich, dass sie die selbständige Fortführungsfähigkeit des Unternehmens gefährden können. Die Konsequenzen können dabei nicht nur finanzieller Natur sein, sondern auch den Ruf des Unternehmens in der Öffentlichkeit erheblich beschädigen – mit unabsehbaren Folgen für die Absatzseite. 2014 hätte man lesen können, dass die Henkel KGaA (Die Welt 2014) in Folge einer Kartellstrafe von über 100 Mio. € einige wesentliche Massnahmen traf:

- Installation eines Chief Compliance Officers mit weltweiter Zuständigkeit
- 50 lokale Zuständige
- Einführung eines Compliance Management System, auditiert nach dem IDW PS 980 Standard (Henkel 2015)

Für Henkel war die Kartellstrafe eine delikate Sache, da das Unternehmen im Vorfeld sein nachhaltiges Geschäftsgebaren promoviert und sich als Premiumhersteller positioniert hatte. Da Konsumenten in Europa in Bezug auf Corporate Social Responsibility immer anspruchsvoller werden, war das Image von Marken wie Persil, Weißer Riese usw. betroffen und somit die Glaubwürdigkeit bei Konsumenten und Handelskunden.

Ein Lehrstück für die Konsequenzen eines fehlenden IKS par excellence bietet sicherlich die Insolvenz von Wirecard. Wer im Handelsblatt den „Countdown der Pleite" (Handelsblatt 2021) nachliest, erfährt, wie verzweifelt das Management in letzter Minute versucht, Kontakt mit der Bank aufzunehmen, auf deren Treuhandkonten 1,9 Mrd. € liegen sollen – aber selbst dies gelingt nicht, da in der Organisation noch nicht einmal die Kontaktdaten der Bank allgemein bekannt sind, sondern offensichtlich nur einem Mitarbeiter.

Das unrühmliche Ende von Wirecard ist bekannt, es zeigt aber sehr deutlich, dass die Etablierung einer adäquaten Compliance-Organisation im Unternehmen und ein funktionierendes IKS wesentliche Erfolgsfaktoren für eine nachhaltige erfolgreiche unternehmerische Tätigkeit sind.

Familiengesellschaften zeichnen sich oft durch ein kontinuierliches, organisches Wachstum über Generationen aus. Dabei werden bestehende Organisationsstrukturen oftmals weitergeführt und nicht an neue Erfordernisse angepasst, die sich durch Wachstum und Größe der Organisation oder technologische Veränderungen ergeben. Auch die zunehmende Vernetzung im Rahmen der Digitalisierung und die gestiegene Änderungsgeschwindigkeit führen zu einer höheren Komplexität im Unternehmen. Kannte der Gründer vielleicht noch die handelnden Personen und Prozesse, führt schnelles Wachstum dazu, dass dies nicht mehr der Fall ist. Man findet beispielsweise zum Fall Prym Statements, dass die Prozesse angepasst werden mussten.

Die Kartellstrafe war existenzgefährdend, wurde im Frühjahr 2011 aber glücklicherweise deutlich gesenkt. Firmenchef Andreas Engelhardt reagierte erleichtert: „Prym ist durch das Einlenken der Brüsseler Kommission gerettet", sagte er in einem Interview dem Spiegel (Spiegel 2011).

Der Aufbau einer adäquaten Organisation und entsprechender Prozesse sowie wirksamer Kontrollen rechnet sich wie die publik gewordenen Non-Compliant Fälle zeigen. Damit eine Organisation aber tatsächlich die in sie gesetzten Ziele erfüllen kann, muss Compliance-Denken und -Handeln Bestandteil der gelebten Unternehmenskultur werden und durch ein gut funktionierendes Compliance Management System – welches auch ein IKS umfasst – untermauert werden. Es lohnt sich in jedem Fall: In vergleichbaren Fällen mussten große Konzerne Kartellbußen zwischen 0,5 und 1,1 % des Umsatzes bezahlen.

Ziel des internen Kontrollsystems ist es, die ordnungsmäßige Umsetzung von Entscheidungen und den Ablauf von Prozessen im Unternehmen sicherzustellen, um die Einhaltung von gesetzlichen Vorschriften und internen Guidelines zu gewährleisten. Dadurch soll nicht nur verhindert werden, dass der Bestand und die Fortentwicklung des Unternehmens gefährdet werden, sondern im Gegenteil die Grundlage für dessen Entwicklung geschaffen werden. Dazu gehört unabdingbar die Sicherstellung der Einhaltung von gesetzlichen Vorschriften und Normen, die Sicherung des vorhandenen Vermögens sowie die Verhinderung von betrügerischen Handlungen und das Eingehen von unverhältnismäßigen Risiken. Ein funktionierendes IKS bildet einen wesentlichen Baustein für eine rechtskonforme und sichere Organisation im Unternehmen, aber ebenso auch die Basis für eine verlässliche Buchhaltung und ein aussagefähiges Berichtswesen. Damit schafft es eine solide Grundlage für die unternehmerische Entscheidungsfindung. Zugleich ermöglicht es die Etablierung eines Risikomanagementsystems im Unternehmen (DIIR 2020).

Last but not least kann das IKS im Unternehmen aber auch genutzt werden, um Arbeitsabläufe effizienter und transparenter zu gestalten. Die Etablierung eines geeigneten IKS sollte daher nicht nur als Verpflichtung, sondern vor allem als Möglichkeit verstanden werden, betriebliche Prozesse zu optimieren, in dem die Kontrollen in die betrieblichen Abläufe integriert (sog. in-Prozess-Kontrollen) und – wenn immer möglich – automatisiert werden. Als kontinuierlicher Prozess trägt dies zur Effizienzsteigerung im Unternehmen bei.

## Prinzipien des IKS

Die etablierten Kontrollen müssen für die Mitarbeiter transparent konzipiert werden und beinhalten regelmäßig einen Soll-Ist–Vergleich. Die Durchführung der Kontrolle und deren Ergebnis ist zu dokumentieren. Damit wird nicht nur die Durchführung der Kontrolle gewährleistet, sondern auch dokumentiert, wer wann den Abgleich durchgeführt hat. Ein solcher Prozess stärkt im Unternehmen die Übernahme von Verantwortung.

Ein weiteres Kernprinzip des IKS ist das Vier-Augen-Prinzip, welches verhindert, dass Mitarbeiter*innen u. U. allein weitreichende Entscheidungen treffen oder Maßnahmen ergreifen. Das Vier-Augen-Prinzip stellt somit sicher, dass immer eine unabhängige Person in den Prozess oder die Entscheidung involviert ist. Auf die zentrale und grundlegende Bedeutung des Vier-Augen-Prinzips für ein funktionierendes IKS sei an dieser Stelle explizit hingewiesen. Damit in Familiengesellschaften dieses Prinzip von allen Mitarbeitern anerkannt wird, ist es erforderlich, dass auch Gesellschafter-Geschäftsführer dies für sich akzeptieren und anwenden.

## Verpflichtung zur Etablierung eines IKS

Die Etablierung eines IKS mittels einer ordnungsmäßigen Aufbau- und Ablauforganisation mit wirksamen Strukturen und Prozessen obliegt der Geschäftsführung eines Unternehmens (§§ 9, 30, 130 OWiG), einschließlich der Zurverfügungstellung der erforderlichen Ressourcen. Eine unangemessene Organisation kann nicht nur eine Haftung des Unternehmens, sondern auch eine persönliche Haftung der Geschäftsführung begründen. Um aber dem IKS in einem Unternehmen Leben einzuhauchen, bedarf es mehr: Die Geschäftsführung muss als Vorbild entsprechend handeln (§ 91, 107, 111 Absatz 1–3 AktG)!

## Organisationsmodell: Das Drei-Linien-Modell des IIA

The Institute of Internal Auditors (IIA) hat das sog. Drei-Linien-Modell erarbeitet, welches Orientierung für die Organisationsstruktur eines Unternehmens geben und zugleich die Etablierung einer starken Governance und eines starken Risikomanagementsystems ermöglichen soll (DIIR 2020). (Abb. 11.1).

Das Modell teilt das Management unterhalb der Geschäftsführung in die erste und zweite Linie ein. Aufgabe der ersten Linie ist es „geeignete[r] Strukturen und Prozesse für das Management des Betriebs und der Risiken (einschließlich interner Kontrollen)" (DIIR 2020, S. 5) einzurichten und zu unterhalten sowie „die Einhaltung gesetzlicher, regulatorischer und ethischer Erwartungen" (DIIR 2020, S. 5) sicherzustellen. Aufgabe der zweiten Linie ist neben Beratung und Unterstützung der ersten Linie vor allem die Überwachung der risikorelevanten Tätigkeiten „wie z. B. Einhaltung von Gesetzen, Regulierungen und akzeptablem ethischem Verhalten, interne Kontrollen, Informations- und Technologiesicherheit, Nachhaltigkeit und Qualitätssicherung" (DIIR 2020, S. 6) sowie die Analyse der Wirksamkeit des Risikomanagementsystems einschließlich der internen Kontrollen (DIIR 2020, S. 6). Diese Rollen „gehören zu den Verantwortlichkeiten des Managements und sind niemals völlig unabhängig vom Management, ungeachtet der Berichtslinien und Verantwortlichkeiten" (DIIR 2020, S. 9). Die Interne Revision übernimmt in der dritten Linie die Aufgaben einer unabhängigen Prüfungs- und

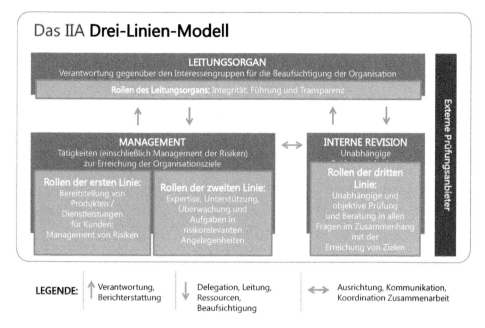

**Abb. 11.1**  Das Drei-Linien-Modell des IIA. (Quelle: IIA)

Beratungsfunktion (DIIR 2020, S. 9) und informiert die Geschäftsleitung entsprechend. Grundvoraussetzung, damit die Interne Revision diese Aufgabe vollumfänglich ausüben kann, ist ihre Unabhängigkeit von der ersten und zweiten Berichtslinie. Unabhängigkeit ist dabei so zu verstehen, dass die Interne Revision zwar in die betriebliche Kommunikation eingebunden wird, aber ihr gegenüber keine Weisungsbefugnis der ersten und zweiten Linie besteht (DIIR 2020, S. 7 und 9).

## Aufbau eines internen Kontrollsystems (IDW 2012)

Interne Kontrollen (Abb. 11.2) können in die betrieblichen Abläufe integriert werden (sog. in-Prozess-Kontrollen), wobei diese als organisatorische Sicherungsmaßnahmen regelmäßig so ausgestaltet werden, dass der nächste Prozessschritt erst erfolgen kann, wenn die erforderliche Prüfung durchgeführt und dokumentiert worden ist. Als Beispiel kann hier eine automatische Kreditlimitprüfung für Kunden bei Eingabe eines Kundenauftrags in das ERP-System angeführt werden. Dazu werden den einzelnen Kunden in Abhängigkeit vom bisherigen Zahlungsverhalten und externen Bonitätsratings Kreditlimite eingeräumt. Bei der Anlage eines neuen Kundenauftrags prüft das System automatisch, ob mit dem neuen Auftrag das eingeräumte Kreditlimit überschritten würde. Ist dies nicht der Fall, kann der Kundenauftrag angelegt werden. Bei einer Überschreitung des Limits kann auf Basis eines definierten manuellen Prozesses für den Einzelfall, bei

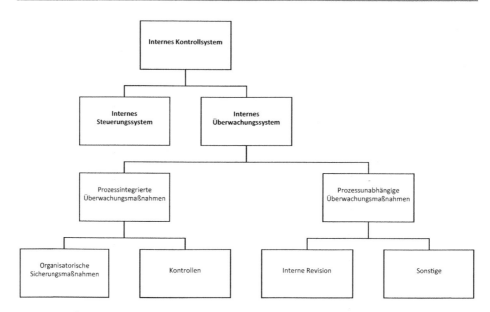

**Abb. 11.2** Übersicht Internes Kontrollsystem. (Quelle: IDW (2012))

dem auch qualitative Aspekte berücksichtigt werden können, doch noch eine Freigabe erfolgen, wobei hier dann auf jeden Fall das Vier-Augen-Prinzip zu beachten ist. Damit kann verhindert werden, dass Kunden beliefert werden, die nicht über die erforderliche Bonität verfügen, und ein Vermögensschaden für das Unternehmen eintritt.

Eine andere, wichtige prozessintegrierte Sicherungsmaßnahme stellt die Einrichtung eines dezidierten Berechtigungsmanagements für IT-Systeme dar. Mittels des Berechtigungskonzepts kann vorab entschieden werden, welchem Mitarbeiter welche Kompetenzen eingeräumt werden. Es kann auch genutzt werden, um die Einhaltung des Vier-Augen-Prinzips sicher zu stellen.

Der Vorteil von in den Prozess integrierten Sicherungsmaßnahmen liegt vor allem darin, dass so Handlungen verhindert werden, die dem Unternehmen schaden können. Dies können Kontrollen, die nachgelagert sind, oftmals nicht. Es ist sicherlich entscheidend, wann die Kontrolle innerhalb des Prozesses erfolgt. Beispielhaft findet eine nachträgliche Kontrolle regelmäßig bei der Buchung von Geschäftsvorfällen statt, wenn geprüft wird, ob die handelsrechtlich und steuerrechtlich notwendigen Belege auch vorliegen.

Prozessunabhängige Überwachungsmaßnahmen erfolgen regelmäßig erst, wenn der Geschäftsvorfall als solcher abgeschlossen ist. Hier ist das primäre Ziel, Schwächen in der Organisationsstruktur, der Aufbau- und Ablauforganisation sowie in Prozessen aufzudecken. Um eine kontinuierliche Verbesserung im Unternehmen zu erreichen, ist es erforderlich, die aufgezeigten Verbesserungsmöglichkeiten zeitnah umzusetzen und dies auch nachzuverfolgen. Die Interne Revision, die diese Aufgabe übernimmt, unterstützt so die Geschäftsführung, ist damit selbst Teil eines funktionierenden IKS und schafft so einen Mehrwert für die Unternehmensentwicklung.

## Trends im IKS

Es zeigt sich, dass interne Kontrollsysteme zunehmend in das bestehende Governance, Risk & Compliance Framework und in die Unternehmensplanung integriert werden. Dies hat zum Vorteil, dass innerhalb des Unternehmens Synergien hergestellt werden können. Zudem werden vermehrt IT-Lösungen verwendet, da die Automatisierung und Digitalisierung eines IKS enorme Vorteile bringen kann. Ein automatisiertes IKS stellt sicher, dass große Datenmengen in Echtzeit verarbeitet und analysiert werden können. Somit werden neben einer Standardisierung und Simplifizierung präventive Kontrollsysteme geschaffen, um die richtigen Entscheidungen zu treffen und Risiken genug früh zu erkennen. Ein automatisiertes Kontrollsystem ermöglicht einem Unternehmen Kontroll- und potenzielle Geschäftsprozesslücken zu identifizieren und eine kontinuierliche Risikoüberwachung sicherzustellen. Digitalisierte Lösungen werden deshalb künftig integraler Bestandteil jedes IKS sein (Glage 2018).

## Zusammenfassung

Die Etablierung eines Compliance Management Systems zur Sicherstellung einer ordnungsmäßigen Organisation ist ein Erfolgsfaktor für eine erfolgreiche Unternehmensentwicklung.

Der Aufbau eines gut funktionierenden IKS ist wichtiger Bestandteil einer ordnungsmäßigen Organisation. Wesentliche Kernprinzipien eines IKS sind das Vier-Augen-Prinzip und die Transparenz der eingerichteten Kontrollen sowie deren regelmäßige Durchführung und Dokumentation.

IKS sollte nicht nur als Verpflichtung verstanden werden, sondern als Möglichkeit zur kontinuierlichen Prozessverbesserung.

## Literatur

Compliancepraxis (2014). Gericht bestätigt Millionen-Geldbuße gegen Melitta. https://www.compliancepraxis.at/Themen/Aktuelles_Meinung/Archiv/Gericht_bestaetigt_Millionen-Geldbusse_gegen_Melitta.html. Letzter Zugriff am 19.07.2022.

Der Spiegel (2011). Geringere EU-Strafe: Deutschlands älteste Firma kann weiterleben. http://www.spiegel.de/wirtschaft/unternehmen/geringere-eu-strafe-deutschlands-aelteste-firma-kann-weiterleben-a-754498.html. Letzter Zugriff am 19.07.2022.

Die Welt (2007). EU deckt Reißverschluss-Kartell auf. https://www.welt.de/wirtschaft/article1196820/EU-deckt-Reissverschluss-Kartell-auf.html i.V.m. Letzter Zugriff am 19.07.2022.

Die Welt (2014). Kosmetik-Kartell erhält drastische Milliarden-Strafe. http://www.welt.de/wirtschaft/article135526659/Kosmetik-Kartell-erhaelt-drastische-Milliarden-Strafe.html. Letzter Zugriff am 19.07.2022.

DIIR (2020). Das Der-Linien-Modell des IIA. Eine Aktualisierung der Three Lines of Defense. https://www.diir.de/fileadmin/fachwissen/downloads/Three-Lines-Model-Updated-German. PDF. Letzter Zugriff am 19.07.2022.

Glage, D. (2018). Vertrauen in Kontrollen: Better safe than sorry. https://klardenker.kpmg.de/vom-vertrauen-in-kontrollen-iks-interne-kontrollsysteme/. Letzter Zugriff am 19.07.2022.

Handelsblatt (2021): Countdown in die Pleite. 04.06.2021, 44–50.

Henkel     (2015).     Annual     Report     2014.     https://www.annualreports.com/HostedData/ AnnualReportArchive/h/OTC_HENKY_2014.pdf. Letzter Zugriff am 19.07.2022.

IDW (2012). Institut der Wirtschaftsprüfer in Deutschland e.V. (Hrsg.). IDW Prüfungsstandard: Feststellung und Beurteilung von Fehlerrisiken und Reaktionen des Abschlussprüfers auf die beurteilten Fehlerrisiken (IDW PS 261 n.F.). In IDW-Fachnachrichten, Tz. 20.

Stern (2008). Bauskandal: Haniel-Tochter riskierte Schäden. https://www.stern.de/wirtschaft/news/ bauskandal-haniel-tochter-riskierte-schaeden-3855382.html. Letzter Zugriff am 19.07.2022

**Dr. Annette Beller** ist CFO der B. Braun SE. Die promovierte Betriebswirtin begann ihre Karriere bei einer Wirtschaftsprüfungsgesellschaft, ehe sie 1995 zum Medizintechnikhersteller nach Melsungen wechselte. 2011 wurde sie in den Vorstand berufen, ein Jahr später erfolgte die Ernennung zur CFO. Überdies ist Beller Mitglied des Verwaltungsrats der Landesbank Hessen-Thüringen.

**Vanessa Muellner** hat nach dem Master-Abschluss in Business Management an der Universität St.Gallen ihre Karriere bei der Credit Suisse gestartet, wo sie heute als Market Head Service & Advice Private Banking Staff Clients tätig ist.

# Worüber man nicht gerne spricht: Umgang mit und Abwehr von Fraud

Martin Gasser und Franz Berger

Betrug und Diebstahl durch Mitarbeiter sind heikle Themen, die alle Unternehmen treffen können. Selten aber wird darüber berichtet, denn es ist unangenehm, darüber zu sprechen. Die Unternehmen stehen bezüglich Prävention in der Pflicht, denn das Sprichwort „Gelegenheit macht Diebe" hat in diesem Zusammenhang eine zentrale Bedeutung. Dies gilt genauso auch für Familienunternehmen – insbesondere auch die international tätigen, die in Bezug auf Mitarbeiter, Profit Center und Tochtergesellschaften eine gewisse Größe erreicht haben.

Kriminelle Energien und Fraud sind nicht nur auf das ferne Ausland beschränkt. Viele Beispiele zeigen, dass es überall passieren kann- auch in der Finanzabteilung des Hauptsitzes. Nachfolgend skizzieren wir zwei Fälle aus der Erfahrung eines langjährigen CFO eines international tätigen Unternehmens mit zahlreichen ausländischen Tochtergesellschaften.

## Fall 1: Ausländische Vertriebsgesellschaft

Der Fall illustriert die Schwierigkeiten und Komplexität in der Führung und Überwachung einer ausländischen Tochtergesellschaft, welche aufgrund der Sprache, Kultur und dem Umfeld nur im limitierten Umfang über das Group Controlling und

M. Gasser (✉)
de Massari AG, Ehemaliger CFO Reichle, Hinwil, Schweiz
E-Mail: martin.gasser@rdm.com

F. Berger
Triesenberg, Liechtenstein
E-Mail: franz.berger@me.com

© Der/die Autor(en), exklusiv lizenziert an Springer Fachmedien Wiesbaden GmbH, ein Teil von Springer Nature 2022
T. Zellweger und P. Ohle (Hrsg.), *Finanzielle Führung von Familienunternehmen*,
https://doi.org/10.1007/978-3-658-38061-8_12

Führungsprozesse überwacht werden kann. Zunächst die Chronik der Ereignisse: Das Unternehmen führte eine lokale Vertriebsgesellschaft in Osteuropa. Die Buchprüfung und jährliche Revision erfolgte aus Kostengründen über viele Jahre durch eine lokale Revisionsgesellschaft; die Revision wurde erst später dem Gruppenrevisor übertragen. Die Gesellschaft war sehr erfolgreich unterwegs und steigerte den Umsatz mittels Großprojekten bei Key-Kunden kontinuierlich. Der lokale Geschäftsführer war seit Gründung für rund zehn Jahre im Amt. Er verließ das Unternehmen, um bei einem der Großkunden eine neue Funktion zu übernehmen tätig zu werden. Der bisherige Vertriebsleiter wurde sodann zum Geschäftsführer ernannt. Kurz danach kamen größere finanzielle Unstimmigkeiten zum Vorschein. In Zusammenarbeit mit einer Big-4-Revisionsunternehmung mit lokalen Forensik-Spezialisten wurde eine Untersuchung initialisiert. Dabei ging es darum, betrügerische Machenschaften abzuklären und die Werthaltigkeit der Bilanzpositionen zu validieren sowie die Risiken des Geschäftsmodells zu überprüfen.

Die wesentlichen Erkenntnisse aus diesem Fall waren:

- Ein wesentlicher Teil der Geschäftstätigkeiten wurde über ein DELTA-Schema mit „Overpricing & Kickbacks" abgewickelt. Die Buchführung und ausgewiesenen Gewinne waren somit nicht korrekt
- In der Bilanz aufgeführte Gewinnvorträge und Forderungen waren nicht werthaltig und mussten vollumfänglich abgeschrieben werden. Damit war ein wesentlicher Teil der Gewinnvorträge der vergangenen erfolgreichen Jahre nicht werthaltig resp. nicht existent.
- Die Beweisbarkeit war limitiert und aufgrund der langen Dauer des Missstandes nicht mehr resp. kaum nachweisbar. Strafrechtliche konnte der Fall nicht weiterverfolgt werden.
- Ein Oversight durch das Stammhaus war aufgrund sprachlicher und kultureller Barrieren sowie der kriminellen Energie nur im limitierten Umfang möglich. Es spielten mehrere interne und externe Parteien mit, sodass der Missstand sehr lange nicht aufgedeckt wurde.

Wie ging das Unternehmen damit um? Eine Analyse bezüglich der Optionen für die künftige Marktbearbeitung in diesem Land bewog die Verantwortlichen dazu, die lokale Niederlassung an das neue Management zu verkaufen und den Vertrieb als unabhängiges, lokales Unternehmen weiterzuführen. Damit konnten folgende Ziele erreicht werden:

- Nach der Umfirmierung der Gesellschaft und dem Abschluss eines Distributionsvertrages konnte der lokale Markt konnte weiterhin bearbeitet werden.
- Damit waren eine Schließung und Rückzug aus dem Markt nicht notwendig. Eine Schließung hätte neben Abschreibungen nicht vorhandenen Forderungen hohe Schließungskosten verursacht.

- Mit dem Distributorenmodell wurden die Risiken für die Gruppengesellschaft reduziert und eingegrenzt werden.
- Im Nachhinein hat sich diese Lösung als gut und nachhaltig bestätigt. Die Zusammenarbeit funktioniert seither unproblematisch und der Markt konnte mit einem unabhängigen Distributor weiterhin beliefert werden.

Die Learnings aus dieser Erfahrung:

- Der konsequente Einsatz der Gruppen-Revisionsgesellschaft lohnt sich, speziell in kritischen Ländern – trotz zum Teil deutlich höheren Mehrkosten.
- Der Einsatz einer unabhängigen lokalen ERP-Lösung verunmöglichte eine zentrale Kontrolle. Mit gruppenweiten Prozessen und einer integrierten ERP-Lösung können Transaktionen zentral validiert oder auditiert werden.
- Das „Bauchgefühl" sollte man immer und sofort ernst nehmen.
- Ein Risk Management muss konsequent gelebt werden (Beispiele):
  - Legal Setups: Vermeidung von eigenen Tochtergesellschaften in Risikoländern, bevorzugt Zusammenarbeit mit lokalen, unabhängigen Distributoren
  - Schaffung einer Compliance-Stelle (Risk Management, IKS, Compliance) und damit Intensivierung lokaler Compliance-Prüfungen und Auditierung (intern & extern)
  - Definition und Umsetzung eines verbindlichen Verhaltenscodex
  - Rollout gruppenweiter, standardisierter Prozesse inkl. ERP-Systemen mit zentralen Kontrollmöglichkeiten
  - Kritischeres Hinterfragen von Schlüsselzahlen (KPI) – auch bei erfolgreichen Gesellschaften

## Fall 2 – Stammhaus

Trotz vorhandenen Vorschriften in Bezug auf Passwörter und E-Banking Zugriff kann es bei fahrlässiger Handhabung, falschem Vertrauen unter Mitarbeiter Kollegen oder Missachtung zu fatalen Folgen kommen. Nachfolgend ein klassischer Fall, den es eigentlich nicht geben dürfte und aufgrund menschlichen Versagens und mangelnder, nachhaltiger Kontrolle dennoch passiert: Während einer Ferienabwesenheit übernahm die Hilfsbuchhalterin das Passwort und den E-Banking Zugriff von ihrer Kollegin. Zu dieser Zeit gab es s für das E-Banking noch „Strichlisten". Zusätzlich kam dazu, dass nach der Rückkehr das Passwort nicht zurückgesetzt wurde. Die Kombination dieser beiden Schwachstellen führten dazu, dass es bei vorhandener krimineller Energie nur eine Frage der Zeit war, bis es zu einem Betrugsfall kam.

Learnings aus dieser Erfahrung:

- Vorhandene Guidelines alleine schützen nicht vor Betrug. Laufende Schulungen, Sensibilisierung und automatisierte Kontrolle sind unabdingbar.
- Auffälliges Verhalten von Mitarbeitern muss umgehend angesprochen und nach-geprüft werden – auch hier lohnt es sich, aufs „Bauchgefühl" zu hören.
- Nachweise und Automatisierung für Passwortanpassungen müssen zwingend auf-gesetzt und überprüft werden.

Abschließend sei ein typisches Maßnahmenpaket in solchen Fällen genannt, das der CFO eines Familienunternehmens veranlasst hat:

„Wir haben daraufhin:

i)  die Rolle des lokalen Finance Directors durch eine sehr stark gelebte „dottet line" zum CFO verstärkt. Das heißt: Der Finance Director kann und muss Missstände melden, die den Managing Director betreffen.

ii) ein Whistleblower-Tool eingesetzt, wo jedermann und -frau sich anonym melden kann. Damit verbunden war der Ausbau einer „speak up culture" mit dazu-gehörendem „tone from the top". Einige Fälle sind damit aufgerollt worden und das kann ich nur jedem raten.

iii) das IKS konsequent ausgebaut und durch internal Audit eine konsequente Kontrolle etabliert."

## Zusammenfassung und Empfehlungen

Die nachfolgenden Erkenntnisse können helfen, Betrug und kriminelle Energie, soweit mög-lich, durch vorbeugende Maßnahmen, standardisierte Prozesse und Kontrollmaßnahmen zu vermeiden:

- Fraud betrifft jedes Unternehmen. Die Risiken können durch angemessene Prozesse und Abläufe gemindert werden. Aber am Schluss sind es die Mitarbeiter und Menschen, welche diese leben. Bei vorhandener krimineller Energie schützen Prozesse und Systeme nur bedingt.
- Das Unternehmen hat die Pflicht mittels Vorgaben, Vorschriften und Prozessen möglichen Versuchungen vorzubeugen. „Vertrauen ist gut, Kontrolle ist besser", denn wir wissen: „Gelegenheit macht Diebe". Dafür trägt auch das Unternehmen eine Mitverantwortung.
- Das „Bauchgefühl" sollten Unternehmen immer ernstnehmen und bei Verdachtsfällen umgehend und rigoros Nachprüfungen anstellen.
- Bei ausländischen Tochtergesellschaften in exponierten Ländern und fehlender lokaler Sprachkenntnisse sollte für eine unabhängige Kontrolle unbedingt die

Gruppen-Revisionsgesellschaft eingesetzt werden. Einsparungen an dieser Stelle können sich als fatal erweisen.

- Der Einsatz gruppenweiter ERP-Systeme und -Prozesse sind eine Voraussetzung, um auch bei exponierten Ländern einen zentralen Oversight sowie einen Prüfungsansatz zu gewähren.
- Auch eine gruppenweite einheitliche Revisionsstelle kann hierbei durch die Standardisierung und den Austausch der Prüfer über das Team einen hohen Nutzen bringen.

## Fast jedes zweite Unternehmen ist betroffen

Natürlich gibt es auch Fälle, die ob ihrer Dimension ganz andere Wellen schlagen – so wie den der WALTER BAU, die das Manager Magazin so zusammenfasste: „WALTER BAU: Pleitier Ignaz Walter will endlich aus eigener Sicht eine Erklärung für die Insolvenz liefern. Derweil steht er wegen möglicher Selbstbereicherung am Pranger" (Werres 2006). Solche Dinge kommen leider vor – und zwar unabhängig davon, ob es sich um eine börsennotierte Firma oder ein Familienunternehmen handelt. Die nachfolgenden Statistiken für Deutschland gelten ähnlich auch für Österreich und die Schweiz:

- 24 % der Unternehmen sind jährlich Opfer von Straftaten, 50 % mindestens zweimal im Jahr, Trend steigend.
- 48 % der Verstöße kommen von internen Mitarbeitern, 33 % von externen Geschäftspartnern und 19 % in Zusammenarbeit der beiden erstgenannten Gruppen.
- 10 % der Vergehen passieren auf der ersten Führungsebene der Manager.
- Fast jedes zweite Unternehmen ist betroffen (PWC 2020). Externe Täter stammen überwiegend aus dem Kreis der Kunden oder Zulieferer des Unternehmens.

Soweit einige Beispiele und Lösungen für die Abwehr von „traditionellen" kriminelle Angriffen. Im nächsten Kapitel widmen wir uns einer inzwischen auch nicht mehr ganz neuen, aber massiv wachsenden Herausforderung: der Gefahr aus dem Netz. Und auch hier spielt der Faktor Mensch eine entscheidende Rolle.

## Literatur

PwC-Studie (2020): Global Economic Crime and Fraud Survey. https://www.pwc.de/de/management-beratung/forensic-services/fast-jedes-zweite-unternehmen-von-wirtschaftskriminalitaet-betroffen. html. Letzter Zugriff am 19.07.2022.
Werres, T. (2006). Geschröpft und geplündert?. https://www.manager-magazin.de/unternehmen/geschroepft-und-gepluendert-a-49a59d12-0002-0001-0000-000045451594. Letzter Zugriff am 19.07.2022.

**Martin Gasser** bringt langjährige Erfahrung als CFO und Mitglied der Geschäftsleitung eines privat gehaltenen internationalen Technologieunternehmens mit. Zudem zeichnen ihn seine internationale Berufs- und Führungserfahrung in Asien sowie zwei Jahre Vertriebsführung aus. Seit 2015 ist er als Geschäftsführer einer Familienholding tätig und nimmt verschiedene Verwaltungsratmandate war.

**Franz Berger** verfügt über mehr als 20 Jahre Erfahrung als Finanzverantwortlicher: als Finance Manager, Finance Director und Regional Finance Director in internationalen FMCG-Unternehmen (Kraft, Bacardi), als Group CFO eines börsennotierten Healthcare-Unternehmens, das von Private Equity übernommen wurde (Unilabs), als EMEA Finance Director und Business Partner eines börsennotierten Biotec- und Pharmaunternehmens (Shire) und seit 2012 als Group CFO von Ivoclar Vivadent, einem führenden Dentalunternehmen.

# Cyberangriffe – Unternehmensrisiko Nr.1 – von vielen unterschätzt

13

Fabian Kracht und Patricio Ohle

Endlich Ferien! Die Koffer sind gepackt, die Ski verstaut und los geht es in die wohlverdienten Ferien. Der Group CEO eines Unternehmens der Nahrungsmittelproduktion mit weltweit 20 Standorten und 30 internationalen Vertriebseinheiten freut sich auf erholsame Tage mit der Familie. Es ist Tag 3 der Ferien, kurz nach Weihnachten. Der Anruf des CIO kommt um 3.45 Uhr am Morgen. Seit 30 min werden sämtliche Server des Unternehmens verschlüsselt, das ERP-System ist nicht mehr funktionsfähig, E-Mails können nicht mehr versendet werden, auch die Telefonanlagen sind außer Gefecht. In der Not hat man das gesamte IT-Netzwerk heruntergefahren, mit der Konsequenz, dass weltweit die Produktion steht.

Doch es kommt noch schlimmer: Nach ein paar Stunden stellt sich heraus, dass sämtliche Back-ups des Unternehmens verschlüsselt und nicht wiederherstellbar sind. In anderen Worten: Man steht global still! Kurz darauf wird auf den infizierten Rechnern eine „Readme"-Datei gefunden, in der die Angreifer darum bitten, sich mit ihnen in Verbindung zu setzen, um sodann Lösegeld zu bezahlen. Sei man dazu nicht bereit, werde man anfangen, sensible Daten des Unternehmens im Darknet anzubieten.

So oder ähnlich haben sich zwischenzeitlich zahlreiche Cyberangriffe auf Unternehmen dargestellt, und obwohl nur ein Bruchteil der Fälle an die Öffentlichkeit gelangt, mehren sich die Medienberichte auch im deutschsprachigen Raum: Ende 2018 wird der Maschinen- und Anlagenbauer Krauss Maffei von Cyberkriminellen attackiert.

F. Kracht (✉)
Ulm, Deutschland
E-Mail: fabian.kracht@mesakumo.de

P. Ohle
FBXperts AG, Zürich, Schweiz
E-Mail: patrick.ohle@fbxperts.ch

© Der/die Autor(en), exklusiv lizenziert an Springer Fachmedien Wiesbaden GmbH, ein Teil von Springer Nature 2022
T. Zellweger und P. Ohle (Hrsg.), *Finanzielle Führung von Familienunternehmen*,
https://doi.org/10.1007/978-3-658-38061-8_13

Besonders betroffen ist der Hauptsitz in München, wo allein 1.800 Mitarbeiter beschäftigt sind. Mindestens zwei Wochen kann das Unternehmen nur mit gedrosselter Leistung produzieren. Viele Rechner des Unternehmens sind von einer Trojaner-Attacke, auch als „Ransomware" bekannt, befallen (Ashelm et. al. 2018). 2019 wird der Hamburger Traditions-Juwelier Wempe Opfer einer Cybererpressung. Hacker legen das komplette IT-System lahm und erpressen Lösegeld (Stern 2019). Den Salzburger Kranhersteller Palfinger, ein Paradeunternehmen mit 11.000 Mitarbeitern und 2 Mrd. € Umsatz, trifft es Anfang 2021. Auch hier fließt Lösegeld (Die Presse 2021).

Auch kleinere Unternehmen werden inzwischen regelmäßig Opfer von Cyber-angriffen. Laut einer im Dezember 2020 veröffentlichten Studie im Auftrag der Dach-organisation der digitalen Schweiz, Digitalswitzerland, der Mobiliar, dem Nationalen Zentrum für Cybersicherheit (NCSC) des Bundes, der Hochschule für Wirtschaft der Fachhochschule Nordwestschweiz (FHNW) und der Schweizerischen Akademie der Technischen Wissenschaften (SATW) hat ein Viertel der Schweizer Unternehmen mit 4 bis 49 Mitarbeitenden bereits einen solchen Angriff erlebt. Rund ein Drittel dieser Firmen wurde durch die Attacke finanziell geschädigt, jedes zehnte angegriffene KMU verlor Kundendaten (Swissinfo 2020). Auch Family Offices wurden schon öfter angegriffen, da ca. 40 % von Ihnen keine wirksamen Politiken implementiert haben und sie aufgrund der Nähe zu den Eigentümern und den Reputationsrisiken ein positives Chance-Risiko-Profil für potenzielle Angreifer bieten (Botha 2018).

## Das Unternehmensrisiko Nr. 1

Der Befund lässt sich verallgemeinern: Gemäß des Global Risk Reports der Allianz sind Cybervorfälle 2020 zum Unternehmensrisiko Nr. 1 aufgestiegen (Allianz 2020). Alle 11 s findet weltweit ein Cyberangriff statt, die jährlichen Kosten, verursacht durch Ransomware-Angriffe, werden für das Jahr 2020 auf 20 Mrd. US$. Dollar geschätzt. Die Firma Cybersecurity Ventures schätzt, dass die globalen Kosten durch Cybercrime sich im Jahre 2021 auf 6 Billionen Dollar belaufen (Morgan 2019).

## Die verschiedenen Arten des Cyberangriffes

Nicht jedes Unternehmen ist im gleichen Ausmaß von Cyberangriffen betroffen, und die Arten der Attacke differieren ebenfalls. Die ENISA (European Union Agency For Cybersecurity) führt auf einer Gefahren-Landkarte die Top 15 Cyberbedrohungen auf. Auf Rang eins hat sich mittlerweile Malware etabliert (Enisa 2020). Dabei wird eine Schadsoftware in das Unternehmen eingebracht und das Unternehmensnetzwerk über einen längeren Zeitraum ausspioniert, meist mit dem Ziel, das Netzwerk des Unter-nehmers lahmzulegen, um danach Lösegeld zu fordern.

## Die Gefahren sind vielfältig

Viele Unternehmen sind auf derartige Bedrohungsszenarien nicht ausreichend vorbereitet. Immer wieder sind einzelne Geschäftsführer oder Eigentümer der Meinung, man sei potenziell nicht betroffen, oder die eigene IT-Abteilung versichert mangels ausreichend Expertise eigener Beschäftigung mit dem Thema, dass man ausreichend geschützt sei. Es ist schwierig, die Kosten für einen Cybervorfall pro Unternehmen zu berechnen oder zu schätzen. Dies ist abhängig von vielen Parametern wie zum Beispiel Schadensausmaß, Datendiebstahl, Präventionsmaßnahmen, etc. Viel wichtiger ist allerdings, zu akzeptieren, dass jedes Unternehmen potenzielles Ziel eines Angriffs ist und sich aus diesem Verständnis heraus, entsprechend vorzubereiten.

## Wie Sie Ihr Unternehmen vor Cyberattacken schützen

Als bester Schutz vor dem immer größer werdenden Bedrohungsszenario Cyberangriff hat sich eine Kombination aus Maßnahmen bewährt, die zum einen auf die Technologie, zum anderen auf den Faktor Mensch abzielen. Im Folgenden sind die wichtigsten Maßnahmen aufgeführt.

## Mitarbeiter sensibilisieren

Viele der heutigen Angriffe nutzen den Faktor Mensch. Eine E-Mail von einem vermeintlich alten Bekannten mit einem Link zu einem gemeinsamen früheren Fotoalbum, der Link mit dem Zurücksetzen des vermeintlichen Passwords: All dies sind gängige Methoden, um sich den Zugang zu einem Computer im Unternehmensnetzwerk zu verschaffen. Daher ist es unabdingbar, die Mitarbeiter kontinuierlich über die Bedrohungslage aufzuklären und mittels Simulationen und Trainings zu sensibilisieren. Hierfür kann man sich geeigneter externer Anbieter bedienen, die solche Schulungen auf einem professionellen Niveau vorbereiten und durchführen.

## Die Systeme aktuell halten

Führen Sie zeitnah alle Updates in Ihren Systemen durch und spielen Sie die von den Soft- und Hardware Herstellern zur Verfügung gestellten Patches sofort ein. Das System und die entsprechende Software sind entsprechend aktuell zu halten. Was sich banal anhört, wird in den Unternehmen nicht immer stringent umgesetzt.

## Externe Hilfe hinzuziehen

Besprechen Sie in regelmäßigen Abständen Ihr Sicherheitskonzept mit externen Partnern und lassen Sie dies auch überprüfen; z. B. mittels sogenannten white-hat-hackings Unter Umständen ist es auch sinnvoll, die Visibilität innerhalb des Netzwerkes zu erhöhen. Hierzu installiert man Software, die der Überwachung, Analyse und Erkennen des Netzwerkverkehrs dient. In der Regel wird diese Überwachung von einem externen Dienstleister rund um die Uhr sichergestellt (Security Operations Center, SOC).

## Die Unternehmensnetzwerke trennen (Informations Technology – IT vs. Operational Technology – OT)

In einer Zeit, in der Netzwerke immer dichter miteinander verbunden sind, ist es unter Umständen geboten, die IT-Netzwerke von den OT-Netzwerken zu trennen. Damit wird ein Überspringen einer Schadsoftware von einem auf das andere System verhindert. Besonders kritische Produktionskapazitäten können unter Umständen innerhalb des OT-Netzwerkes durch geeignete Firewalls sogar nochmals voneinander getrennt werden.

## Risikoanalyse durchführen

Führen Sie in regelmäßigen Abständen eine Risikoanalyse durch. Welches sind Ihre wertvollsten Assets, und wie können Sie diese in besonderem Maße schützen? Nicht alle Ihre Assets müssen gleich geschützt werden, aber Ihre „Kronjuwelen" sollten durch geeigneten Schutz und Backups gesichert werden, die notfalls nochmals offline gespiegelt sind.

## Erstellen Sie regelmäßig Backups

Das regelmäßige Erstellen eines Backups ist extrem wichtig. Ebenso essenziell ist die redundante Lagerung (on-/offline). Stellen Sie sicher, dass Ihre Backups regelmäßig daraufhin geprüft werden, dass diese im Ernstfall auch wirklich wieder herstellbar sind.

## Bleiben Sie informiert

Es ist wichtig, dass Sie und Ihre Mitarbeiter sich über die Bedrohungslage informiert halten. Die Angriffsmuster der Kriminellen ändern sich kontinuierlich, und nur der Austausch mit anderen Firmen und aktuelle Information stellen sicher, dass sich Ihr Unternehmen entsprechend anpassen kann.

## Passwörter und Multi-Faktoren-Authentifizierungen nutzen

Einen wichtigen Schutz stellen starke Passwörter dar. Überarbeiten Sie gegebenenfalls Ihre Passwortrichtlinien (Länge und Komposition der Passwörter) und ändern Sie diese in regelmäßigen Abständen. Häufig empfiehlt es sich, den Zugang zu Ihren Systemen durch sogenannte Multi-Faktor-Authentifizierungen zu sichern.

Der Kardinalfehler schlechthin bleibt allerdings, dass sich viele Unternehmer und Geschäftsführer sich nicht vorstellen können oder schlicht ausblenden, dass ihr Unternehmen Ziel eines Cyberangriffes werden kann. Diese Fehleinschätzung kann aber fatale Konsequenzen zur Folge haben. „Dass sich zwei von drei deutschen Firmenchefs intensiv mit dem Thema Cybersicherheit auseinandersetzen, ist ein gutes Zeichen", sagt Jörg Asma, Partner Cyber Security bei PwC Deutschland. „Dass es einem Drittel anscheinend aber keinerlei Sorgen bereitet, ist wiederum ein Warnsignal – und für Hacker und Cyberpiraten nahezu eine Einladung" (Heeg 2019). Zu akzeptieren, dass man, unabhängig von Unternehmensgröße und Sektor, Zielscheibe von Kriminellen sein kann, ist also zentral und unabdingbar. Mit geeigneten Maßnahmen kann man sein Unternehmen gegen Angriffe schützen. Allerdings muss auch klar sein: Einen absoluten Schutz gibt es nicht.

## Literatur

Allianz (2020). Allianz Risk Barometer 2020: Cyber steigt zum weltweiten Top-Risiko für Unternehmen auf. https://www.agcs.allianz.com/news-and-insights/news/allianz-risk-barometer-2020-de.html. Letzter Zugriff am 19.07.2022.

Ashelm, M., J Jansen J., Smolka, K.M. (2018). Cyberkriminelle erpressen Krauss Maffei. https://www.faz.net/aktuell/wirtschaft/digitec/cyberkriminelle-erpressen-krauss-maffei-f-a-z-exklusiv-15928434.html. Letzter Zugriff am 19.07.2022.

Botha, N. (2018). Why Family Offices Need To Prioritize Cybersecurity. https://www.forbes.com/sites/francoisbotha/2018/11/10/why-family-offices-need-to-prioritize-cyber-security/?sh=78b5900d601a. Letzter Zugriff am 19.07.2022.

Die Presse (2021). Cyber-Angriffe gefährden Konzerne: Palfinger zahlte Lösegeld. https://www.diepresse.com/5956054/cyber-angriffe-gefaehrden-konzerne-palfinger-zahlte-loesegeld. Letzter Zugriff am 19.07.2022.

ENISA (2020). ENISA Threat Landscape 2020: Cyber Attacks Becoming More Sophisticated, Targeted, Widespread and Undetected. https://www.enisa.europa.eu/news/enisa-news/enisa-threat-landscape-2020. Letzter Zugriff am 19.07.2022.

Heeg, T. (2019). Deutsche Chefs sehen Cybersicherheit „gefährlich entspannt". https://www.faz.net/aktuell/wirtschaft/digitec/deutsche-chefs-sehen-cybersicherheit-laut-pwc-gefaehrlich-ent-spannt-16083314.html. Letzter Zugriff am 19.07.2022.

Morgan, S, (2019). Global Ransomware Damage Costs Predicted To Reach $20 Billion (USD) By 2021. https://cybersecurityventures.com/global-ransomware-damage-costs-predicted-to-reach-20-billion-usd-by-2021. Letzter Zugriff am 19.07.2022.

Stern (2019). "Konnten komplettes IT-System nicht mehr nutzen": Hacker erpressen Traditions-Juwelier Wempe. https://www.stern.de/digital/online/cyberangriff-auf-wempe--traditions-juwelier-von-hackern-erpresst-8779778.html. Letzter Zugriff am 19.07.2022.

Swissinfo (2020). Jedes vierte Schweizer KMU war bereits Opfer eines Cyberangriffs. https://www.swissinfo.ch/ger/jedes-vierte-schweizer-kmu-war-bereits-opfer-eines-cyber-angriffs/46210110. Letzter Zugriff am 19.07.2022.

**Fabian Kracht** ist seit 2021 Gründer und Geschäftsführer von mesakumo, einer Beratungs-agentur für die Digitalisierung des Mittelstands. Zuvor hatte Kracht als Sprecher der Geschäfts-führung und CFO (2014–2021) die umfassende digitale Transformation des Bauzulieferers PERI verantwortet.

**Dr. Patricio Ohle** ist Gründer und Geschäftsführer der FBXperts AG. Er war drei Jahrzehnte lang in Führungspositionen bei Familienunternehmen tätig, unter anderem als Direktor bei der Hipp Holding AG. Dr. P. Ohle ist Research Fellow des Center for Family Business an der Universität St.Gallen, wo er auch promovierte. Er ist zudem Lehrbeauftragter der Universität St.Gallen in „Finance of large family firms".

# Compliance is a Must: Der FBXperts View

Patricio Ohle

Angesichts dieser Schilderungen könnte man auf den Gedanken kommen, dass sich all jene Unternehmen glücklich schätzen, deren CFO in seiner Laufbahn auch einmal IT-Leiter gewesen ist – was in der Praxis aber nicht häufig der Fall ist. Und selbst wenn: Eine Versicherung gegen Cyber-Risiken ist auch das nicht. Und außerdem sind da noch all die anderen Gefahren, die das Themengebiet Compliance & Co. so heikel machen. Die Risiken sind oft auch persönlicher Natur, und offensichtlich sind in vielen Fällen Haftungsfragen berührt. Die Haltung unserer großen Familiengesellschaften ist eindeutig, wie sich aus unseren Befragungen ergab:

- „Verständnis des CFO: Ich habe zum Risiko infolge der langen Betriebszugehörigkeit ein spezifisches Verhältnis."
- „Der CFO ist in gewissem Sinne Vermögensverwalter und fühlt fast wie die Familie. Grundsätzlich gilt das aber auch für Kollegen. Ich habe infolge der Zugehörigkeit ein Netzwerk. Das ist wichtig fürs Verständnis. Ich habe zum Risiko infolge der Konstellation Familienunternehmen ein spezifisches Verhältnis und eine Aufgabe. Das ist sicher auch Erwartung der Familie".
- „Durch konsequente Anwendung des 4-Augen-Prinzips auf allen Stufen (keine isolierten Allein-Entscheidungen, die keinem Double-Check durch eine zweite Führungsperson, ein Projektteam oder einen Revisor unterworfen werden)."
- „Aufgrund von Kontrollüberlegungen habe ich versucht, die Interne Revision zu stärken. Ein Vorbild war Amerika. Das ist in Europa nicht ganz so einfach. Diese IR berichtet an die Gremien – unabhängig vom CFO."

P. Ohle (✉)
FBXperts AG, Zürich, Schweiz
E-Mail: patrick.ohle@fbxperts.ch

T. Zellweger und P. Ohle (Hrsg.), *Finanzielle Führung von Familienunternehmen*,
https://doi.org/10.1007/978-3-658-38061-8_14

- „Im Kontext einer sehr dezentralen Organisation sind eine Reihe von prozessualen Vorkehrungen zur Sicherung der Corporate Governance eingerichtet."
- „Durch Organisation, Revision mit zwei weltweit tätigen prüfenden Unternehmen, Information und Risk Management realisieren wir eine gute Governance."

In der Stufe der Compliance-Mechanismen wird man bisweilen auch in Familienunternehmen mit sogenannten „heiligen Kühen" oder auch „Leichen im Keller" konfrontiert. Wir haben keine Scheu vor schwierigen Fragestellungen und helfen bei der Bewältigung. Das Thema, das in diesem Kapitel berührt ist, duldet keinen Aufschub und keine falschen Kompromisse, erfordert aber bisweilen viel Fingerspitzengefühl. Je höher die Verantwortung, um so klarer wird, dass neben Fachkenntnissen 50 % der Fragen das „Menschlich, Allzumenschliche" berühren und somit die Kenntnis der Besonderheiten von Family Controlled Businesses (FBC) in der Finanzfunktion ein ganz wichtiger Faktor ist. Auch muss das gemeinsame Verständnis bestehen, was unter Compliance verstanden wird – in unserem Konzept beispielsweise in einer sehr „weiten" Definition, um dem Thema der Risiken gerecht zu werden.

Im nächsten Kapitel gehen wir das Thema „Performance" an, das im Fall von Familienunternehmen geradezu mythenhaft verklärt erscheint, wenn man den Meldungen der Tagespresse und einigen in den Finance-News publizierten Ergebnissen folgt. Aber sind Familienunternehmen sui generis wirklich leistungsfähiger? Und welchen Beitrag liefert die finanzielle Führung bzw. sollte sie liefern?

**Dr. Patricio Ohle** ist Gründer und Geschäftsführer der FBXperts AG. Er war drei Jahrzehnte lang in Führungspositionen bei Familienunternehmen tätig, unter anderem als Direktor für Finanzen bei der Hipp Holding AG. Dr. P. Ohle ist Research Fellow des Center for Family Business an der Universität St.Gallen, wo er auch promovierte. Er ist zudem Lehrbeauftragter der Universität St.Gallen in „Finance of large family firms".

# Teil IV

# Performance: Profit als Basis des eigenfinanzierten Wachstums

Nach zwei sehr speziellen Pandemie-Jahren ist klar, dass ganz oben auf der Agenda die Transformation durch Digitalisierung stehen müsste. Wie können uns kaum erlauben, die Unternehmen nicht weiter zu entwickeln. Dabei steht die Verbesserung der Performance deutlich im Vordergrund. Die Verbesserung der Ertragskraft schafft die Voraussetzung für profitable Unabhängigkeit und Wachstum.

**In diesem Teil erfahren Sie**

- was Sie sich unter dem Begriff Agilität und Digitalisierung vorstellen können und wie die Umsetzung in Familienunternehmen gelingen kann
- welche modernen Anreizsysteme Hilti nutzt und in Zusammenarbeit mit der Universität St. Gallen weiterentwickelt
- dass Innovation durch Corporate Venturing schnell entstehen kann – und auch der Innovationsführer Trumpf GmbH damit arbeitet
- welche erheblichen Potentiale im Net Working Capital Management liegen

# Agilität durch digitale Transformation: Es ist höchste Zeit

# 15

Guido Huppertz und Fabian Kracht

Das Thema „Agilität durch digitale Transformation" ist ein enorm weites Feld. Das beginnt schon bei der Frage, auf wen man hierbei am besten schauen soll: auf das Unternehmen, das seine Abläufe optimieren möchte? Auf den Mitarbeiter, der von administrativen bzw. repetitiven Aufgaben entlastet werden soll, um mehr „added value" zu liefern? Oder vielleicht doch besser auf den Kunden, der ja am Ende eigentlich der relevanteste Stakeholder ist? Oder auf eines der vielen gescheiterten Projekte, wie z. B. jüngst bei Haribo (Kroker 2018)?[1]

Fakt ist, wie vor allem diejenigen aus unserem Netzwerk wissen, die als Aufsichtsrat bei Start-ups fungieren: Unsere Unternehmen tun sich vergleichsweise schwer, die digitale Transformation wirklich umfassend anzugehen, geschweige denn ihr Geschäftsmodell komplett als digitale Plattform abzubilden. Sicher, es gibt positive Beispiele: Man denke an die Schindler AG, die Fahrstuhlwartung digitalisiert hat, man denke an Hiltis Weg zum „Datensammler" oder an die frühe strategische Entscheidung von Bosch, auf das Internet der Dinge zu setzen – ein Prozess, der jetzt beginnt, sich auszuzahlen (Ingenieur.de (2020).

---

[1] Bei Haribo sorgte die Umstellung auf eine SAP-Software für zahlreiche Fehler. Zeitweise geriet die Ausfuhr von Goldbären ins Stocken, es blieben einige Regale in den Supermärkten leer. Auch Lidl hatte Probleme.

---

G. Huppertz (✉)
Paderborn, Deutschland
E-Mail: guido.huppertz@gmx.de

F. Kracht
Ulm, Deutschland
E-Mail: fabian.kracht@mesakumo.de

T. Zellweger und P. Ohle (Hrsg.), *Finanzielle Führung von Familienunternehmen*,
https://doi.org/10.1007/978-3-658-38061-8_15

Doch wenn wir ehrlich sind, bleibt es zumeist bei Insellösungen. Ganzheitliche und übergreifende Ansätze, wie man ein erfolgreiches Unternehmen mit bestehenden Kunden, eingeführten Produkten, erfahrenen Mitarbeitern und langjährig gewachsenen Prozessen umfassend in die digitale Ära führt, gibt es wenig – und die eine allgemeingültige Lösung schon gleich gar nicht.

Wie eine umfassende digitale Business Transformation jenseits einzelner digitaler Insellösungen gelingen kann, zeigen in diesem Kapitel zwei Praktiker mit Erfahrung bei internationalen Familienunternehmen. Hierbei geht es um die Methodik der Transformation: Ausgehend vom Digital Status quo der meisten Unternehmen und den Digitalisierungserwartungen der verschiedenen Stakeholder wird dabei ein Zielbild erarbeitet. Anschließend wird dieses mittels einer Digitalisierungs-Roadmap und einem fünfstufigen Prozess zum Leben erweckt. Hierbei ist sowohl die technische IT-Seite als auch das notwendige Befähigen und „Mitnehmen" der Belegschaft wichtig. Das eine wird ohne das andere nicht funktionieren. Hören wir zunächst aber, was Agilität aus Sicht eines CFO eigentlich heißen kann und welche konkreten Ansatzpunkte sich bieten.

## Agilität in der Finanzabteilung: Ansatzpunkte aus Sicht eines CFOs

Der rasante technische Fortschritt vor allem durch Digitalisierung führt zu einer Veränderung von Gewohnheiten, Verhalten und beeinflusst damit auch die Nachfrage nach Dienstleistungen und Produkten. Als Unternehmen gilt es sich an diese Veränderungen schnell anzupassen und damit bedarfsgerechte Produkte und Dienstleistungen anzubieten. Aufgrund der gestiegenen Veränderungsgeschwindigkeit ist Agilität ein entscheidender Erfolgsfaktor für Unternehmen. Neben der kontinuierlichen Überprüfung und ggfs. notwendigen Anpassung des Geschäftsmodells im Rahmen des Strategieprozesses durch die Unternehmensführung gibt es im Funktionsbereich des CFO verschiedene Ansatzpunkte für die Steigerung der Agilität in der Finanzorganisation.

## Flexibilität schlägt starre Mehrjahresplanung

In der Praxis wird im Finanzbereich noch sehr häufig in starren Strukturen mit überwiegend transaktionalen Tätigkeiten gearbeitet. So zeigt z. B. ein Blick auf die Controlling-Abteilungen von produzierenden Unternehmen vielfach ein traditionelles Bild der Unternehmenssteuerung über Kennzahlen bzw. Kennzahlensysteme, bei denen über verschiedene Berichtsebenen wie Gesellschaften, Werke, Business Units etc. Ist-Werte ermittelt und mit Soll- bzw. Planwerten verglichen werden. Dabei werden vielfach jährlich Mehrjahresplanungen über viele Organisationseinheiten erstellt, konsolidiert und verdichtet, um diese später mit den Ist-Werten vergleichen zu können. Doch steht dieser Aufwand angesichts der heutigen tendenziell kürzeren „Halbwertszeit" von annahmebasierten Planwerten noch im Verhältnis zum Nutzen? Was geschieht beispielsweise, wenn die reale Entwicklung schon nach wenigen Monaten den Plan obsolet werden lässt?

Ein monatelanger neuer Planungsprozess ist vermutlich eher das Gegenteil von Agilität! Vor dem Hintergrund der sich schnell verändernden Marktbedingungen sollten Planungsrechnungen zumindest Szenarien enthalten, die dann als Alternative zur Steuerung des Unternehmens genutzt werden können. Noch hilfreicher ist eine schnelle Anpassungsfähigkeit von Planungsrechnungen, was insbesondere in großen Unternehmen mit vielen Geschäfts- und Organisationseinheiten eine große personelle und zeitliche Herausforderung darstellt. Hier können zum Beispiel treiberbasierte Planungsrechnungen mit ihrer schnellen Simulationsmöglichkeit Abhilfe schaffen. Allerdings ist deren grundlegende Entwicklung bei komplexen Unternehmensstrukturen und Geschäftsmodellen aufwendig.

Auf jeden Fall scheint es geboten, von starren auf flexiblere Planungsprozesse umzustellen. Ein Praktiker-Ansatz ist ein rollierender Forecast-Prozess mit abnehmender Detaildichte im längeren Zeithorizont der Planrechnung. Ein solcher Ansatz trimmt die Organisation aufgrund der höheren Frequenz der Prognose- bzw. Planrechnungen und eines verkürzten Erstellungszeitraums auf eine schnellere Anpassungsfähigkeit. Er verringert die – zum Teil zu hohe – Detaildichte im Planungsprozess. Zusätzlich sollten politische Störeinflüsse durch eine an die Planung gebundene Vergütung vermieden werden. Weiterhin wird im laufenden Controlling wie bspw. bei der monatlichen Berichterstattung noch ein Großteil der verfügbaren Zeit auf die Erstellung und Aggregation sowie den Vergleich der Daten verwendet. Nur ein kleinerer Teil wird auf die Problemanalyse und die Ableitung von potenziellen Gegenmaßnahmen verwendet. Dieses ist Folge der bestehenden Verarbeitungsprozesse und des Automatisierungsgrades. Durch diesen Schwerpunkt auf transaktionale Tätigkeiten verfügt die Organisation in der Regel nicht im ausreichenden Maß über das notwendige Know-How und die Management-Fähigkeiten für die Analyse und vor allem für die Generierung von Verbesserungsmaßnahmen.

## Automatisierung schlägt Service Center

Letztendlich setzt eine Steigerung der Agilität voraus, dass die transaktionslastigen und in starren Prozessen laufenden Aufgaben nach Möglichkeit zentralisiert und weitestgehend automatisiert werden. Damit ändert sich auch der Fokus und die notwendigen Anforderungen an die Mitarbeiter. Hier gilt es, die Organisation entsprechend des Fortschritts der Veränderung kontinuierlich anzupassen. Auch bedarf es neuen Know-hows und einer vermehrten interdisziplinären Zusammenarbeit mit anderen Fachbereichen. So ist das Controlling auf eine enge Abstimmung und Bewertung von Gegenmaßnahmen mit anderen Bereichen wie z. B. Vertrieb, Einkauf, Produktion oder Logistik angewiesen, um Veränderungen im Geschäftsmodell wirtschaftlich bewerten und abbilden zu können.

Neben dem Controlling, das aufgrund seiner Analyse- und Prognosefunktion im Fokus steht, übernimmt das Rechnungswesen die Aufgabe der Ermittlung der Ist-Werte und der Abschlusserstellung. Erst wenn die Ist-Daten zeitnah vorliegen, können sie als Aufsatzpunkt für Prognosen und Planungen sowie für Planvergleiche und andere Analysen vom Controlling genutzt werden. Dabei ist eine umgehende Nutzung nur möglich, wenn zeitraubende Anpassungen aufgrund unterschiedlicher Regeln und einer abweichenden Datenbasis nicht erforderlich sind.

In Sachen Zentralisierung und Kostenersparnis steht seit längerem die Service-Center-Organisation für das Rechnungswesen in Niedriglohnländern bei vielen Unternehmen im Fokus. Auf Basis der technologischen Entwicklungen der letzten Jahre ist die Automatisierung und Digitalisierung von Buchhaltungsprozessen inzwischen allerdings die deutlich nachhaltigere und zukunftweisendere Herangehensweise. Es gibt weniger Schnittstellenprobleme, zudem basiert der Kostenvorteil nicht auf temporärer Lohnarbitrage.

Bei der Automatisierung und Digitalisierung in der Buchhaltung stehen Verfahren der Mustererkennung im Vordergrund. Diese leiten aus historischen Daten und Vorgängen typische Buchungsmuster ab und wenden diese auf aktuelle Geschäftsvorfälle an. Hier gilt: Je mehr einwandfreie historische Buchungen für die Musterbildung vorliegen, umso schneller wird eine hohe Automatisierungsrate bei der Verbuchung erreicht. Dies verringert die manuelle Nacharbeit für systemseitig nicht erkannte Geschäftsvorfälle, die als neue Muster im System hinterlegt werden müssen. Grundsätzlich erhöht dieser Ansatz neben Geschwindigkeit und Effizienz auch die Datenqualität, da gleiche Sachverhalte einheitlich verbucht werden und eine individuelle Auslegung von Geschäftsvorfällen entfällt. Letzteres ist vielfach ein Problem von internationalen Unternehmen mit vielen Gesellschaften und Organisationseinheiten.

Ein weiterer Schritt zielt darauf Routinetätigkeiten im Bereich der Buchhaltung durch kleine Programme – sogenannte Bots – zu automatisieren. Bei dieser Herangehensweise gilt es, an möglichst vielen Stellen schnelle Fortschritte zu machen und nicht um die Einführung eines allumfassenden neuen Software-Systems. Kleine schnelle Prozessverbesserungen an vielen Stellen sind das Ziel. Das gilt neben den klassischen Accounting-Prozessen ebenso für die finanznahen aber funktionsübergreifenden Kernprozesse wie „order-to-cash" oder „purchase-to-pay" zu beachten, um diese weiter zu optimieren und automatisieren. Ziel ist immer, die Fachleute so wenig mit transaktionalen Tätigkeiten wie möglich zu belasten und den Fokus auf wertstiftende Aktivitäten zu legen um die Agilität zu erhöhen.

## Process Mining mit Big Data

Die erwähnten Kernprozesse beinhalten die Interaktion mit mehreren Fachbereichen, sind entsprechend komplex und erzeugen große Datenmengen. Bis dato war es äußerst aufwendig, die erwähnten Prozesse zu analysieren und deren Performance zu messen. Auch hier gibt es heute einen pragmatischen Ansatz. Über sogenanntes „Process Mining" kann die Performance der Prozesse visualisiert und gemessen werden. So lassen sich beispielsweise Mengengerüste, Durchlaufzeiten, Nachbearbeitungsschleifen und -zeiten feststellen und Verbesserungspotenziale ableiten. Nachdem Verbesserungsmaßnahmen implementiert wurden, wird über eine neue Datenauswertung kontrolliert, ob diese wirksam und erfolgreich waren. Das ganze Verfahren ist flexibel, vergleichsweise schnell umsetzbar und reduziert den Aufwand herkömmlicher Prozessuntersuchungen erheblich. Neben den aufgeführten Beispielen gibt es weitere Möglichkeiten den Finanzbereich zu optimieren und zu automatisieren – immer mit dem Ziel den Fokus stärker auf Analyse und Optimierung zu legen bzw. die Ressourcen dafür zu schaffen.

Ein weiterer zentraler Punkt ist der interne Umgang und die Verarbeitung von komplexen Datenmassen. Dies gilt natürlich nicht nur für die Finanzorganisation, sondern insbesondere auch für die operativen Bereiche. Hier gilt es Expertise im Unternehmen zentral aufzubauen um aus „Big Data" und Mustererkennungs- bzw. anderen KI-Prozessen Potenziale für die Unternehmung zu heben und die Agilität zu steigern. Überhaupt ist das Thema Organisation für die Agilität ein wichtiger Faktor. Die Devise lautet: Weg von starren Großeinheiten, hin zu kleinen flexiblen funktionsübergreifend zusammengesetzten Einheiten mit mehr Freiräumen und geringerer Belastung durch transaktionale Tätigkeiten.

## Zur Methodik der Digitalen Business Transformation oder: Warum Digitalisierung im Mittelstand sich jetzt lohnt

Die Erwartungen von Menschen an digitale Erfahrungen, Interaktion und Services im beruflichen Kontext werden stark durch Erfahrungen im persönlichen Umfeld geprägt: Wie Menschen sich online informieren und einkaufen, mit ihrem Mobiltelefon oder Tablet interagieren, Daten erfassen, kommunizieren und kollaborieren oder Medien konsumieren – all das wird durch die großen Tech-Unternehmen (GAFAM[2]) und ihre Produkte und Services geprägt. Diese aus dem Alltag geprägte Erwartungshaltung an die digitalen Fähigkeiten eines Unternehmens findet sich bei allen wichtigen Stakeholdern, speziell bei den eigenen Mitarbeitern sowie bei Kunden und Lieferanten. Wesentliche Aspekte sind:

- Technik funktioniert einfach, fehlerfrei oder wird schnell mit einem Update nachgebessert, ist jederzeit verfügbar, fühlt sich modern an und führt bei Interaktion in kürzester Zeit zu Ergebnissen.
- Spezifische Anwenderbedürfnisse werden erlernt, der resultierende Service immer besser.
- Das digitale Angebot wird kontinuierlich weiterentwickelt und regelmäßig um neue Features ergänzt.

---

[2]GAFAM: Akronym für die 5 großen Technologie Konzerne Google, Amazon, Facebook, Apple, Microsoft.

- Repetitive Tätigkeiten werden zunehmend automatisiert.
- Probleme lassen sich vielfach im self-service lösen, jederzeit und ohne Wartezeiten.
- Premium-Anspruch: Digitalisierung ist weitgehend umsonst, nur sehr spezifische und für den Nutzer besonders wertstiftende Anforderungen werden in Rechnung gestellt.

Diese „angelernte" Erwartungshaltung von Kunden begrenzt sich eben genau nicht auf Produkte der großen Technologieunternehmen, sondern äußert sich z. B. auch für ein produzierendes mittelständisches Unternehmen in besonderen Anforderungen. Unmittelbar bezieht sich dies auf Webseiten, Kundenportale, Apps und alle anderen Onlineangebote des Unternehmens. In der Interaktion mit Kunden führt dies dazu, dass Kunden beispielsweise jederzeitige Transparenz zum Stand von Bestellungen, Lieferungen oder Rechnungen erwarten. Ebenso beeinflussen die Alltagserfahrungen die Erwartungen von Kunden an digitale Komplementärdienste zu physischen Produkten (wie z. B. Planungs- oder Wartungsunterstützung).

Bei Mitarbeitern ist dieser Wandel ebenso spürbar. Was aus dem privaten Umgang mit digitalen Anwendungen bekannt ist, prägt die Erwartungen im beruflichen Umfeld: Arbeit mit den Softwareanwendungen im Unternehmen sollte möglichst reibungslos möglich sein. Nutzerfreundlichkeit, Datenverfügbarkeit und Automatisierung werden ebenso erwartet wie Möglichkeiten der IT-basierten Zusammenarbeit und Interaktion. Darüber hinaus hat 2020/2021 die Corona Pandemie zu einer ad-hoc Notwendigkeit von „Work anywhere"-Fähigkeiten des Unternehmens geführt: Geschäftskritische genauso wie -unkritische Prozesse müssen möglichst digital und von überall aus für Mitarbeiter umsetzbar sein – integriert, performant und sicher. Diese Anforderung wird auch in Zukunft weiterhin Bestand haben und die intelligente und funktionale Gestaltung einer hybriden Unternehmenswelt mit Büro- und „Work anywhere"-Bestandteilen notwendig machen.

Bei Lieferanten und anderen Geschäftspartnern entwickeln sich zunehmend Erwartungen an die digitale Geschäftsabwicklung über Unternehmensgrenzen hinaus und somit an eine tiefere funktionale Einbindung in Lieferketten. Sofortige und spezifische Informationsverfügbarkeit werden zum Standard in diesen Geschäftsbeziehungen werden. Auch der Staat als wichtiger Stakeholder erhöht den Digitalisierungsdruck zunehmend: Integration der Unternehmensprozesse in Meldeabläufe, Einbindung staatlicher Daten oder spezieller Anforderungen der öffentlichen Hand nehmen zu – in Deutschland aber vielfach auch im Ausland, was für international tätige Unternehmen zunehmende Anforderungen an die eigene Digitalisierung impliziert.

Die genaue Analyse all dieser Anforderung und eine gezielte Umsetzung lohnt sich und schafft Mehrwert für das Unternehmen. Das zeigt sich u. a. daran, dass neue technologiegetriebene Wettbewerber oftmals genau dann erfolgreich in einen Markt „eindringen" können, wenn die etablierten Marktteilnehmer die Trends und Erwartungen an Digitalisierung nicht aufnehmen und damit den Raum für die neuen Wettbewerber erst schaffen. Wenn die etablierten Marktteilnehmer die Digitalisierung selbst vorantreiben und das eigene Geschäft erfolgreich transformieren, hält das einerseits die unerwünschten neuen Wettbewerber auf Abstand und andererseits lohnt es sich wirtschaftlich.

## Technologie und Befähigung – darauf kommt es an

Die gute Nachricht hierbei ist, dass nicht jedes Unternehmen bei seinen Digitalisierungs-überlegungen „bei Null" anfangen muss. Der Weg, um ein bestehendes Unternehmen und sein Geschäft erfolgreich digital zu transformieren, ist weder ein hoch spezifisches Unterfangen noch braucht es ein „Geheimrezept". Vielmehr geht es um notwendige Bausteine, sinnvolle Sequenzen und typische Optionen, die mit bewährten Ansätzen geplant und anschließend in einem Digitalisierungsprogramm umgesetzt werden können. In einem solchen Programm zur Digitalen Business Transformation sind zwei Aspekte entscheidend: Technologie und Befähigung der handelnden Personen. In Bezug auf die Technologie kommt der IT eine Schlüsselrolle zu. Die notwendige (Cloud) Infrastruktur, System- und Prozesslandschaft auf Basis der spezifischen Geschäftsnotwendigkeiten muss gemeinsam mit den betroffenen Fachbereichen in einer mittel- und langfristigen IT-Strategie konzipiert werden. Anschließend sollte die IT für deren Umsetzung, Betrieb und kontinuierliche Weiterentwicklung verantwortlich sein.

In der betrieblichen Realität zeigt sich allerdings häufig eine große Diskrepanz zwischen der bestehenden und der notwendigen Personaldecke und IT-Kompetenz, um diesen Erwartungen gerecht zu werden. So ist die unternehmenseigene IT im Mittelstand häufig auf eine IT-seitige Grundversorgung (Betrieb) und Störungsbehebung ausgerichtet. Vor einem Digitalisierungsprogramm muss entsprechend festgelegt werden, wieviel der notwendigen Kompetenz und Ausstattung bei der unternehmenseigenen IT-Organisation aufgebaut und wieviel über externe Partner bezogen werden soll.

Technologie alleine wird allerdings nicht reichen, um das bestehende Geschäft eines Unternehmens erfolgreich digital zu transformieren. Die zweite Schlüsselrolle, ohne die das Ziel nicht erreicht werden wird, kommt den Mitarbeitern zu, die in diesem veränderten Unternehmen arbeiten und den Mehrwert für Kunden und Unternehmen konkret schaffen sollen. Sie müssen befähigt, begeistert und auf die Reise mitgenommen werden. Das muss als aktive Aufgabe verstanden und in einem Digitalisierungs-programm parallel zur Technologieentwicklung von Beginn an mit bewährten Ansätzen und Maßnahmen begleitet werden.

## Zielbild: Was ganzheitliche Digitale Business Transformation erreicht

Wichtig bei einer Digitalen Business Transformation ist es, von Beginn an ein positives und motivierendes Zielbild zu zeichnen: Warum sollen bewährte Pfade verlassen, neue Methoden ausprobiert, moderne Technologien eingeführt werden? Welche Vorteile haben Kunden, Mitarbeiter und letztendlich das Unternehmen davon? Wie kann man potenziellen Ängsten entgegenwirken? Dass eine Digitale Business Transformation sich wirtschaftlich rechnet, ist ein guter Ausgangspunkt, schafft jedoch noch keine ausreichende Motivation für Management und Belegschaft, sich wirklich auf die Reise zu machen.

Im Folgenden werden daher typische Chancen erläutert, die sich im Rahmen einer Digitalen Business Transformation erzielen lassen und die in ihrer Vielfältigkeit und Konkretisierung ein solches Programm regelmäßig begründen können:

- Neue Kunden können mittels intelligenter digitaler Angebote gewonnen, bestehende Kunden gehalten und die Intensität der Geschäftsbeziehung vertieft werden.
- Bestehende Geschäftsmodelle werden erweitert, neue digitale Geschäftsmodelle können entstehen und der Service wird durch komplementäre digitale Angebote verbessert. Im schlechtesten Fall verteidigt dies lediglich das bestehende Geschäft, im besten Fall wird neues Geschäft generiert.
- Nach jedem wesentlichen Meilenstein einer Digitalen Business Transformation sind konkrete wirtschaftliche Ergebnisse messbar: Effizienzsteigerung, Kostensenkung und/oder Mehrertrag.
- Unternehmenseigene Prozesse sowie die Abläufe von Kunden, Lieferanten und anderen Geschäftspartnern werden mittels digitaler Hilfsmittel stärker integriert, was die langfristige Bindung erhöht und Arbeitsbeziehungen zu Partnern transformieren kann.
- Mit moderneren IT-Arbeitsplätzen und Prozessen, dem einhergehenden höheren Grad an Selbstbestimmung und mehr kreativen und weniger repetitiven Tätigkeiten durch Automatisierung gewinnt das Unternehmen an Arbeitgeberattraktivität.
- „Work anywhere": Bereits recht früh in einer Digitalen Business Transformation können Mitarbeiter jederzeit, von überall und voll integriert in Unternehmensprozessen und -infrastruktur arbeiten.
- Die Fähigkeit zur Integration und Kommerzialisierung innovativer Softwarelösungen vom Markt und die Geschwindigkeit bei deren Einführung steigt deutlich.
- Durch eine flexiblere Infrastruktur und Software-as-a-Service-Modelle ermöglicht eine Digitale Business Transformation schnelles Wachsen und Schrumpfen des Unternehmens und der Belegschaft, wenn möglich oder notwendig.
- Mitarbeiter werden zu sogenannten Citizen Developern, d. h.: Die IT-Anwender setzen ihre Anforderungen an Reporting oder Prozessdigitalisierung im self-service selbst um, traditionelle Arbeiten mit Lasten-/ Pflichtenheften werden deutlich reduziert.
- Wichtiges Ziel und bewährtes Ergebnis einer Digitalen Business Transformation ist die substanzielle Erhöhung der IT-Sicherheit: Hackerangriffe und Betrugsversuche werden deutlich erschwert, der Sicherheitsstandard mittels marktführenden Standards um mehrere Level erhöht.

Dieses Zielbild wird zu Beginn einer Digitalen Business Transformation für das spezifische Unternehmen konkretisiert, kommuniziert und immer wieder erläutert. Dies ist ein wesentlicher Aspekt der Befähigung der Belegschaft und Ausgangspunkt der notwendigen Organisationsentwicklung.

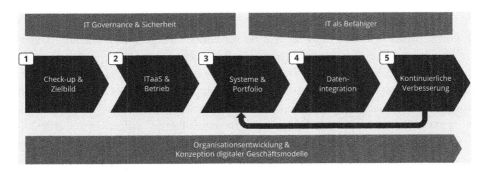

**Abb. 15.1**  Phasenmodell der Digitalen Business Transformation. (Quelle: mesakumo GmbH)

## Ganzheitliche Roadmap: Digitale Business Transformation konkret

Eine erfolgreiche und umfassende Digitale Business Transformation, die wirtschaftlich messbare Mehrwerte für Kunden und Mitarbeiter und letztendlich das Unternehmen insgesamt generiert, besteht aus übergeordneten Leitplanken zu IT-Governance und -Sicherheit sowie zur Rolle der IT, dem eigentlichen Transformationsprozess mit abgrenzbaren Modulen und in einer klaren Sequenz sowie einer begleitenden Organisationsentwicklung. Zusätzlich hat sich ein Programmmanagement bewährt, das sicherstellt, dass der Transformationsprozess bis zum Erreichen der Ziele konsequent umgesetzt und aufkommende Herausforderungen schnell und zielorientiert gelöst werden. Zukunftssichere Basis der Transformation ist eine marktführende, hoch verfügbare Cloud-Plattform. (Abb. 15.1).

## Übergeordnete Rahmenbedingungen

Die erste übergeordnete Rahmenbedingung einer Digitalen Business Transformation betrifft IT-Governance und -Sicherheit. Hierzu müssen bereits früh im Programm die wichtigsten Eckpunkte und Mindestanforderungen festgelegt und formuliert werden. Sie beeinflussen maßgeblich die Art und Weise, wie die Ziele der Transformation in den folgenden Schritten erreicht werden. Folgende Kernaspekte sind hierfür unter anderem zu beantworten:

- Festlegung des führenden Cloud Plattform Partners
- Definition der passenden IT-Sicherheits-Standards: Authentifizierung, IT Sicherheits-Software, etc.
- Standards für Endgeräte: Laptops, PCs, mobile Geräte
- Standards für Infrastruktur: Cloud Server, Netzwerke und andere „Vor-Ort" Hardware

Die zweite übergeordnete Rahmenbedingung beschreibt die Rolle der IT in einer Digitalen Business Transformation. Wie bereits bei der Ausgangslage erläutert, kommt ihr für eine erfolgreiche Transformation eine Schlüsselrolle zu. Noch wichtiger ist die Rolle allerdings über das initiale Transformationsprogramm hinaus. Um sich als Unternehmen nicht langfristig von Beratern und Technologieherstellern abhängig zu machen, muss die unternehmenseigene IT (soweit vorhanden) im Rahmen des Transformationsprogramms konsequent als Befähiger und Business Partner ausgerichtet werden. In dieser Ausprägung treten folgende Kernfähigkeiten der IT in den Vordergrund:

- Konsequente Ausrichtung der IT am Kerngeschäft des Unternehmens: IT-Organisation, IT-Infrastruktur und Systemlandschaft müssen sich am Geschäftsmodell und der Wertschöpfung des Unternehmens orientieren.
- Abgeleitet aus der Ausrichtung am Unternehmenszweck unterscheiden IT-Organisation und die jeweiligen Fachbereiche zwei Funktionen: Run-the-business und Change-the-business. Bei Run-the-business Themen geht es darum, bestehendes Geschäft und existierende Prozesse zu optimieren, zu automatisieren und die Kosteneffizienz zu erhöhen. Dieser Teil der IT muss sich daher auch entsprechenden Kostenbenchmarks vergleichbarer Unternehmen stellen. Es geht insbesondere darum, hoch automatisierte Standards zu implementieren, damit den eigenen Betrieb weitgehend zu reduzieren und im Ergebnis die zugehörigen Gesamtkosten zu reduzieren. Bei Change-the-business wiederum steht die Weiterentwicklung des Geschäfts, der Organisation und der dazu notwendigen IT im Vordergrund. Hier wird über Projektbudgets gesteuert, die regelmäßig überprüft werden und über die Zeit anpassbar sind. Sie müssen sich am Potenzial der resultierenden Geschäftsentwicklung ausrichten.

Die initiale Gewichtung der Funktionen Run-the-business vs. Change-the-business ist unternehmensspezifisch; beide parallel mit den Mitteln der Digitalisierung zu entwickeln wird zur Kernfähigkeit im Rahmen einer Digitalen Business Transformation. Durch fortschreitende Standardisierung und Automatisierung wird der Fokus zunehmend von Run- auf Change-the-business übergehen.

Die dritte Kernfähigkeit bezieht sich auf die Art der Umsetzung der Digitalen Business Transformation. Um die Akzeptanz für die Veränderungen zu erhöhen bzw. zu halten müssen früh und konsequent spürbare Erfolge geplant und geliefert werden. Es geht also um schnelle und kontinuierliche Lieferung und Umsetzung. Wenn Mitarbeiter und Kunden regelmäßig positive kleinere oder mittlere Veränderungen selbst gestalten und erleben, werden sie die Transformation als positiv und wertstiftend erleben. Daraus entstehen Multiplikator Effekte und eine Beschleunigung. Zu lange auf sehr große Schritte hinzuarbeiten, die sich in der Praxis regelmäßig verzögern und somit lange keine Erfolgserlebnisse ermöglichen können, führt hingegen zu Frustration und Transformationsmüdigkeit.

## Der Transformationsprozess: Fünf Schritte und kontinuierliche Weiterentwicklung

### Schritt 1: Check-up und Zielbild-Entwicklung

In den vergangenen Jahren hat fast jedes Unternehmen erste Schritte auf dem Weg der Digitalisierung gemacht: Einzelne Prozesse wurden mit digitalen Apps und Tools automatisiert, ausgewählte Systeme wurden in eine Public oder Private Cloud migriert, Voraussetzungen für Home Office und Kollaborationsinstrumente wurden implementiert oder agile Projektarbeit eingeführt. Um die Organisation da abzuholen, wo sie aktuell steht, ist es also notwendig, eine initiale Bestandsaufnahme durchzuführen.

Daneben muss ein erstes Zielbild entwickelt werden, das in einem überschaubaren Zeitplan von 9 bis 12 Monaten umgesetzt werden kann. Weitergehende Ziele, deren Umsetzung über diesen Zeitraum hinaus geht, sollten auch bereits aufgenommen werden. Wichtig ist aber die Formulierung realistischer, messbarer Ziele für diesen überschaubaren Zeitraum, die in der Breite der Organisation spürbar sind und echten Mehrwert für Kunden und/oder Mitarbeiter und damit das Unternehmen schaffen. So wird von Beginn an die Erwartungshaltung geprägt, dass Digitalisierung nicht zum Selbstzweck erfolgt, sondern konkrete Ziele zur Weiterentwicklung des Geschäfts verfolgt.

### Schritt 2: IT-as-a-Service und IT-Betrieb

Nach der Ermittlung der Ausgangsbasis und Festlegung eines ersten Zielbilds werden im zweiten Schritt die Grundlagen für das gesamte Programm gelegt. Es geht darum, IT-Infrastruktur und Arbeitsplätze zu standardisieren, in die Cloud zu migrieren und den Betrieb möglichst weitgehend auszulagern (IT-as-a-Service). Da die Anforderungen an Infrastruktur und Arbeitsplätze in der Regel sehr vergleichbar mit anderen Unternehmen sind und nur untergeordnet vom Unternehmenszweck und Geschäftsmodell beeinflusst werden, kann auf marktführende Standards abgestellt werden. Damit wird die Sicherheit erhöht, Investitionen durch flexibel anpassbare Kosten für lizenzierte Services ersetzt, die Kosteneffizienz erhöht, die Anforderungen an eigenes Personal inhaltlich sowie kapazitativ reduziert und gleichzeitig Verfügbarkeit und Qualität für die Anwender regelmäßig erhöht.

Das wesentliche Ziel dieses Schritts im Programm ist, allen Bedarf an Infrastruktur, Hardware, Netzwerk, Sicherheit, Endgeräten, technischer Arbeitsplatz- und Software Grundausstattung zu standardisieren und eigenen Aufwand und Kosten zu reduzieren. Diese Standardisierung ist möglich, weil die Bedarfe unabhängig vom konkreten Unternehmen und dessen Spezifika geprägt sind. Sie schafft die technische Basisvoraussetzung, aber auch den finanziellen, kapazitativen und kreativen „Headroom" in der Organisation, der wiederum für die folgenden Schritte in der Digitalen Business Transformation notwendig ist. Gleichzeitig wird mit dieser Ausrichtung technisch ermöglicht, laufende Innovationen der führenden Softwarehersteller im Rahmen von Updates und neuen Features schnell und unkompliziert im Unternehmen einzuführen.

**Schritt 3: Systeme und Portfolio**

Nachdem im zweiten Schritt die Basisinfrastruktur und -ausstattung modernisiert und standardisiert wurden, besteht nun eine sehr gute Ausgangsbasis für die umfassende Digitalisierung der unternehmensspezifischen Prozesse und Softwareanwendungen. Hierbei sollte unbedingt der Abgleich mit einem etablierten IT-Blueprint erfolgen. Das zugehörige Zielportfolio aller unternehmensspezifischen Softwareanwendungen kann dabei wie folgt beschrieben werden:

- Die Software ist cloud-basiert und wird im flexiblen und kosteneffizienten Software-as-a-Service (SaaS)-Modell genutzt.
- Best of Breed (d. h. monolithische Systeme vermeiden): modulare IT- und Software-architektur, um zukünftige Wechsel von Anbietern und Lösungen zu ermöglichen und damit Veränderungen im Kundenverhalten, Markt, Geschäftsmodell oder internen Prozessen agil folgen zu können.
- Hersteller der konkreten Anwendungen sind marktführende Standardanbieter mit ausreichender Größe und dem Commitment, dass die Anwendung Teil ihrer Zukunftsstrategie bleibt. Damit ist die zukünftige Weiterentwicklung der Software erwartbar, was wiederum zukünftige outside-in-Innovationen und Digitalisierungsimpulse sicherstellt.
- Alle IT-Dienste sind an einem strategischen Cloud Partner ausgerichtet. Gemäß den aktuellen Marktanteilen der großen Cloud Anbieter ist die Auswahl hierfür auf 2–3 Partner reduziert.
- Die Architektur der Software ist offen, sodass die zugehörigen Daten und Dienste von anderen Anwendungen genutzt werden können.

Der Weg zu diesem Zielportfolio ist lang und kann über das initiale Digitalisierungsprogramm von 9 bis 12 Monate hinaus dauern. Mit einer durchdachten Sequenz und einer klaren Roadmap, ist das aber nicht kritisch. Um die Abfolge festzulegen, werden im dritten Schritt alle bestehenden Softwareanwendungen in drei Kategorien eingeteilt:

- Software entspricht bereits dem Zielportfolio, es sind ggf. lediglich noch Updates oder leichte Anpassungen notwendig.
- Software entspricht nicht dem Zielportfolio, aber kann mit überschaubarem Aufwand durch eine passende Anwendung ersetzt oder ganz abgeschafft werden, weil sie durch eine andere (bestehende oder bereits zur Einführung vorgesehene neue) Anwendung ersetzt werden wird.
- Software entspricht nicht dem Zielportfolio und könnte nur mit massivem Aufwand und einhergehendem Risiko ersetzt werden. In diese Kategorie fallen regelmäßig beispielsweise Legacy-ERP-Systeme, die mit dem Unternehmen über Jahre gewachsen sind und in denen Kernbestandteile des unternehmensspezifischen Geschäftsmodells abgebildet sind. Bei diesen Systemen gibt es wiederum drei Optionen:
  1. Unverändert weiter betreiben und die Nachteile vorerst in Kauf nehmen.

2. „Lift and Shift": Das System wird in die Cloud migriert, aber im Kern nicht angepasst. Damit gehen in der Regel Vorteile bzgl. Integrationsfähigkeit und IT-Sicherheit einher, alle Nachteile lassen sich allerdings nicht lösen.
3. Ersatz des Legacy-Systems in einem separaten Projekt, was zwar alle Vorteile bringt, gleichzeitig allerdings die teuerste, langwierigste und riskanteste Variante ist, die wohl überlegt sein muss.

Nach der Einteilung aller Systeme steht dann die individuelle Umstellung der Systeme gemäß Kategorie und definiertem Platz im Zielportfolio an. Inwiefern dies sequenziell oder (teilweise) parallel erfolgt, wird unternehmensspezifisch gestaltet. Wichtig ist der erläuterte Grundsatz der kontinuierlichen Lieferung, die bei der Planung berücksichtigt werden muss. Regelmäßige Neuerungen, die Nutzen für Kunden und/oder Mitarbeiter bieten, halten die Motivation und den Rückhalt für die Digitale Business Transformation hoch.

Zusätzlich zur Modernisierung, Standardisierung und ggf. Ablösung bestehender geschäftsmodellspezifischer Software und Prozesse bestehen in der Unternehmens-praxis regelmäßig Prozess- und Softwarelücken bei für Digitalisierung wichtigen Kern-funktionalitäten. Deren Schließung kann für die Zukunftsfähigkeit allerdings notwendig sein. Dabei handelt es sich regelmäßig z. B. um Stammdatenprozesse und -Tools oder ein Dokumentenmanagementsystem. Diese für die kommenden Digitalisierungsschritte notwendigen Themen müssen zu diesem Zeitpunkt identifiziert und ihre Einführung projektiert werden.

In diesem Zuge sind auch zusätzliche, neue Digitalisierungsschwerpunkte auszu-wählen, von denen ein Digitalisierungsschub für unternehmensrelevante Prozesse und ausgewählte Organisationsteile ausgehen soll. Welche Systeme dies sind und – viel wichtiger – welche zugrunde liegenden Prozesse, Abläufe und Organisationsteile dies betrifft, wurde bereits im Rahmen der Zielbilderstellung im ersten Schritt skizziert und fällt unternehmensspezifisch aus. Sofern es z. B. um die digitale Professionalisierung des Vertriebs geht, könnte ein CRM-System ein solcher Baustein sein. Soll die unmittelbare digitale Interaktion mit dem Kunden vorangetrieben werden, könnte die wichtigste Neu-einführung ein Kundenportal sein.

Wichtig ist übergreifend für alle Prozess- und Softwareanpassungen: Die Aus-wahl neuer Systeme orientiert sich immer am Zielportfolio und fügt sich nahtlos in die in Schritt zwei aufgebaute digitale Basisinfrastruktur: Sie ist Cloud-basiert, wird als Software-as-a-Service beschafft, ist in das neue IT-Sicherheitskonzept integriert und zukunftsfähig, da sie von einem für diese spezifische Anforderung marktführenden Standardanbieter stammt.

**Schritt 4: Datenintegration**
Nachdem in Schritt 3 das Zielportfolio an Softwareanwendungen definiert wurde und nun schrittweise umgesetzt wird, erfolgt in Schritt 4 die Konzeption und anschließende Umsetzung der datenseitigen Integration aller Systeme. Zeitlich werden die Schritte in

der Praxis auch teilweise parallelisiert. Die Integration ist hierbei die Voraussetzung, um wichtige Digitalisierungstreiber wie einfache oder komplexere Prozessauto- matisierungen und Verknüpfungen zwischen Systemen zu ermöglichen. Daneben ist die Verfügbarkeit von Geschäftsdaten und Diensten über Systeme hinweg der Schlüssel, um unternehmensübergreifende Zusammenarbeit mit Kunden oder Lieferanten in Produktivsystemen zügig umzusetzen. Weiterhin liegt der Fokus darauf, alle verfüg- baren Geschäfts- und Kundendaten zentral in einem sog. Data Lake (ein einziger Speicher aller Unternehmensdaten) bereitzustellen. Dies ist der grundlegende Schritt um mittels Business-Intelligence-Anwendungen wie einem aussagekräftigen Reporting und modernen Analytics- oder KI-Anwendungen datenbasierte Entscheidungen zu treffen und Möglichkeiten am Markt frühzeitig zu erkennen. Typische Beispiele sind Logistikoptimierungen, präventive Maschinenwartung oder algorithmusbasierte Kunden- analysen zur Anbahnung von zusätzlichen Verkäufen.

**Schritt 5: Kontinuierliche Weiterentwicklung**

Nachdem die Schritte 1 bis 4 durchlaufen sind und die Umsetzung voranschreitet, sind technologisch große Digitalisierungsschritte geschafft. Und es sind erste Digitalisierungserfolge für Kunden, Geschäftspartner und/oder Mitarbeiter spürbar: Die Arbeitsweise und Taktung im Unternehmen ändern sich. Mit zunehmender Umsetzung der Veränderungen in Richtung Zielportfolio und Datenintegration wird sich dieser Fort- schritt noch beschleunigen.

Gleichzeitig ist aber auch wichtig festzuhalten, dass eine Digitale Business Trans- formation nie abgeschlossen sein wird. Es ist vielmehr unbedingt notwendig, Ver- änderungen der Kundenbedürfnisse, technologische Umbrüche oder andere externe und interne Impulse auf die digitalen Fähigkeiten des eigenen Unternehmens im Auge zu behalten und auf ihre Abdeckung durch die aktuelle Digitalisierungs-Roadmap zu über- prüfen. Insofern empfiehlt sich eine regelmäßige Überprüfung und Bestätigung bzw. Anpassung des aktuellen Zielbilds. Je nach Veränderungsdynamik im betroffenen Unter- nehmen und zugehörigen Markt kann dies häufiger (z. B. alle 9 bis 12 Monate) oder weniger häufig (z. B. alle 24 Monate) notwendig sein.

## Organisationsentwicklung und digitale Geschäftsmodelle

Wie bereits bei der Beschreibung der typischen Ausgangslage erläutert, ist die Ein- führung digitaler Technologien im Rahmen einer Digitalen Business Transformation nur ein Teil der Lösung. Der andere, ebenso erfolgskritische Teil wird sein, die Belegschaft von Anfang an mitzunehmen, Veränderungen und notwendige Anpassungen im Arbeits- alltag zu erklären, evtl. Ängste zu nehmen, für die neuen Möglichkeiten zu begeistern und die Mitarbeiter zu befähigen, diese nutzenstiftend einzusetzen. Dazu dienen die Organisationsentwicklung und entsprechende Befähigungskonzepte im Rahmen einer Digitalen Business Transformation. Auch bei diesen Aspekten des Programms kann wieder auf bewährte Bausteine und Ansätze zurückgegriffen werden, die allerdings unternehmensspezifisch zu „färben" und umzusetzen sind. Dazu gehören:

- Kontinuierliche Kommunikation des Zielbilds und vom aktuellen Entwicklungsstand des Programms, welche Schritte und Veränderungen als nächstes anstehen, welche Zwischenschritte bereits erreicht sind und welche Erfolge bereits erzielt wurden. In diesem Kontext zeigt sich die Wichtigkeit des erwähnten Grundsatzes der kontinuierlichen Lieferung.
- Identifikation von Multiplikatoren in der Organisation, die erste Digitalisierungserfolge auf dem Weg zu ihren Erfolgen machen können und wollen und damit gleichzeitig eine breitere positive Auseinandersetzung in der Belegschaft begründen. Diese sollten früh in das Programm eingebunden werden und zu hierarchieübergreifenden „Botschaftern" im Unternehmen werden.
- Transparenz bei Fehlern und kein Verbergen von Misserfolgen. Konstruktives Aufarbeiten und Lernen aus Fehlschlägen gehören zu einer digitalen Kultur dazu.
- Begleitung der anstehenden Veränderungen mit erläuternder Kommunikation und niedrigschwelligen self-service Angeboten wie Videotrainings, Webcasts und greifbaren Ansprechpartnern bei Fragen.
- Feiern von Erfolgen, idealerweise mit unmittelbarem Bezug zu Geschäft und Kunden.

Wenn diese Schritte der Organisationsentwicklung gegangen sind, ist die wichtigste Voraussetzung geschafft und digitale Geschäftsmodelle mit echtem Mehrwert zu entwickeln: Das unternehmenseigene Wissen über Kundenbedürfnisse und -verhalten in den Köpfen der Mitarbeiter steht zur Verfügung. Dies kann nun kombiniert werden mit den technologischen Voraussetzungen, die mit dem Gesamtprogramm geschaffen wurden.

## Programmmanagement

Um alle Stränge einer Digitalen Business Transformation (Schaffung der Rahmenbedingungen bei IT-Governance und -Sicherheit, Durchführung des eigentlichen Transformationsprozesses und parallele Organisationsentwicklung) zusammenzuhalten, Abweichungen und Fehlentwicklungen früh zu erkennen und gegenzusteuern, sowie um die notwendige Zeit- und Budgetkontrolle sicher zu stellen, empfiehlt sich ein professionelles Programmmanagement von Anfang an. Nach der ersten Transformations-„Runde", also etwa nach 9 bis 12 Monaten, kann diese Funktion ggf. reduziert oder aufgegeben werden, sofern die weitere nachhaltige Umsetzung in der Organisation ausreichend verankert wurde. Für das erste wichtige Jahr der Digitalen Business Transformation ist ein professionelles Programmmanagement erfahrungsgemäß aber unbedingt notwendig. Eine organisatorische Option ist die Einbindung eines externen Partners, der die notwendigen Kompetenzen und Kapazitäten mitbringt. Am Ende steht eine andere Arbeitswelt mit anderen Schwerpunkten. Hier haben wir das

Beispiel der Finanzabteilung verfolgt. Allerdings kann eine Analyse mit der gesamten Wertschöpfungskette Veränderungen in vielen Bereichen (Service, Distribution, usw.) ergeben. Diese Chancen sollte der Mittelstand heben, um dem Wettbewerb standzuhalten. Soweit also die Sicht von Praktikern unseres FBXperts-Netzwerks. Sie möchten sich weiter austauschen, um im Dialog mit Experten aus Familienunternehmen ihren Weg in die digitale Transformation zu finden? Dann sprechen Sie uns einfach an!

## Literatur

Ingenieur.de (2020). Bosch treibt die Industrie 4.0 kräftig voran. https://www.ingenieur.de/technik/fachbereiche/industrie40/bosch-treibt-die-industrie-4-0-voran-und-zeigt-praxisbeispiele/. Letzter Zugriff am 19.07.2022.

Kroker, M. (2018). Die lange Liste schwieriger und gefloppter SAP-Projekte. https://www.wiwo.de/unternehmen/it/haribo-lidl-deutsche-post-und-co-die-lange-liste-schwieriger-und-gefloppter-sap-projekte/23771296.html. Letzter Zugriff am 19.07.2022.

**Guido Huppertz** blickt auf eine fast 20-Jährige Karriere beim Automobilzulieferer und Stahlrohrproduzenten Benteler zurück. Zuletzt war der studierte Wirtschaftswissenschaftler als CFO der Benteler Gruppe tätig.

**Fabian Kracht** ist seit 2021 Gründer und Geschäftsführer von mesakumo, einer Beratungsagentur für die Digitalisierung des Mittelstands. Zuvor hatte Kracht als Sprecher der Geschäftsführung und CFO (2014–2021) die umfassende digitale Transformation des Bauzulieferers PERI verantwortet.

# Steuerungssysteme und Incentives als Werttreiber: Trennung der finanziellen Zielsetzung von der Massnahmenplanung und -steuerung durch ein neues Steuerungsmodell

**16**

Felix Hess und Franz Wirnsperger

## Konflikt von Kultur- und Steuerungsprinzipien

Vielen CFOs von größeren Unternehmen mag das folgende „Schauspiel" bekannt vorkommen: Es ist wieder einmal Budgetierungszeit und nach einer Vorgabe und vielen, schwierigen, energieraubenden Bottom up-Planungsrunden sitzt das Topmanagement in der finalen Budgetgenehmigungsdiskussion und hört sich zahlenlastige Vorträge über Planungen und Budgets der nächsten Jahre durch die jeweiligen Geschäftsverantwortlichen an. Diese verwenden mehr oder weniger taktisches Geschick, um die „Budgetlatte", über die man am Ende springen muss, tief zu halten. Schließlich will man ja auch im nächsten Jahr einen Bonus erhalten. Das Schauspiel endet dann regelmäßig mit der Ansage des CFOs oder des CEOs – bei einem gut eingespielten Team von beiden –, dass X Mio. auf der Bottom Line noch verbessert werden müssen. Der kleinste Nenner in der Einigung ist dann regelmäßig der berüchtigte „Rasenmäheransatz", d. h.: Alle müssen proportional beitragen, um die Lücke zu füllen. Spätestens jetzt fühlen sich diejenigen, die mit offenem Visier gearbeitet oder weniger gut taktiert haben, als Verlierer und unfair

F. Hess (✉)
Schaan, Liechtenstein
E-Mail: felix.hess@hilti.com

F. Wirnsperger
Triesenberg, Liechtenstein
E-Mail: f.wirnsperger@newpm.li

T. Zellweger und P. Ohle (Hrsg.), *Finanzielle Führung von Familienunternehmen*, https://doi.org/10.1007/978-3-658-38061-8_16

behandelt und nehmen sich für die nächste Runde vor, sich besser auf das Schauspiel vorzubereiten und nun auch bzw. noch mehr zu taktieren.

Kaum hat nun das neue Jahr begonnen, muss der CFO schon bei den „Business-reviews" um die Relevanz der Budgetzahlen kämpfen. Diese sind mittlerweile aufgrund der aufgetretenen Veränderungen im Umfeld zunehmend obsolet geworden. Allein der CFO scheint es noch nicht wahrhaben zu wollen. Noch einige Monate später hat auch der CFO aufgehört, auf die Budgetzahlen zu schauen, und schon beginnt das jähr-liche Planungs-Schauspiel wieder von neuem. Die größeren der großen Organisationen benötigen zusätzlich noch eine Mehrjahresplanung, die auch noch irgendwo in den Managementkalender gequetscht werden muss. Bei der Mehrjahresplanung ist der Puls in der Diskussion allerdings i. d. R. nicht so hoch, weil man ja die Leistungssteigerung in Form von hockeystick-ähnlichen Leistungskurven relativ leicht einige Jahre in die Zukunft schieben kann. Das ist i. d. R. akzeptabel. Es ergibt schließlich ja Sinn, dass man zuerst sähen muss, damit man später ernten kann. Dass man vielleicht von der Saat aus den letzten Jahren bereits mehr ernten müsste, wird im Kontext der strategischen Perspektive, unter der die Diskussionen stehen, dann eben doch leicht übersehen.

Dieses Schauspiel ist ganz alt. Das Drehbuch dazu wurde bereits im Zeitalter der Industrialisierung vor mehr als 100 Jahren geschrieben. Zwei berühmte Namen können damit in Verbindung gebracht werden: Mr. Frederick Winslow Taylor (1856–1915), US-Arbeitswissenschaftler und Begründer des Taylorismus, und Mr. James O. McKinsey (1989–1937), Gründer des berühmten gleichnamigen Beratungsunternehmens und Ent-wickler bzw. Pionier des traditionellen Budgetierungsprozesses (McKinsey 2022). Im Zusammenspiel aus der Philosophie des Taylorismus und den Methoden der Budgetierung entstand das als „Command & Control" bezeichnete Steuerungs- und Führungsmodell, welches heute immer noch bei der großen Mehrheit der Unternehmen eingesetzt wird, obwohl das Umfeld sich im Vergleich zu der Entstehungszeit des Ansatzes in allen Dimensionen radikal verändert hat.

Auch bei Hilti wurde das „Kommando & Kontrolle-Schauspiel" lange gespielt. Vielleicht würde die Organisation auch heute noch dasselbe Stück spielen, wäre da nicht der starke Fokus auf Führungskulturentwicklung bei Hilti gewesen, der dazu führte, dass letztendlich die Bühne für das Schauspiel abgebaut wurde. Den Anfang dazu setzte die intensive und sehr konsequente Auseinandersetzung mit der Frage, welches Verhalten den in einem zunehmenden VUCA-Umfeld wirklich zu Spitzenleistungen führt. Ver-haltensweisen wie bewusstes Taktieren, Latte tief legen, Silodenken und Ellbogentaktik, sich Reserven und Polster schaffen usw. wurden in der Folge nicht mehr als Kavaliers-delikte eingestuft, sondern als nicht integres Verhalten, fehlender Mut, fehlender Team-geist oder fehlendes Commitment – und damit zu nicht wertkonformen Verhalten. Damit wurde der Konflikt zwischen den Hilti-Führungsprinzipien und den Kommando & Kontrolle-Steuerungsmodellprinzipien klar transparent (Abb. 16.1).

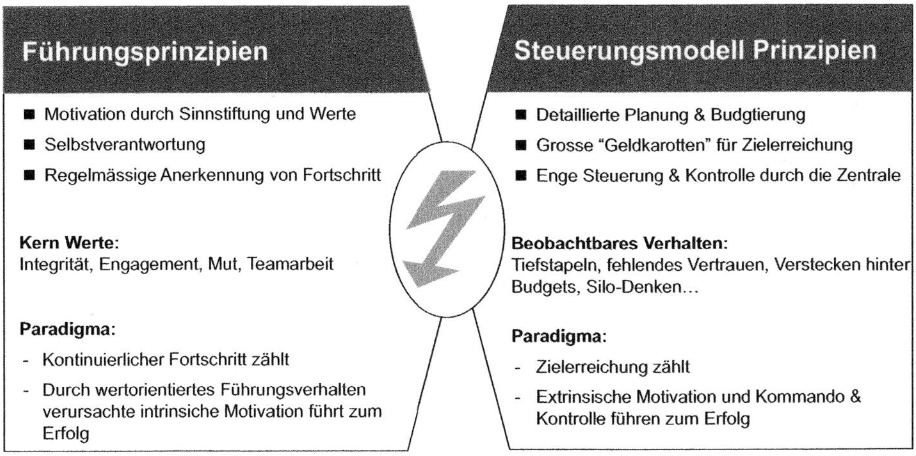

**Führungsprinzipien**

- Motivation durch Sinnstiftung und Werte
- Selbstverantwortung
- Regelmässige Anerkennung von Fortschritt

**Kern Werte:**
Integrität, Engagement, Mut, Teamarbeit

**Paradigma:**
- Kontinuierlicher Fortschritt zählt
- Durch wertorientiertes Führungsverhalten verursachte intrinsische Motivation führt zum Erfolg

**Steuerungsmodell Prinzipien**

- Detaillierte Planung & Budgtierung
- Grosse "Geldkarotten" für Zielerreichung
- Enge Steuerung & Kontrolle durch die Zentrale

**Beobachtbares Verhalten:**
Tiefstapeln, fehlendes Vertrauen, Verstecken hinter Budgets, Silo-Denken…

**Paradigma:**
- Zielerreichung zählt
- Extrinsische Motivation und Kommando & Kontrolle führen zum Erfolg

**Abb. 16.1** Konfligierende Kultur- und Steuerungsprinzipien zu Beginn der Veränderung. (Quelle: Eigene Darstellung)

## Die Finance Business Partner Vision bei Hilti

Der Finanzbereich war nun gefordert, das Steuerungsmodell zu überdenken. Inspiriert und gestärkt von der Vision der Führungskultur, wurde im Finanzbereich ebenfalls eine Vision entwickelt. Die Organisation sollte sich zu einer stärker vorwärts gerichteten Business Partner Organisation entwickeln. Dabei sollte „Business Partnering" nicht nur eine vage Worthülse bleiben. Es sollte sich etwas Fundamentales ändern. Den großen Hebel für die Veränderung sah das Management in der Veränderung des Steuerungsmusters (Wirnsperger et. al. 2016). Man sollte sich wegbewegen aus dem Kommando & Kontrolle-Modus, der die Finanzfunktion sehr stark in die Ecke des Zahlenknechtes und des Polizisten an der Seitenlinie der Organisation stellt, und ein Modell entwickeln, das dem dezentralen Verantwortungsgedanken wesentlich mehr gerecht wird und indem die Finanzorganisation ein zentraler Orchestrator am Feld ist und deutlich mehr Zeit für die Beeinflussung der Wertschöpfung aufwenden kann. Trotz Stärkung der Dezentralität sollte dabei der strategische Führungsanspruch des Zentrums nicht aus der Hand gegeben, sondern sogar noch weiter gestärkt werden. Mehr Delegation, aber gleichzeitig auch mehr Kontrolle: Wie das gehen sollte, war am Anfang noch nicht so klar (Abb. 16.2).

## Der Durchbruch: Die Umstellung der Zielsetzung auf relative Nordsternziele und Zielregeln

Der Durchbruch bezüglich Veränderung des Steuerungsmusters wurde mit der Einführung von relativen Zielen und Zielregeln zur Selbststeuerung erzielt. Dadurch kam es zu einer Entkoppelung der Zielsetzung vom Prozess der Maßnahmenplanung und -steuerung (Abb. 16.3). Der neue Leistungsmaßstab war die in relativen Zahlen wie relativen Marktanteilen und Renditen gemessene Entfernung zum strategischen Ziel und nicht mehr die Abweichung zum jährlichen Budget. Auch für die Bonussysteme, die nun konsequent nur auf Teamergebnisse abstellten, war diese relative Entfernung zum Nordstern-Ziel die neue Bemessungsgrundlage – ein kleiner, aber, wie sich herausstellen sollte, in der Wirkung sehr wesentlicher Unterschied zur Anknüpfung des Bonussystems an jährlich neu verhandelte Budgetziele (Abb. 16.3).

Mit der Umstellung der Zielsetzung veränderte sich die gesamte Art der Leistungsmessung. Bezüglich des Wachstums wurde die „Outperformance" zum Markt zum zentralen Maßstab erkoren. Die Profitabilitätsziele wurden nicht mehr in absoluten Beträgen definiert, sondern in Renditenzielen und für die Unternehmenseinheiten zusätzlich mit einer einfachen Regel zur Ableitung von jährlichen, relativen Fortschrittszielen

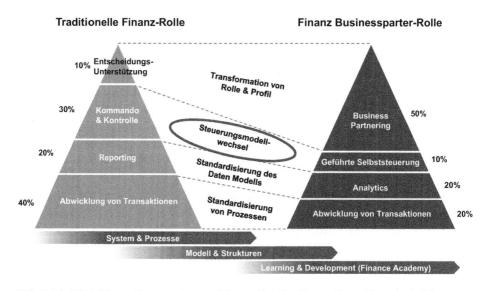

**Abb. 16.2** Hilti Finanz Business Partner Vision. (Quelle: Eigene Darstellung in Anlehnung an PWC (1997))

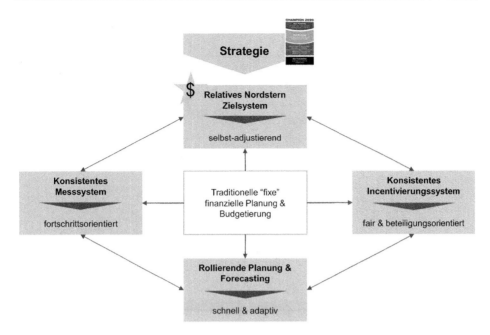

**Abb. 16.3** Neues Steuerungsmodell – Trennung der finanziellen Zielsetzung von der Maßnahmenplanung und –steuerung. (Quelle: Eigene Darstellung)

ausgestattet. Je weiter entfernt das jeweilige Ist-Rendite-Ergebnis einer Einheit im letzten Jahr zum strategischen Renditeziel (Nordstern) ist, desto mehr muss man sich im Folgejahr anstrengen. Durch die Zielregeln entstand ein selbst-adjustierendes Zielsystem. Eine Einheit, die unter ein gewisses Niveau absinkt, kommt dabei leistungsbedingt auf die „Intensivstation" (Abb. 16. 4). Somit stehen die strategischen Ziele im Zentrum der Steuerung.

Mit dem neuen Steuerungsmodell 2.0 entstand wesentlich mehr Selbststeuerung und damit auch Autonomie im Steuerungssystem, ohne dabei Kontrolle aus der Hand zu geben – im Gegenteil: Taktieren etc. war nicht mehr notwendig bzw. hilfreich. Statt Kommando & Kontrolle gelten seitdem Leistungsfortschritt & Regeln. Die Bühne für das Schauspiel ist verschwunden. Der Ansatz führt zu sehr hoher Transparenz, fordert und fördert unternehmerisches Verhalten und ist optimal auf die Führungsprinzipien von Hilti ausgerichtet.

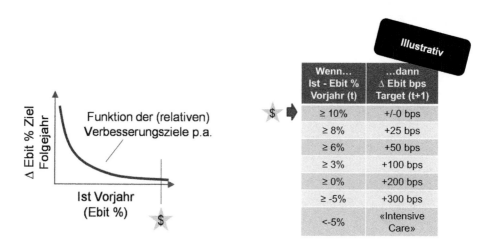

**Abb. 16.4** Zielregeln für Renditeziele – illustratives Beispiel. (Quelle: Eigene Darstellung)

Die Darstellungen (Abb. 16.4 und 16.5) entstanden im Rahmen der Dokumentations-arbeit des Hilti Cases durch das Hilti Lab der Universität St. Gallen und sind mittlerweile in ein umfassendes Rahmenmodell für integriertes Performance Management des Hilti Labs eingeflossen (Wirnsperger et. al. 2021). Dadurch werden wieder Weiterentwicklungen des Steuerungsmodells bei Hilti sowie der Transfer des Ansatzes auf andere Unternehmen inspiriert und unterstützt. Das Grundprinzip des Steuerungsmodells – das Prinzip der geführten Selbststeuerung – grenzt sich nicht nur vom Kommando & Kontrolle-Ansatz, sondern auch von extremen Ansätzen der Selbststeuerung, wie sie z. B. dem Konzept der Holokratie oder der Grundidee des Beyond Budgeting-Ansatzes innewohnen, ab. Die Unternehmenssteuerung wird durch das durchdachte Nordstern-Zielsystem wesentlich strategischer und spezifischer als in einem reinen Beyond Budgeting-Ansatz.

Die langjährige praktische Erfahrung bei Hilti und mittlerweile auch bei mehreren anderen größeren Organisationen, die den Ansatz bereits anwenden, zeigt, dass damit Steuerung und fortschrittliche Führung in einem VUCA-Umfeld optimal zu einem agilen und synergetischen System zusammengeführt werden können. Familienunternehmen bringen aufgrund des tendenziell längerfristigen Fokus und Ihrer meist sehr starken kulturellen Basis grundsätzlich sehr gute Voraussetzungen für die Anwendung dieses Modells mit (Abb. 16.6).

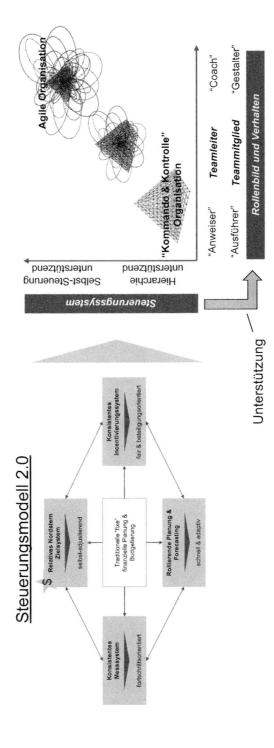

**Abb. 16.5** Überblick über die Wirkung des Steuerungsmodells 2.0. (Quelle: Eigene Darstellung)

**Abb. 16.6** Eingrenzung des Steuerungsprinzips der geführten Selbststeuerung. (Quelle: Eigene Darstellung)

## Literatur

McKinsey, J.O. (2022). Budgetary Control. The Ronald Press Company.
PwC (1997). CFO: Architect of the Corporation's Future. John Wiley & Sons.
Wirnsperger, F., & Möller, K. (2016). Transformation der Finanzfunktion bei Hilti. CFO Aktuell (Juli 2016), S. 135–139.
Wirnsperger, F., & Möller, K. (2021). The Guided Self-Control Management Model. https://sfmagazine.com/post-entry/october-2021-the-guided-self-control-management-model/. Letzter Zugriff am 19.07.2022.

**Felix Hess** begann 2011 seine Karriere bei Hilti, nach Stationen bei Arthur D. Little und der Porsche Holding GmbH. Seit 2017 fungiert er Group Executive Vice President und Global Finance Director des Familienunternehmens und ist ab 2023 Mitglied des Gruppenvorstands.

**Franz Wirnsperger** besitzt mehr als 30 Jahre internationale Führungserfahrung als CFO, hauptsächlich in der Hilti Gruppe. Mittlerweile arbeitet

# Förderung und Steuerung von Innovation

## Samuel Zimmermann und Lars Grünert

Die Corona-Krise verlangt gerade Mittelständlern brutale Anpassungsmaßnahmen ab. Unternehmen mit einer guten Innovationskultur tun sich hier leichter. Sie stehen auch im Zentrum des Wettbewerbs Top 100, den das Manager Magazin alljährlich vergibt (Buchhorn 2020). Auffällig im Jahr 2020: Neun von zehn Wettbewerbssiegern haben Innovationsteams mit Mitarbeitern quer aus den Bereichen eingerichtet. Mit ihren Vorschlägen tragen sie immerhin zu 2,5 % des Umsatzes bei. Zum zweiten Mal in Folge Wettbewerbssieger der Top 100 ist Heraeus Medical Components. Der aus dem Zusammenschluss von Heraeus Medical Components und Contract Medical International hervorgegangene Innovationschampion ist auf die Entwicklung und Fertigung von Kathetersystemen für minimalinvasive Eingriffe spezialisiert. Mithilfe dieser Kunststoffschläuche werden etwa Stents in winzigen Blutgefäßen platziert. Die Sachsen beherrschen die gesamte Prozesskette und unterstützen ihre Kunden beim Durchlaufen der Zulassungsverfahren. Die Firma zählt bereits zum zweiten Mal zu den Top-Innovatoren.

Vielfach ruhen die Hoffnungen auch auf der NextGen – nicht ganz zu Unrecht, ähnelt das Mindset der Nachfolgegeneration doch oft dem von Start-ups und bildet somit ein Gegengewicht zu Werten wie Beständigkeit, Konservativismus und Tradition, die als typisch für Familienunternehmen gelten, Wandel und besonders Innovation zu hemmen (Astrachan 2017). Eines der Beispiele hierfür ist das „HERMANN'S", das Verena

S. Zimmermann (✉)
Zürich, Schweiz

L. Grünert
Trumpf GmbH, Ditzingen, Deutschland

© Der/die Autor(en), exklusiv lizenziert an Springer Fachmedien Wiesbaden GmbH, ein Teil von Springer Nature 2022
T. Zellweger und P. Ohle (Hrsg.), *Finanzielle Führung von Familienunternehmen*,
https://doi.org/10.1007/978-3-658-38061-8_17

Bahlsen, die Ur-Enkelin des Unternehmensgründers Hermann Bahlsen, 2017 gegründet hat. Konzipiert wurde die Mischung aus Restaurant und Innovationsplattform als Start-up, nach drei Jahren wurde der Innovation Hub jedoch ins Unternehmen integriert (BBE 2019, Duvinage 2020). Als Joint-Venture mit Kitchentown San Francisco gründete Bahlsen 2019 einen weiteren Food-Inkubator – womit auch schon angedeutet ist, dass der Erfolg firmeneigener Aus- und Neugründungen eher die Ausnahme als die Regel zu sein scheint (Schnadwinkel 2020).

Wir fragen im Folgenden danach, was Familienunternehmen tun können, um Innovationen systematisch zu fördern und den Prozess zu steuern. Unser Hauptaugenmerk gilt dabei dem vergleichsweise neuen Weg des Corporate Venture Capitals (CVC). Doch zunächst einige allgemeine Überlegungen. Was die Balance von Aufwand und Ertrag angeht, so ist wohl ein Bild wie in Abb. 17.1. anzustreben.

Eine vielfach erfolgreiche Methode für die optimale Kombination von Effektivität und Effizienz ist der Stage-Gaging Prozess, der gewöhnlich mit folgenden Kennzahlen verfolgt wird: Die Effektivität wird mit „realisierten Einsparungen und Umsätzen", der Anzahl oder dem Prozentsatz realisierte Ideen, der Anzahl abgegebener Ideen und der Prozentzahl der Teilnehmer gemessen; Die Effizienz hingegen mit der Zeitdauer und der Anzahl oder dem Satz von Einwendungen. Man strebt hierbei das Monitoring von drei Stufen an, bevor das Projekt ins reguläre Controlling übergeben wird. Solche Messprozesse sind allerdings durchaus nicht die Regel. Zwar verfügen Konzerne wie Bosch, die als innovativ gelten, über Innovationsbudgets und erfassen regelmäßig den Umsatz mit jungen Produkten. Zwei Drittel der Unternehmen haben jedoch solche Messprozesse noch nicht installiert. Im Fall von Familienunternehmen muss dies aber nicht nur einem Mangel an Professionalität oder der Aversion gegen Bürokratie geschuldet sein:

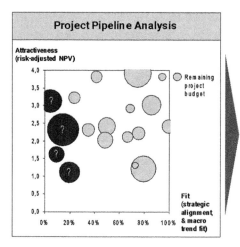
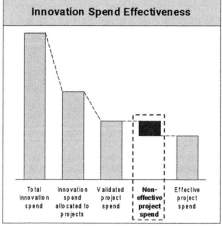

**Abb. 17.1**  Innovations-Controlling. (Quelle: Kearney)

Schließlich sind sie bekannt dafür, Ideen auch dann zu stützen, wenn der ROI noch nicht absehbar ist.

Um mit Innovationen zu wachsen, sprich: Marktführer zu werden, müssen vor allem externe Marktbarrieren überwunden werden. Es gilt, Geschäftspartner und Kunden dazu zu bringen, mit Ihnen zusammenzuarbeiten, auch wenn Sie die Erwartungen der Kunden noch nicht erfüllen können. Sie müssen Investoren und Banken überzeugen, Ihr Unternehmen zu finanzieren, auch wenn Sie nicht in der Lage, Ihre Business-Pläne zu erfüllen. Sie müssen mit Ihren Lieferanten längere Zahlungsfristen verhandeln, wenn es in kritischen Momenten nicht möglich ist zu zahlen. Sie müssen talentierte Personen für ihr Unternehmen gewinnen.

## Führt Ideenmanagement zum Ziel?

Auch etablierte und reife Unternehmen stehen vor einigen dieser Hindernisse. Sie müssen jedoch zusätzliche interne Barrieren bestehender Mitarbeiter überwinden, diese für Ihre Vision gewinnen und für zusätzliche Anstrengungen sowie neue Herausforderungen motivieren. Kein leichtes Unterfangen, denn wie ein anonymer Beobachter einräumte, ist die Balance zwischen Effizienz und Effektivität mancherorts ins Rutschen geraten: „In den letzten Jahren haben wir die Aufmerksamkeit aller auf Effizienz und Kostensenkung gerichtet. Heute müssen selbst unsere Mitarbeiter in der Forschung und Entwicklung jede Arbeitsstunde an ein bestimmtes Projekt binden und die einzige Zeit, in der sie wirklich über etwas Neues und Radikales nachdenken können, ist die fünfminütige Kaffeepause. Wir müssen neue Lösungen finden, um unsere Effizienzstandards dort zu halten, wo sie sind, und gleichzeitig allen Mitarbeitern in der gesamten Firma die Möglichkeit geben, hochinnovative Ideen vorzuschlagen und daran zu arbeiten, die am Ende wirklich einen Unterschied für die Firma machen könnten.“

Wie Befragungen zeigen, haben inzwischen viele Firmen Ideenmanagement-Prozesse aufgesetzt, um diesem Dilemma zu entkommen. Bezüglich interner Innovationsprozesse stellen sich aktuell jedoch einige Fragen:

1. Welche Ziele kann man mit Ideenmanagement überhaupt erreichen?
2. Welche Prozesse gibt es dafür?
3. Worauf muss man achten und welche Faktoren berücksichtigen?
4. Welche externen Möglichkeiten gibt es, um die Innovation zu fördern
5. Welche Kennzahlen soll man anwenden, um diese Prozesse zu steuern

Sicher ist, dass kulturelle und prozessuale Voraussetzung für die frühzeitige Erkennung von neuen Geschäftsfeldern bestehen müssen, um Innovationsprozesse erfolgreich zu gestalten. Im Folgenden widmen wir uns nun aber einem unserer Ansicht nach vielversprechenden Weg, um neue Ideen, Produkte und Dienstleistungen voranzutreiben: dem Corporate Venture Capital (CVC).

## Corporate Venture Capital (CVC) als Innovationstreiber

Was haben Industrieunternehmen wie Trumpf oder Viessmann, der Bierhersteller Bitburger oder der Pharmakonzern Boehringer Ingelheim gemeinsam, abgesehen davon, dass es alles Familienunternehmen sind? Alle betreiben Corporate Venture Capital (CVC). Die Anzahl solcher Risikokapital-Transaktionen (Venture Capital) hat in den vergangenen Jahren rapide zugenommen. Dabei stammt ein immer grösser werdender Teil dieses Risikokapitals nicht mehr von reinen finanzorientierten Venture-Capital-Investoren, sondern von Unternehmen, die primär aus strategischen Gründen investieren. In der Folge stieg das von Unternehmen bereitgestellte investierte Risikokapital von 2008 bis 2018 in Europa um 450 % von ca. 1,6 Mrd. US-$ auf ca. 8,8 Mrd. US-$ (Hanson et al. 2019, S. 6).

Start-ups disruptieren mit neuen Technologien, Produkten und Geschäftsmodellen durch alle Industrien hindurch auch Industrien, die jahrzehntelang keine Innovation erlebt haben. Zudem entwickeln sich die meisten bedeutenden Technologien auch nicht in der Industrie, in der sie später ihre Hauptanwendung finden. Innovation außerhalb des Unternehmens zu finden ist folglich einer der Hauptgründe wieso Unternehmen Corporate-Venture-Capital-Aktivitäten initiieren. Interne F&E-Abteilungen allein können heutzutage nicht mehr die Gesamtheit aller möglichen, zukünftigen Innovationsthemen abdecken.

Insbesondere in Industrien, die ihren Ursprung in physischen Produkten haben, führen Vernetzungs- und Softwarethemen korrelierend mit einer immer grösser werdenden Nachfrage nach einer Gesamtlösung für ein Problem dazu, dass CVC-Aktivitäten gestartet werden. Große Unternehmen und Start-ups sind unterschiedliche Organisationen. Jede Seite besitzt Eigenschaften, die der anderen fehlen. Das Unternehmen verfügt über Ressourcen, Größenvorteile, Marktzugang und die Routinen, die erforderlich sind, um ein bewährtes Geschäftsmodell effizient zu betreiben. Ein Start-up hat in der Regel nichts davon, aber typischerweise vielversprechende Ideen, organisatorische Agilität, höhere Risikobereitschaft und das Streben nach schnellem Wachstum. Die gesamte Organisation ist auf diese eine Idee oder Technologie ausgerichtet. Somit ist ein Start-up oftmals marktnäher, hat keine *Altlasten* in Form von emotionalen Blockaden oder vergangenen Investitionen und die Produkte/Services widerspiegeln den aktuellen Zeitgeist. Durch die Beteiligungen erreicht ein etabliertes Unternehmen Zugang zu dem Wissen und den Technologien von Start-ups und kann dadurch im Optimalfall die eigene Innovationskraft steigern. Bei Familienunternehmen können außerdem die finanziellen Ziele von Corporate-Venture-Capital, im Sinne einer optimalen Kapitalallokation, zur Diversifizierung des Familienvermögens dienen.

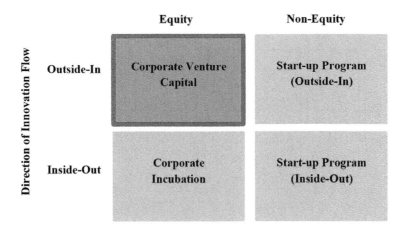

**Abb. 17.2**  Die vier Modelle des Engagements mit Start-ups. (Quelle: Eigene Darstellung in Anlehnung an Weiblen und Chesbrough, S. 85)

## Mit CVC in Start-ups investieren

Auf der Suche nach Geschwindigkeit und Innovation hat insbesondere die Technologie-industrie eine Vielzahl von Möglichkeiten geschaffen, um mit Start-ups in Kontakt zu treten (Weiblen et. al., 2015, S. 67). Eine dieser Möglichkeiten ist das *Corporate Venture Capital*. Abb. 17.2 zeigt Corporate Venture Capital im Kontext der vier Hauptmodelle.

Bei Corporate Venture Capital stellt ein etabliertes (Groß-)Unternehmen Beteiligungs-kapital oder beteiligungsähnliches Kapital für wachstumsträchtige, junge Unternehmen zur Verfügung, für das keine Rückzahlungsverpflichtung und Kündigungsrechte des Gläubigers bestehen, kein fester Zinsanspruch vereinbart wird und das im Konkurs-fall verloren geht (Albach 1983). Im Gegenzug erhalten die Kapitalgeber umfangreiche Informations- und Kontrollrechte. Durch die Zusammenarbeit mit dem Start-up verfolgt das Unternehmen neben finanziellen vor allem strategische Ziele.

Ähnlich wie ein Produkt durchläuft ein Start-up verschiedene Entwicklungsphasen mit unterschiedlichem Finanzierungsbedarf. In der Fachliteratur wird dabei zwischen drei Hauptphasen unterschieden: Frühphase *(Early Stage),* Wachstumsphase *(Expansion Stage)* und Spätphase (Late Stage). Die Frühphase wird in drei weitere Phasen unterteilt (Schefczy 2004; S. 42; Schween 1996, S. 99):[1] In der *Seed Phase,* als erster Abschnitt der Early-Stage-Phase, stehen die Prüfung eines Konzeptes, auf dessen Grundlage ein Geschäftsmodell entwickelt wird, und die Entwicklung eines Prototypen im Vorder-grund. Diese Phase benötigt eine geringe Menge an Kapital. Die eigentliche Gründung

---

[1] Schefczyk unterteilt auch die Spätphase noch in zwei Unterphasen. In dieser Arbeit wird auf die Darstellung dieser zwei Unterphasen verzichtet.

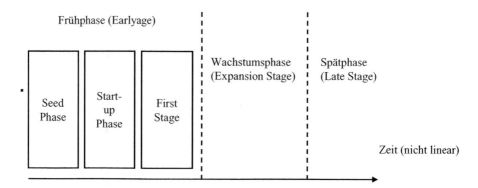

**Abb. 17.3** Entwicklungsphasen eines Start-ups. (Quelle: Eigene Darstellung in Anlehnung an Schefczyk, S. 42; Schween, S. 99)

des Unternehmens erfolgt in der *Start-up-Phase*. Zudem wird Kapital für die Produktentwicklung und initiale Marketingaktivitäten benötigt. Die letzte Unterkategorie der Frühphase ist die *First Stage*. In dieser werden die Markteinführung und Kommerzialisierung angestrebt. Im Mittelpunkt der Wachstumsphase stehen der Ausbau der Produktionskapazitäten und der Verkaufskanäle sowie das Annähern an den Break-even-Point. Abschließend wird in der Spätphase der Exit vorbereitet (European Private Equity and Venture Capital Association 2007, S. 14 ff.; Abb. 17.3).

Die Tatsache allein, dass ein etabliertes Unternehmen Corporate Venture Capital betreibt, macht das Unternehmen noch nicht innovativer. Ausschlaggebend ist, welche strategischen Ziele das Unternehmen verfolgt, wie Corporate Venture Capital umgesetzt wird und welche Kollaborationen und Partnerschaften dadurch initiiert werden können. Die Praxis hat gezeigt, dass eine Innovationskraftsteigerung dank Corporate Venture Capital insbesondere in den Industrien gut funktioniert, die ihren Ursprung im Hardware-Geschäft haben und deren Produkte vernetzt werden oder durch die Kombination mit einer Software eine Nutzensteigerung erleben. Die wichtigsten strategischen Ziele hierfür sind der Zugang zu Erfahrungswissen, die Herstellung neuer Produkte oder Lösungen, der Erwerb von Wachstumschancen und allgemeine Technologie- und Wissenstransfers. Abhängig von der Industrie lässt sich auch durch die Identifizierung von Akquisitionszielen und durch den Zugang zu hochqualifizierten Mitarbeitern und Netzwerken sowie durch Technologietransfers die Innovationskraft steigern.

Im Gegensatz dazu führen die strategischen Ziele der Früherkennung von und des Zugangs zu neuen Technologien, Märkten und Geschäftsmodellen, der Diversifizierung von Technologien und der Interessensangleichung für Kollaborationen per se (noch) nicht zu einer Erhöhung der Innovationskraft. Diese Ziele beziehen sich auf einen anderen Vorteil von Corporate Venture Capital und dienen mehrheitlich als Frühwarnsystem und Radar für neue, innovative Technologien, Märkte und Geschäftsmodelle sowie

- Früherkennung von Technologien, *Window on Technology*
- Früherkennung von neuen Märkten und Geschäftsmodellen
- Diversifizierung von Technologien
- Technologietransfer, um interne technologische Entwicklungen zu fördern
- Herstellung neuer Produkte oder Lösungen
- Erschliessung von neuen Marktchancen
- Erwerb von Wachstumschancen
- Genereller Technologie- und Wissenstransfer
- Zugang zu hoch qualifizierten Mitarbeitern und neuen Netzwerken
- Verbesserung des Herstellungsprozesses
- Identifizierung von Akquisitionszielen
- Differenzierungsvorteile

**Abb. 17.4** Strategische Ziele von Corporate Venture Capital. (Quelle: Eigene Darstellung)

als Indikator dafür, in welche Richtung sich die Wirtschaft und Infrastruktur weiterentwickelt. Oftmals dient die Einheit auch als Matchmaker zwischen dem Kerngeschäft und der Start-up-Szene, da sie die Zeit hat, die vielschichtige Start-up-Welt zu überblicken und den geeigneten Partner auszusuchen.

Das Investment und die dadurch folgende Interessensangleichung bei Kollaborationen führen zudem zu einer Vertrauensbasis, auf der Kollaborationen und Partnerschaften zustande kommen, die sich ohne Corporate Venture Capital nicht ereignet hätten oder nicht erfolgreich gewesen wären. Erwähnenswert ist zudem, dass es neben dem typischen Corporate Venture Capital noch eine Vielzahl an weiteren Möglichkeiten gibt, wie etablierte Unternehmen mit Start-ups interagieren können. (Abb. 17.4).

In der Gegenwart existiert eine solche Vielzahl von Start-ups mit neuen Technologien und Geschäftsmodellen, die auch Industrien, die jahrzehntelang keine Innovation erlebt haben, disruptieren können, dass klassische F&E-Abteilungen es immer schwieriger haben, alle Innovationsformen abzudecken. Folglich müssen Unternehmen bereit sein, sich zu ändern und Innovation auch außerhalb zu finden. Aufgrund dessen wird in der Zukunft Corporate Venture Capital immer mehr an Bedeutung gewinnen. Um es mit den Worten von Jack Welch, CEO von General Electric, zu sagen: „If the rate of change on the outside exceeds the rate of change on the inside the end is near (Goodreads 1995) "

## CVC in der Praxis

Die Unternehmen Dormakaba und Trumpf, für die die Autoren von verantwortlicher Position tätig sind, gehören zu denjenigen Familienunternehmen im deutschsprachigen Raum, die seit einigen Jahren mit Erfolg CVC betreiben. Diese Beispiele sollen Sie abschließend motivieren, sich genauer mit CVC unterstützen. Wir jedenfalls sind vom Potenzial dieser Methode überzeugt (Abb. 17.5).

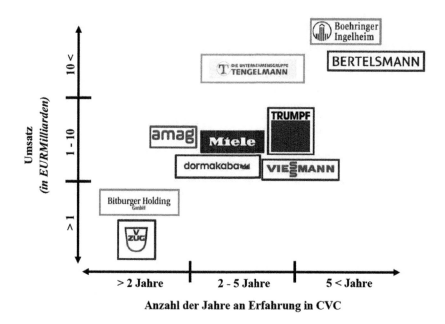

**Abb. 17.5**  Vorreiter für CVC im deutschsprachigen Raum. (Quelle: Eigene Darstellung)

## Die Trumpf Venture GmbH: Enabler für relevante Lösungen (aus Sicht des Finanzverantwortlichen)

Die Trumpf Venture GmbH unterstützt als Corporate Venture Capital Investor vielversprechende Start-ups, die die Industrie der Zukunft maßgeblich mitgestalten wollen und ermöglicht ihnen einen Zugang in die Trumpf-Welt. *„We stay ahead by continuously surprising the world with groundbreaking solutions for true benefit"* – so lautet die Vision von Trumpf, die als Teil des Firmenleitbilds die strategische Ausrichtung des Unternehmens prägt. Für Trumpf stellt Innovation einen Schlüsselfaktor zur Erreichung dieser Vision dar, um auch in Zukunft in allen Bereichen aus Gewohntem auszubrechen, sich nicht mit Bestehendem zufriedenzugeben und entscheidende Impulse zu setzen. Neben der stetigen Weiterentwicklung des Kerngeschäfts und der Erschließung neuer Geschäftsfelder setzt Trumpf auf Corporate Venture Capital als zusätzliche Form der Innovationsförderung.

Zu diesem Zweck wurde im Juli 2016 die Venture Capital Gesellschaft Trumpf Venture GmbH gegründet. Als strategischer Investor fokussiert sich die Gesellschaft auf Start-ups, die die Industrie der Zukunft maßgeblich mitgestalten – in Bereichen, die an das Trumpf-Kerngeschäft angrenzen oder dieses ergänzen. Die Trumpf Venture fungiert dabei als Enabler für die Kooperation und den Wissensaustausch zwischen den Start-ups und Trumpf. Hierdurch bietet sich für Trumpf die Möglichkeit, aktuelle

Technologietrends zu beurteilen und frühzeitig relevante Innovationsfelder zu erkennen und zu begleiten.

Als Kriterium zur Bewertung der Relevanz steht für Trumpf der Mehrwert im Vordergrund, den die Start-ups und deren Innovationen schaffen – sowohl für die eigenen Kunden als auch für die Lösung aktueller gesellschaftlicher Herausforderungen. Ein Beispiel hierfür ist die Beteiligung der Trumpf Venture GmbH an dem Schweizer Start-up Resistell, das Antibiotikaresistenzen im Schnellverfahren testet und dadurch schwere Krankheitsverläufe verhindern kann.

Bei dem von Resistell entwickelten Verfahren zur Erkennung verlässlich wirksamer Antibiotika werden mithilfe von winzigen Lichtsensoren die Reaktionen lebender Mikroben auf Antibiotika gemessen. Resistell hat dazu ein Gerät entwickelt, das aufgrund seiner Dimension eines üblichen Laborgeräts auch in Arztpraxen genutzt werden kann. Das Gerät ermöglicht die präzise Bestimmung von Antibiotikaresistenzen in weniger als einer Stunde und ist nicht auf die zeitaufwändige Hochzüchtung von Bakterienkulturen angewiesen – anders als bestehende Verfahren. So kann gewährleistet werden, dass Resistenzen schnell bestimmt und den Patienten die richtigen Medikamente verabreicht werden können.

Resistell adressiert mit dem neuen Verfahren für Antibiotika-Resistenz-Tests ein weltweites Problem. Das Auftreten multiresistenter Krankheitserreger hat in den vergangenen Jahren stark zugenommen. Nach Schätzungen sterben jedes Jahr mindestens 700.000 Menschen an Infektionen, die durch antibiotikaresistente Bakterien verursacht werden – diese Zahl könnte auf 10 Mio. im Jahr 2050 ansteigen, wenn keine Gegenmaßnahmen getroffen werden. Ärzte warnen zudem davor, dass die Zunahme von Antibiotikaresistenzen die Risiken von Routineeingriffen erhöht und damit viele Fortschritte der modernen Medizin gefährdet.

Die Trumpf Venture GmbH unterstützt Resistell im Kampf gegen die Antibiotikaresistenzen nicht nur als Finanzinvestor, sondern versteht sich als langfristiger Partner des Unternehmens. Das Netzwerk und der Erfahrungsschatz der Trumpf Venture sowie der Zugang zu den Technologien von Trumpf machen die Partnerschaft für das Start-up so wertvoll. Für Trumpf selbst bietet die Partnerschaft die Möglichkeit neue, zukunftsorientierte Anwendungsbereiche für bestehende Kerntechnologien zu evaluieren und stellt damit einen wichtigen Baustein für die Innovationsstrategie des schwäbischen Familienunternehmens dar.

## Dormakaba: Wie eine alte Technologie zum Trend wird (aus Sicht eines Group Development Managers)

Im Juli 2016 gab Dormakaba, einer der Marktführer für sicheren und intelligenten Zugang zu Gebäuden und Räumen, seine Investition in die Serie-A-Runde von 3db Access bekannt – einem Schweizer Spin-off der ETH Zürich und Pionier der Ultra-Breitband-Technologie (UWB) für die kommerzielle Nutzung.

UWB funktioniert ähnlich wie Wi-Fi oder Bluetooth, hat jedoch den Vorteil, dass sie eine zentimetergenaue, nachweislich sichere Distanzmessung zur Überprüfung und Lokalisierung der Position ermöglicht. Neu ist die Technologie nicht – sondern vielmehr so alt wie das Radio. Sie wurde erstmals 1901 vom italienischen Erfinder Guglielmo Marconi eingesetzt, der per Knallfunkensender Morsecode-Sequenzen über den Atlantik schickte. Die Nutzung von UWB blieb bis in 21. Jahrhundert hinein jedoch auf militärische Zwecke beschränkt, ehe Gesetzesänderungen es nun ermöglichen, die Technologien für die alltägliche Datenübertragung zu nutzen.

Das 2012 gegründete Unternehmen 3db Access nutzt die UWB-Technologie, um Autoschlösser und -schlüssel zu disruptieren. Im Gegensatz zum mechanischen Schlüssel oder einem einfachen schlüssellosen Zugangs- und Startsystem (PKES), welche einen Diebstahl in wenigen Sekunden ermöglichen, bietet die sichere, auf UWB-Technologie basierende Lösung von 3db ein Höchstmaß an Sicherheit bei gleichbleibender Bequemlichkeit und Komfort durch reibungslosen, freihändigen Zugang.

Um solch vielversprechende Technologien zu beobachten, Trends zu erkennen und Technologie- und Wissenstransfers in die Gruppe zu ermöglichen, hat Dormakaba vor einigen Jahren begonnen, Corporate Venture Capital zu betreiben. Durch den Aufbau eines diversifizierten Portfolios an vielversprechenden Technologien und Geschäftsmodellen kann die Kostenallokation für Forschung & Entwicklung optimiert werden. Zudem muss man nicht frühzeitig das Klumpenrisiko einer M&A-Transaktion oder eines ressourcenintensiven F&E-Projektes eingehen.

Durch die Investition in 3db Access bleibt Dormakaba an vorderster Front des UWB-Trends. Es erleichtert die frühzeitige Einreichung von Schutzrechten, die frühzeitige Beurteilung der Marktreife und die Aufrechterhaltung der Marktführungsposition in unserer Branche. Unserer Ansicht nach ist die UWB-Technologie ein erstklassiger Kandidat für die moderne Zutrittskontrolle. Die UWB-Technologie gewann noch mehr an Momentum, als Apple Ende 2019 einen UWB-Chip im iPhone 11 ankündigte.

## Der nächste Schritt: Netzwerke und mehr finanzielle Unabhängigkeit für Innovation und Start-ups in D/A/CH und Europa (Gespräch mit Dr. Klaus Hommels)

Dr. Klaus Hommels hat sich in der Vergangenheit einen Namen als Frühinvestor in Unicorns wie Facebook, Airbnb oder Spotify gemacht. Der Investor, Private Equity-Experte und Promotor von innovativen Unternehmen berät aber auch Politik und Wirtschaft mit seiner Agenda: einen veritablen VC- und Start-up-Standort in Europa bzw. die notwendigen Rahmenbedingungen dazu zu begründen und so die Souveränität zu fördern. Es geht ihm auch um Minderung der Abhängigkeit von Kapital aus China und USA (Invest Europe, 2022). „Als der Mittelstand aufgebaut wurde, konnten Gründer mit nichts außer einem unbezahlten Haus und einer guten Idee eine Finanzierung bekommen. Banken haben ein Teilrisiko mitgetragen. Sie waren ein Proxy für Regierungsstellen, die das Projekt anschließend weiterfinanziert haben. Heute wäre eine solche Finanzierung undenkbar. Hier kommt Wagniskapital ins Spiel. Nur wenn wir neue Ideen finanziell fördern, entstehen Gründer- und später Erfolgsgeschichten, die andere Gründer inspirieren." Das ist auch wichtig für unseren Mittelstand, erläutert Hommels, der Corporate Venture Capital als sicher nicht ausreichend betrachtet: „Nur die Assetklasse Venture kann die Firmen finanzieren, die uns in 20 Jahren den Wohlstand sichern. Machen wir das nicht, verarmen wir. Das ist meine Mission" (Hommels 2022).

Das FBXperts-Konzept kommentiert Klaus Hommels so: „Wenn Sie heute eine Plattform entwickeln, möchten Sie möglichst schnell viele große Unternehmen dorthin bekommen. Dafür benötigen wir Netzwerke, die zwischen den Unternehmen vermitteln können. Das muss also länderübergreifend angegangen werden, mindestens in Europa. Ich befürworte das und unterstütze diesen Weg. Die Hinwendung zu Austausch, Vernetzung und Innovation hilft beim Matching von unseren Jungunternehmen und dem Mittelstand. Wäre es nicht denkbar, unseren Start-ups das Wissen und den Rat von CFOs bereit zu stellen? Dazu müssen aber Plattformen und Netzwerke auch geschaffen werden! So sichern wir nachhaltige Firmen und somit viele Arbeitsplätze. Auch der Mittelstand muss Innovationen durch Netzwerke fördern und aufbauen. Seien Sie bitte aufgeschlossen zu Venture Capital und dem CFO-Netzwerk! Die zu schließende Lücke ist noch groß genug."

## Zusammenfassung

1. Familienunternehmen haben aufgrund ihrer langfristigen Perspektive gute Voraussetzung, um zur Erhöhung der Innovationskraft CVC zu betreiben.
2. Neue Geschäftsmodelle und Technologien sind dabei die treibenden Kräfte.
3. Innovation entsteht, wenn Strategie und CVC gleiche Ziele verfolgen. Nicht jede Inkubator-Idee führt für Familienunternehmen zu den geplanten Erfolgen.
4. Netzwerke des Wissens wie fbxperts.ch können nach Ansicht des Investors Dr. Klaus Hommels dazu einen wichtigen Beitrag leisten, wie das Silicon Valley in den USA zeigt. Netzwerke müssen wir fördern und aufbauen, um Europas Unabhängigkeit zu verbessern.

## Literatur

Albach, H. (1983). Zur Versorgung der deutschen Wirtschaft mit Risikokapital. Inst. für Mittelstandsforschung. S. 6.

Astrachan, C. (2017). Innovation in Familienbetrieben – Mass halten zwischen Tradition und Moderne. https://blog.hslu.ch/familienunternehmen/innovation-in-familienbetrieben-mass-halten-zwischen-tradition-und-moderne/. Letzter Zugriff am 19.07.2022.

Buchhorn, E. (2020). Das sind die innovativsten Mittelständler Deutschlands. https://www.manager-magazin.de/unternehmen/industrie/wettbewerb-top-100-das-sind-die-innovativsten-mittelstaendler-deutschlands-a-4f5efabb-d633-40df-abee-38edcc78fbd9. Letzter Zugriff am 19.07.2022.

BBE (2019). Verena Bahlsen: Visionärin der Food-Industrie. https://weberbank-diskurs.de/verena-bahlsen-visionaerin-der-food-industrie. Letzter Zugriff am 19.07.2022.

Duvinage, B. (2020). Bahlsen will seine Marken stärker machen. https://www.wuv.de/marketing/bahlsen_will_seine_marken_staerker_machen. Letzter Zugriff am 19.07.2022.

European Private Equity and Venture Capital Association (2007). Guide on Private Equity and Venture Capital for Entrepreneurs (Special Paper). https://www.investeurope.eu/media/1809/guide-on-private-equity-and-venture-capital-2007.pdf. Letzter Zugriff am 19.07.2022.

Goodreads. (1995). Jack Welch Quotable Quote. https://www.goodreads.com/quotes/185636-if-the-rate-of-change-on-the-outside-exceeds-the. Letzter Zugriff am 11.10.2019.

Hanson, B., Cameron Stanfill, C., & Sostheim, J. (2019). European Venture Report 2018. https://pitchbook.com/news/reports/2018-annual-european-venture-report. Letzter Zugriff am 19.07.2022.

Invest Europe (2022). The Voice of Private Capital. https://www.investeurope.eu/about-us/. Letzter Zugriff am 19.07.2022.

Hommels (2022). Person: Klaus Hommels. https://www.handelszeitung.ch/people/klaus-hommels-1. Letzter Zugriff am 19.07.2022.

Schefczyk, M. (2004). Erfolgsstrategien deutscher Venture Capital-Gesellschaften: Analyse der Investitionsaktivitäten und des Beteiligungsmanagement von Venture Capital-Gesellschaften. 3. Aufl. Schäffer-Poeschel.

Schnadwinkel, S. (2020). So versucht Kitchentown die Food-Szene aufzumischen. https://t3n.de/magazin/so-versucht-kitchentown-die-249910/. Letzter Zugriff am 19.07.2022.

Schween, K. (1996). Corporate Venture Capital: Risikokapitalfinanzierung deutscher Industrieunternehmen. Gabler.

Weiblen, T., & Chesbrough, H. W. (2015). Engaging with Start-ups to enhance corporate innovation. In California Management Review 57,2, 66–90.

**Samuel Zimmermann** ist bei der Dormakaba AG als Projektmanager im Bereich Strategy und M&A tätig. Zudem ist er Verwaltungsrat der Musical Factory AG, Luzern.

**Dr. Lars Grünert** verfügt über insgesamt 18 Jahre Erfahrung in der kaufmännischen Leitung in den Bereichen Werkzeugmaschinen, Lasertechnik und Elektronik. Der promovierte Wirtschaftsingenieur begann seine Karriere als Projektmanager bei Horváth & Partner und Roland Berger Strategy Consultants, ehr er 2002 in die TRUMPF GmbH & Co. KG eintrat. Seit 2015 ist er CFO des Familienunternehmens.

# Net Working Capital Management in Familienunternehmen

18

Carsten B. Henkel, Claus Martini und Frank B. Jehle

Wie bei allen Unternehmen stellen auch bei Familienunternehmen die Eigentümer das Kapital für die erfolgreiche Führung eines Unternehmens zur Verfügung, ggf. ergänzt durch Fremdkapital. In der Vergangenheit war Kapital immer ein sehr knappes Gut. In der heutigen Nullzinszeit ist Kapital zwar deutlich günstiger zu haben, muss aber vom Unternehmen trotzdem verzinst werden, nämlich über eine Dividendenausschüttung des Gewinns an den/die Familienunternehmer. Das bedeutet, dass der Unternehmer zwar seine Unternehmung gern auskömmlich finanziert, aber nicht zu viel Kapital in einem möglicherweise ineffizient geführten Unternehmen gebunden haben möchte. Zudem spielt oft der Aspekt der Risikodiversifizierung des Vermögens auch außerhalb des Familienunternehmens bei Familienunternehmern eine große Rolle. Desweiteren erwartet der Familienunternehmer eine angemessene Rendite für das eingesetzte Kapital. Die angemessene Höhe bestimmt in der Regel das unternehmens- und branchenspezifische Risikoprofil, das rechnerisch über das Beta in die Berechnung der Eigenkapitalkosten einfliesst. Aus dieser Rechenmechanik ergibt sich, dass die Rendite bei einem gegebenen Gewinn/Dividende, umso größer ist, desto weniger Eigenkapital im Unternehmen gebunden ist. Das ist ein wichtiger Anreiz, ein Unternehmen kapitaleffizient aufzustellen.

C. B. Henkel (✉)
Skyadvisory AG, Küsnacht, Schweiz

C. Martini
IVF Hartmann Gruppe, Neuhausen am Rheinfall, Schweiz

F. B. Jehle
Marbach am Neckar, Deutschland
E-Mail: Frank.Jehle@fbj-Board-Consulting.com

Nach Erfahrung der Autoren ist die Psychologie der Unabhängigkeit in Familienunternehmen tendenziell stärker ausgeprägt als in anderen Unternehmen. Viele Familienunternehmen haben daher eine eher geringe Fremdkapitalausstattung. Damit kommt dem
effizienten Management des Eigenkapitals und dem durch die Eigentümer im Unternehmen gebundenen Kapitals auch dadurch eine große Bedeutung zu (Abb. 18.1).

In vielen Unternehmen wurde als Kenngröße ROCE eingeführt – Return on Capital
employed. Sie gibt an, wieviel Rendite die Unternehmensbereiche und das ganze Unternehmen im Verhältnis zum eingesetzten Kapital erwirtschaften. Hier zeigt sich, neben
vielen anderen Kenngrößen wie Umsatzrendite, Wachstum, Marktanteile etc., die
besondere Sicht der Eigentümer auf das Geschäft des Familienunternehmens als Kapitalgeber: Neben dem Management der ertragsorientierten Einflussfaktoren besteht ein
besonderes Augenmerk auf dem Management des gebundenen Kapitals.

Ein typisches Bild aus einem Unternehmen mit mehreren Geschäftsbereichen stellt
die untenstehende Grafik dar. Hier zeigt sich ein oft typisches Bild einer heterogenen
ROCE-Struktur, wo große und zum Teil vermeintlich auch erfolgreiche Unternehmensteile dennoch nicht den erforderlichen Return on Capital verdienen (Abb. 18.2).

Das eingesetzte Kapital in der oben gezeigten ROCE-Formel besteht aus den langfristigen Assets eines Unternehmens und dem kurzfristig beeinflussbaren Net Working
Capital (NWC). Das NWC berechnet sich vereinfacht aus den Forderungen und Lager-
beständen abzüglich der Verbindlichkeiten. Wegen seiner kurzfristig beeinflussbaren
Natur kommt dem Management des NWC also eine große Bedeutung zu. Daher wird es
als operative Führungsgröße im betrieblichen Alltag oft eingesetzt (Abb. 18.3).

Auf operativer Ebene wird häufig ausschließlich das Nettoumlaufvermögen (NUV)
in Beziehung zum Gewinn vor Steuern gesetzt, um so die Leistung zum Beispiel verschiedener Standorte vergleichen und somit Optimierungsschwerpunkte erkennen
zu können. Dies ist besonders dann sinnvoll, weil man pro Standort leichter gezielte
Maßnahmen einleiten kann, um das Nettoumlaufvermögen zu reduzieren, die Kennzahl
des Standortes und damit die Bilanz des Standortes insgesamt zu verbessern (Abb. 18.4).

Neben der Definition des NUV wie oben dargestellt ist es wichtig, die Treiber der
Elemente des NUV zu verstehen, um sie anschließend gezielt optimieren zu können.
In der weiter unten vorgeschlagenen NUV-Optimierungsvorgehensweise werden
die Treiber aufgezeigt, um eine nachhaltiges NUV-Optimierungssystem im Unternehmen zu etablieren. All diese Treiber sollten in Bezug auf ihr Potenzial analysiert und
anschließend priorisiert werden (Abb. 18.5).

Ganz konkret hat das straffe und proaktive Management des Nettoumlaufvermögens
eine ganze Reihe von Vorteilen, nicht nur auf der Ebene des Gesamtunternehmens,
sondern auch auf Standortebene (Abb. 18.6).

Neben den Kennzahlen wie ROCE und PBT/NWC wird die Liquidität insgesamt
verbessert, und auch auf der Erfolgsrechnung zeigt sich eine geringere Zinsbelastung,
bei Standorten einer Unternehmensgruppe eben dann eine geringe Belastung für das
gebundene Kapital. Das eröffnet weitere Freiheitsgrade, um lokale unternehmerische
Aktivitäten umzusetzen und den Erfolg eines Standortes zu erhöhen (Abb. 18.7).

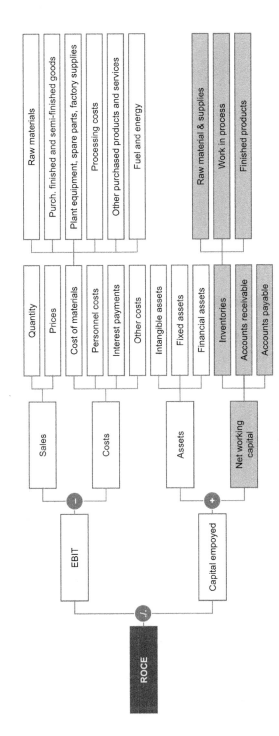

**Abb. 18.1** ROCE als Kenngröße. (Quelle: Eigene Darstellung, Skyadvisory)

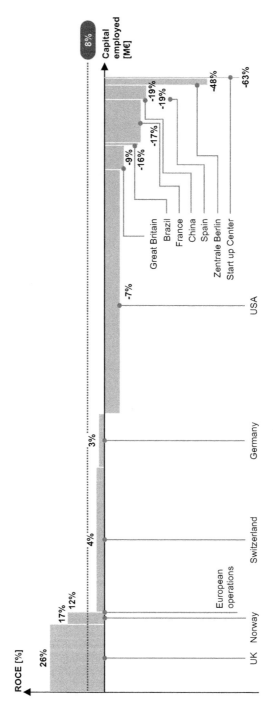

**Abb. 18.2** Typisches Beispiel einer heterogenen ROCE-Struktur im Unternehmen. (Quelle: Eigene Darstellung, Skyadvisory)

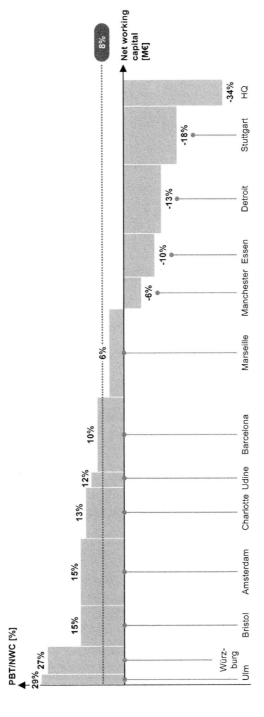

**Abb. 18.3**  Beispiel für Darstellung einer NWC-Bilanz. (Quelle: Eigene Darstellung, Skyadvisory)

Die für die im folgenden verwendete Arbeitsdefinition der NUV relevanten Bilanzpositionen sind Vorräte und Forderungen bei den Aktiva sowie kurzfristige Verbindlichkeiten und erhaltene Anzahlungen bei den Passiva.

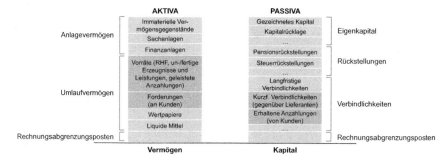

1) Im Sinne einer Arbeitsdefinition bleiben Wertpapiere, liquide Mittel und sonstige Forderungen und Verbindlichkeiten unberücksichtigt

**Abb. 18.4** Bilanzstruktur und Netto-Umlaufvermögen (NUV). (Quelle: Eigene Darstellung, Skyadvisory)

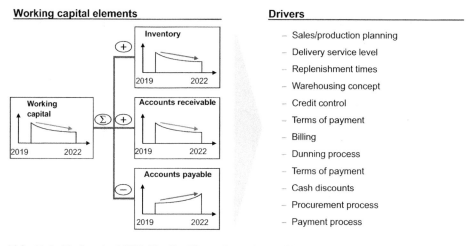

**Abb. 18.5** Treiber des NUV. (Quelle: Eigene Darstellung, Skyadvisory)

Wie kann man nun konkret vorgehen, um das Nettoumlaufvermögen systematisch und strukturiert zu reduzieren und Systeme und Prozesse einzuführen, die die Führungskräfte in Zukunft das Nettoumlaufvermögen straff und effizient managen lassen? Wir schlagen die Vorgehensweise wie in Abb. 18.8 vor.

Ein pragmatischer Ansatz lässt sich in drei Schritten durchführen: Erstens erfolgt eine Zielwertermittlung und Maßnahmenidentifizierung, zweitens die Ausdetaillierung der Maßnahmen und drittens der Aufbau eines Nettoumlaufvermögens-Controlling. Wie alle anderen Projekte bedarf es auch hier einer klaren Projektsteuerung, einer effizienten

**Eine Senkung des NUVs durch Reduzierung des Umlaufvermögens[1] und Erhöhung der kurzfristigen zinslosen Verbindlichkeiten führt zu einer Erhöhung der Liquidität und Verringerung der Zinsbelastung.**

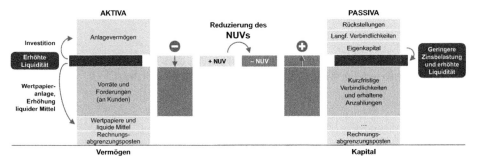

1) Im Sinne der genannten Arbeitsdefinition

**Abb. 18.6** Senkung des NUV. (Quelle: Eigene Darstellung, Skyadvisory)

**1** **Erhöhung der Cash Flows**
· Erhöhung der Liquidität
· Verbesserung des Zinsergebnisses

**2** **Verringerung der Zinsbelastung**

**3** **Verringerung der Kapitalbindung**
· Erhöhung der Liquidität
· Verbesserte Investitionsfähigkeit

**4** **Effizientere Gestaltung von Administration, Produktion und Distribution[1]**
· Verringerung der "Time to market"
· Steigerung der Servicebereitschaft

1) Primär Voraussetzung für Reduzierung des NUVs, aber zugleich auch Vorteil im Rahmen einer NUV-Senkung

**Abb. 18.7** Vorteile einer Senkung des NUV. (Quelle: Eigene Darstellung, Skyadvisory)

**Die Senkung des NUVs ist Ergebnis einer Vorgehensweise in drei Schritten.**

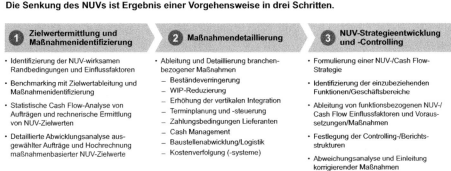

| ❶ Zielwertermittlung und Maßnahmenidentifizierung | ❷ Maßnahmendetaillierung | ❸ NUV-Strategieentwicklung und -Controlling |
|---|---|---|
| · Identifizierung der NUV-wirksamen Randbedingungen und Einflussfaktoren | · Ableitung und Detaillierung branchenbezogener Maßnahmen | · Formulierung einer NUV-/Cash Flow-Strategie |
| · Benchmarking mit Zielwertableitung und Maßnahmenidentifizierung | – Beständeverringerung<br>– WIP-Reduzierung | · Identifizierung der einzubeziehenden Funktionen/Geschäftsbereiche |
| · Statistische Cash Flow-Analyse von Aufträgen und rechnerische Ermittlung von NUV-Zielwerten | – Erhöhung der vertikalen Integration<br>– Terminplanung und -steuerung<br>– Zahlungsbedingungen Lieferanten | · Ableitung von funktionsbezogenen NUV-/Cash Flow Einflussfaktoren und Voraussetzungen/Maßnahmen |
| · Detaillierte Abwicklungsanalyse ausgewählter Aufträge und Hochrechnung maßnahmenbasierter NUV-Zielwerte | – Cash Management<br>– Baustellenabwicklung/Logistik<br>– Kostenverfolgung (-systeme) | · Festlegung der Controlling-/Berichtsstrukturen<br><br>· Abweichungsanalyse und Einleitung korrigierender Maßnahmen |

**Abb. 18.8** Vorgehensweise zur Reduzierung des NUV. (Quelle: Eigene Darstellung, Skyadvisory)

und senioren Projektgovernance und anschließend eines stringentes Umsetzungsregimes, das üblicherweise auch eine Anpassung der KPIs und MBOs der Führungskräfte miteinschließt.

## BENTELER als Beispiel für die Optimierung des Net Working Capital in einem Familienunternehmen (Frank Jehle, CFO Benteler)

Das in Familienbesitz befindliche Unternehmen BENTELER hat 2018 ein Transformationsprogramm mit der Fokussierung auf ein langfristig profitables Wachstum initiiert. Dieses Wachstum soll vor allem im Rahmen einer deutlichen Steigerung der Effizienz und Wettbewerbsfähigkeit erreicht werden. Im Jahr 2020 wurde das bereits eingeschwungene Programm durch die Auswirkungen der COVID-19-Krise intensiviert und ein Schwerpunkt auf die Sicherung der Liquidität gesetzt. Als einer der wesentlichen Hebel, um die Liquidität sicherzustellen, wurde die Optimierung des Net Working Capital (NWC, Nettoumlaufvermögen) priorisiert. Dieser Hebel war von Anfang an eine der wesentlichen Säulen des Transformationsprogramms, rückte im Rahmen der Auswirkungen der COVID-19-Krise allerdings noch stärker in den Fokus.

Das übergeordnete Ziel der NWC-Initiative ist, den Cash Conversion Cycle (CCC, Geldumschlagsdauer, gemessen in Tagen) auf ein branchenweites Benchmark-Niveau zu reduzieren. Der Fokus auf den CCC als Zielgröße im Gegensatz zum absoluten NWC bringt die wesentlichen Vorteile, dass dieser von Umsatzschwankungen unbeeinflusst bleibt und eine Vergleichbarkeit erzeugt werden kann. Durch die Verringerung der Geldumschlagsdauer soll der Anteil des Umlaufvermögens und damit des gebundenen Kapitals an der Bilanz gesenkt werden. Dies führt gleichzeitig zu einer Stärkung der Liquidität und einer Reduktion des externen Kapitalbedarfs. Mittel- bis langfristig kann dies zusätzlich zu einer niedrigeren Zinsbelastung beitragen. Auch wird durch die Optimierung der CCC eine Steigerung des ROCE erwartet, indem das eingesetzte Kapital in Form des Net Working Capital – das entgegen der sonstigen Bestandteile des Capital Employed kurzfristig beeinflussbar ist – in Relation zur Bilanzsumme optimiert wird. Zu diesem Zweck wurde eine NWC-Initiative gestartet, welche im Folgenden vorgestellt wird.

Der initiale Fokus des NWC-Expertenkreises, der mit internen Fachleuten sowie externen Beratern gegründet wurde, bestand im ersten Schritt in der Aufnahme des Ist-Zustandes. Dieser wurde anschließend in Relation zu einer der Geschäftsstruktur vergleichbaren, virtuellen Peer Group gesetzt, um erfolgversprechende Handlungsfelder im Bereich der NWC-Verbesserung zu identifizieren. Auf dieser Basis wurden Ziele und nachvollziehbare und messbare Zielgrößen abgeleitet und im Rahmen von CCC-Tagen für die einzelnen Komponenten des NWC (DIO, DSO und DPO) festgelegt. Um die vorgegebenen Ziele zu erreichen, erarbeitete ein funktionsübergreifendes Team der Bereiche Logistik, Vertrieb, Einkauf, Accounting, Produktion und Entwicklung in mehreren moderierten Workshops für die Handlungsfelder detaillierte Maßnahmenpläne (inkl. Umsetzungsplanung, Meilensteinverfolgung, Zielwertabgleich, usw.). Die aktive Nachverfolgung der Initiative findet mithilfe eines eigens entwickelten, intranetbasierten Maßnahmentools statt, welches als Basis für die einheitliche und effiziente Berichterstattung dient. In regelmäßigen Berichten an die Geschäftsleitung sowie in einem monatlichen Steuerkreis, an dem der CFO und COO teilnehmen, werden die Handlungsfelder systematisch beleuchtet. Damit wird nicht nur die Umsetzung der Maßnahmen sichergestellt, sondern auch die Bedeutung der Initiative gestärkt. Der weitere Fokus des Steuerkreises liegt darin, Fortschritte zu messen und mögliche Hindernisse zu verfolgen bzw. deren Lösung zu koordinieren – insbesondere bei funktions- und auch standortübergreifenden Themen.

Wie erfolgreich die Umsetzung der einzelnen Maßnahmenpakete war, zeigt sich im Fokusfeld der Bestandsoptimierung in der größten Unternehmenseinheit, der Division Automotive. Das bestehende regelmäßige Produktionsreporting wurde um eine Fortschrittsmessung der Vorratsinitiative erweitert. Dabei wird über alle weltweiten Werke hinweg die Entwicklung der Bestandsoptimierung gegen die vereinbarten Zielwerte gemessen und im übergreifenden Standortwettbewerb die besten und schwächsten Werke durch ein unabhängiges Auditteam identifiziert. Infolgedessen hat sich an den Standorten ein besonderer Ansporn entwickelt, zu den Besten zu gehören, was bei der Umsetzung der Maßnahmen bisher wie ein Booster gewirkt hat. Dies hat unter anderem seit 2018 zu einer Verbesserung der durchschnittlichen Lagerdauer (DIO) um 32 % geführt.

Insgesamt hat sich die Vorgehensweise zur NWC-Verbesserung in den vergangenen Jahren bewährt. So konnte die Geldumschlagsdauer seit Programmstart im Jahr 2018 bis Ende 2021 deutlich um 16 % gesenkt werden. Dies war auch ein wesentlicher Baustein zur erfolgreichen Sicherung der Liquidität und zur nachhaltigen Verbesserung des Capital Employed.

## Zusammenfassung und Bewertung

Die Optimierung des Nettoumlaufvermögens und Messung der Kapitalrendite auf verschiedenen Ebenen des Unternehmens sind absolut sinnvoll und in den meisten Unternehmen heute auch etabliert. Dies hat, wie im Praxisbeispiel gezeigt, insb. durch die COVID-19 Krise einen zusätzlichen Schub bekommen. Die Vorgehensweisen und Maßnahmen dazu sind transparent und klar zu identifizieren und stringent umzusetzen.

Die Geschäftsleitung und der Aufsichtsrat oder (Familien-)Beirat eines Unternehmens sind hingegen gut beraten, eine differenzierte Sicht auf die Optimierung des Nettoumlaufvermögens zu entwickeln. Wir haben gerade in der Covid-Krise gesehen, wie schnell Lieferketten zusammenbrechen können und ein komplexes System zum Einstürzen bringen können. Selbst eineinhalb Jahre nach Ausbruch der Krise gibt es in vielen Branchen noch erhebliche Versorgungsengpässe, ob mit Halbleitern für die Automobil- und elektronische Industrie oder auch mit Rohstoffen für die Metallindustrie.

Umso wichtiger ist eine ganzheitliche Abwägung zwischen Versorgungssicherheit, Liefersicherheit auf der einen Seite und Kosten des gebundenen Kapitals und Liquidität des Gesamtunternehmens auf der anderen Seite.

**Dr. Carsten B. Henkel** ist Chairman & CEO der Skyadvisory AG, einer international tätigen Unternehmensberatung. Ein großer Teil seiner Klienten sind Familienunternehmen in Europa. Er studierte und promovierte an der Universität St. Gallen.

**Dr. Claus Martini** wurde 2015 als CEO der IVF HARTMANN GROUP berufen, einem führenden Unternehmen im Bereich der medizinischen Verbrauchsgüter in der Schweiz. Zuvor hatte bereits viele Jahre Führungserfahrung in der Medizin-Technik gesammelt. Martini verfügt über einen Abschluss als Maschinenbauingenieur (Fachrichtung Fertigungstechnik) der RWTH Aachen und wurde an der Universität St.Gallen promoviert.

**Frank B. Jehle** ist seit 2020 CFO und Mitglied des Vorstands der Benteler Gruppe. Zuvor war er unter anderem rund zehn Jahre als kaufmännischer Geschäftsführer und stellvertretender Vorsitzender der Geschäftsführung für den Automobilzulieferer Mann + Hummel tätig. Seine Karriere startete er beim Automobilhersteller Ford, für den er insgesamt zehn Jahre in unterschiedlichen Positionen in Europa tätig war.

# Performance must be managed: Der FBXperts View

Patricio Ohle

Dr. Peter Zattler, CFO von Giesecke & Devrient aus München, bringt es auf den Punkt: „Für uns ist das ROCE strategisch die Spitzenkennziffer, denn sie verbindet den Gewinn mit dem eingesetzten Kapital, also die GuV mit der Bilanz. Der Jahresüberschuss oder der EBIT alleine sind wenig aussagekräftig, wenn Sie nicht wissen, wie viel Sie dafür investieren mussten. Letztlich geht es um den Vergleich zwischen der Rendite des eingesetzten Kapitals und den Kapitalkosten. Unsere Rendite übersteigt die Kapitalkosten, die in unserem Fall bei 10,7 % vor Steuern liegen (Haaß 2019)." Nun, der CFO ist, neben dem CEO, derjenige, der ganzheitlich auf das Unternehmen schaut. Dabei hat er eine Doppelrolle: Einmal ist seine Aufgabe das Messen und Berichten, also die Orientierung an den Fakten. In diesem Kontext stellt er das methodische Gerüst für die Unternehmenssteuerung zur Verfügung und muss die weltweiten Richtlinien dafür definieren. Aber natürlich muss er diese Fakten auch bewerten und so nimmt er letztlich auch Einfluss auf Entscheidungen. Der CFO hat eine starke Mitverantwortung für die Performance.

Folgende Zitate stammen von CFO von Familienunternehmen zur Frage nach relevanten Performancekennzahlen:

- „Finanzielle Steuerungsgrößen sind die üblichen wie Umsatz, Debit, Cashflow und EVA."
- „Profitkennzahlen sowie Umsatzkennzahlen. Es gibt viele Management Cockpits für Gruppen und Regionen."

P. Ohle (✉)
FBXperts AG, Zürich, Schweiz
E-Mail: patrick.ohle@fbxperts.ch

© Der/die Autor(en), exklusiv lizenziert an Springer Fachmedien Wiesbaden GmbH, ein Teil von Springer Nature 2022
T. Zellweger und P. Ohle (Hrsg.), *Finanzielle Führung von Familienunternehmen*,
https://doi.org/10.1007/978-3-658-38061-8_19

- „Cashflow, EBIT-Margen der Divisionen und Gesellschaften, Nettofinanzpositionen und Moving Annual Totals."
- „ROCE und DCF für Investitionsentscheidungen."

Diese Aussagen verdeutlichen, dass die Performance und deren Steigerung nicht anhand einer einzigen Perspektive oder Kennzahl beurteilt, geschweige denn gesteuert werden kann. Vielmehr sind multiple Perspektiven und Kennzahlen notwendig: umsatz-, ertrags- und kostenorientierte Steuerungsgrößen; bilanzielle Kennzahlen; Verhältniskennzahlen, die GuV- und Bilanzpositionen gegenüberstellen; operative Kenngrößen sowie nicht zuletzt Cashflow-Größen.

Welche spezifischen Kennzahlen zur Performancemessung und -steuerung letztlich die „richtigen" für ein konkretes Unternehmen sind, ist individuell zu bestimmen. Neben dem Geschäftsmodell ist insbesondere die Kultur des Familienunternehmens bzw. eine eventuell gewünschte Veränderung derselben beim Aufsatz des richtigen Kennzahlen- systems zu berücksichtigen. Nur dann kann die erforderliche Akzeptanz von Eigen- tümern und Management gleichermaßen sichergestellt werden.

Lassen Sie uns diese Herausforderung der spezifischen und am Unternehmen aus- gerichteten Performancesteuerung annehmen! Wo wollen wir beginnen:-). Wir sind am Beginn einer kontinuierlichen Reise hin zu noch mehr Veränderungsdynamik und steigender Effizienz.

## Literatur

Haaß, V. (2019). „Für uns ist das ROCE die Spitzenkennziffer". https://www.unternehmer-edition.de/unternehmerwelt/fuer-uns-ist-das-roce-die-spitzenkennziffer/. Letzter Zugriff am 19.07.2022.

**Dr. Patricio Ohle** ist Gründer und Geschäftsführer der FBXperts AG. Er war drei Jahrzehnte lang in Führungspositionen bei Familienunternehmen tätig, unter anderem als Direktor bei der Hipp Holding AG Dr. P. Ohle ist Research Fellow des Center for Family Business an der Universität St.Gallen, wo er auch promovierte. Er ist zudem Lehrbeauftragter der Universität St.Gallen in „Finance of large family firms".

# Teil V

# Strategie: Erfolge sichern und für den Kunden relevant bleiben

Die Mitverantwortung des CFO für die Strategie lässt sich unseres Erachtens am besten in einem Ansatz der Führung bzw. der Geschäftsführung realisieren, in dem Jeder seinen Beitrag erbringt. Alleingänge sind hier eher nicht vielversprechend. Zur Einordnung, wo man steht, hilft wiederum der Erfahrungsaustausch zwischen Unternehmen. Wir sind oft in Nischen unterwegs, die anderen irgendwann doch interessant erscheinen. Spätestens dann muss die Strategie neu gedacht werden. Am besten aber permanent.

**In diesem Teil erfahren Sie**
- wie moderne Strategieentwicklung aussieht und wie sie im Kontext eines großen Familienunternehmens realisiert werden kann
- wie Internationalisierung und Diversifikation das Wachstum beschleunigen können,
- warum Mergers & Acquisitions kein alter Hut sind und zu den Kernprozessen des CFO im Familienunternehmen gehören
- warum die Kundennachfrage immer schnelleren Veränderungen unterliegt und wie Sie damit umgehen sollten
- warum Nachhaltigkeit mit der Strategie verknüpft gehört und wie sich das auf die Finanzprozesse auswirkt, die manchmal Vorreiter oder Wegbereiter sein können

# Strategieentwicklung in Familienunternehmen

Carsten B. Henkel

## Was ist Strategieentwicklung, welche Prozesse gibt es und was ist besonders an der Strategieentwicklung für Familienunternehmen?

Alle Organisationen treffen zum Teil täglich Entscheidungen über ihre weitere Entwicklungsrichtung. Ein Teil dieser Entscheidungen wird in einem vorgegebenen Rhythmus von der Geschäftsleitung und Aufsichtsrat regelmäßig vorbereitet diskutiert und verabschiedet. Andere Entscheidungen müssen situativ aufgrund von externen Entwicklungen in einer der verschiedenen Wettbewerbskräften (Porter, Five Forces) getroffen werden. Beispiele hierfür sind veränderte Kundenbedürfnisse, M&A-Möglichkeiten, das Verhalten von Wettbewerbern etc. Es gibt viele Vorgehensweisen zur Strategieentwicklung. Allen gemein sind meisten oder einige Elemente der in Abb. 20.1. dargestellten Strategy Excellence Landscape:

Der Denkansatz, dass Strategieentwicklung ausschliesslich alle fünf oder sieben Jahre stattfindet und dann vollumfänglich alles grundsätzlich neu diskutiert und infrage gestellt wird, ist überholt. Vielmehr arbeiten größere Unternehmungen fast täglich an der Vorbereitung und Umsetzung von strategischen Entscheidungen. Das könnte dann zum Beispiel so aussehen:

C. B. Henkel (✉)
Skyadvisory AG, Zürich, Schweiz

T. Zellweger und P. Ohle (Hrsg.), *Finanzielle Führung von Familienunternehmen*,
https://doi.org/10.1007/978-3-658-38061-8_20

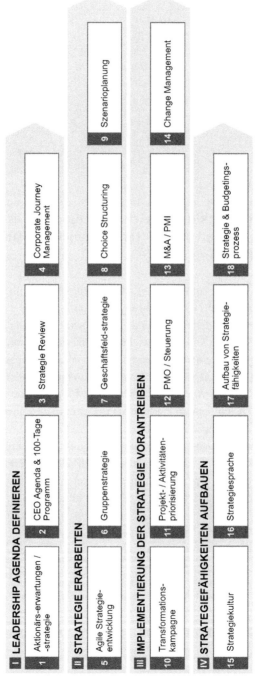

**Abb. 20.1** Strategy Excellence Landscape. (Quelle: Skyadvisory)

1. Der neue, von einem der Familienzweige gestellte CEO hat vom Aufsichtsrat bzw. Gesellschafterausschuss den Auftrag, das Geschäftsportfolio grundsätzlich zu hinterfragen und auf langfristige überdurchschnittliche Ertragskraft zu optimieren.
2. Zur gleichen Zeit befindet sich eines der drei Geschäftsfelder in der Überarbeitung der Geschäftsfeldstrategie, weil es gerade eine große Konsolidierung auf der Kundenseite erlebt und darauf strategisch reagieren muss.
3. Ein anderes Geschäftsfeld befindet sich in einem M&A-Prozess und hat die Möglichkeit, einen kleineren Wettbewerber zu akquirieren.
4. Das dritte Geschäftsfeld ist der Pilot bei der gruppenweiten CRM-Einführung und hat in diesem Rahmen umfangreiche Kundeninterviews durchgeführt. Die überraschenden Ergebnisse sind Anlass, das Produkt- und Dienstleistungsportfolio grundsätzlich zu überarbeiten, um die gesamte Zielmarge zu erhöhen.
5. Darüber hinaus ist im Gesellschafterkreis die seit längerem geführte Diskussion, ob das Unternehmen nach den bisherigen extrem konservativen Nachhaltigkeitsregeln geführt werden soll oder ob man doch stärker den nach verfügbarem Cash Flow optimieren sollte.

Wir sehen damit, dass Strategieentwicklung auf allen Ebenen der Strategie Excellence Landscape stattfindet. Eigentümer und Geschäftsleitung diskutieren die Richtung auf dem Obersten Level der I. Leadership Agenda. Der CEO bewegt sich auf allen Ebenen. Er ist Teil der Diskussion über die grundsätzliche Richtung und muss in einem strukturierten Gruppenstrategieprozess (siehe Abb. 20.2) die richtigen Antworten auf die Fragen wie attraktive Portfoliogeschäftsfelder, Synergien, Szenarien und die richtige Organisation finden.

Auf Geschäftsfeldstrategieebene sind alle drei Geschäftsbereiche unseres oben diskutierten Beispiels aus unterschiedlichen Gründen gefordert, Entscheidungen über die weitere Entwicklungsrichtung zu treffen. Dabei gibt es meist drei fundamental wichtige Entscheidungsfelder:

1. Wo wollen wir spielen und wo nicht?
2. Wie können wir in den Bereichen, in denen wir spielen wolle, erfolgreich bestehen?
3. Welche Ressourcen benötigen wir, damit wir unsere Strategie umsetzen können?

In Abb. 20.3. wird so die Strategie von links nach rechts erarbeitet und im zweiten Schritt von rechts nach links rückwärts validiert.

Die Überarbeitung von Gruppen- und Geschäftsfeldstrategien ist in der Regel am schwierigsten, weil es hier meist nicht nur eine Frage mit zwei möglichen Handlungsoptionen zu klären gibt. Auch wird die Welt immer schnelllebiger, Kundenbedürfnisse und Kaufverhalten verändern sich schneller, was dazu führt, das Unternehmen und ihre Führungskräfte strategisch immer agiler werden müssen. Dazu braucht es gute strategische Fähigkeiten und vor allem eine gemeinsame Strategiesprache auf allen

Gruppenstrategie - "Earning the corporate right to win"

**Unternehmenswert =**

**Aktuelle performance**

**Potenzial der Gruppe**

**Fähigkeit, das Potenzial auszuschöpfen**

**Hebel zur Maximierung des Unternehmenswertes**

**Aktuelles Potenzial maximieren**

| 1 | Zusammenstellung eines erfolgreichen Portfolios | Zusammenstellung eines Portfolios von Geschäften/Assets mit hohem individuellen und kollektiven Wertschöpfungspotenzial |
| 2 | Schaffen starker Synergien | Entwicklung von Mechanismen zur Wertschöpfung, die über die Summe der Teile hinausgehen |
| 3 | Aufbau von Wettbewerbsfähigkeit | Erhöhen Sie die strategischen Freiheitsgrade. Schaffung eines strategischen Handlungsspielraums für das Unternehmen |

**Fähigkeiten aufbauen, um das Potenzial auszuschöpfen**

| 4 | Konfiguration für mehr Effektivität und Flexibilität | Konfiguration, die die Strategie am besten unterstützt. Koordination der notwendigen Assets und Verhaltensweisen |
| 5 | Akzeptanz und effektiver Umgang mit Unsicherheit | Verstehen Sie mögliche „Zukünfte" und passen Sie den Entwicklungskurs des Unternehmens vorausschauend an |
| 6 | Planung einer erfolgreichen Corporate Journey | Energie, Dynamik und Engagement aggressiv managen und reibungslos umsetzen |

**Abb. 20.2** Gruppenstrategieprozess. (Quelle: Lafley und Martin (2013); Skyadvisory)

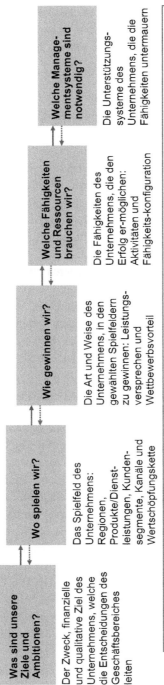

Geschäftsfeldstrategie - "Earning the right to win in distinct markets"

**Was sind unsere Ziele und Ambitionen?**

Der Zweck, finanzielle und qualitative Ziel des Unternehmens, welche die Entscheidungen des Geschäftsbereiches leiten

**Wo spielen wir?**

Das Spielfeld des Unternehmens: Regionen, Produkte/Dienstleistungen, Kundensegmente, Kanäle und Wertschöpfungskette

**Wie gewinnen wir?**

Die Art und Weise des Unternehmens, in den gewählten Spielfeldern zu gewinnen: Leistungsversprechen und Wettbewerbsvorteil

**Welche Fähigkeiten und Ressourcen brauchen wir?**

Die Fähigkeiten des Unternehmens, die den Erfolg er-möglichen: Aktivitäten und Fähigkeits-konfiguration

**Welche Managementsysteme sind notwendig?**

Die Unterstützungssysteme des Unternehmens, die die Fähigkeiten untermauern

- Strategie ist nicht kompliziert - aber hart: Die meisten Manager scheuen sich vor harten Entscheidungen
- Strategie ist ein iterativer Prozess: Die "kaskadierenden" Entscheidungen sind miteinander verknüpft und beeinflussen sich gegenseitig
- Erfolgreiche Unternehmen implementieren einen gemeinsamen Ansatz und eine gemeinsame Sprache, um Strategien auf jeder Ebene des Unternehmens zu entwickeln: Die Ambitionen jeder Geschäftseinheit, wo sie spielen, wie sie gewinnen können, usw. werden durch die jeweiligen Entscheidungen auf Gruppenebene beeinflusst

**Abb. 20.3** Erarbeitung einer Geschäftsfeldstrategie. (Quelle: Lafley und Martin (2013); Skyadvisory)

Führungsebenen, um sich z. B. bei einer plötzlich auftretenden Opportunität schnell und sicher für die richtige der möglichen Handlungsoptionen zu entscheiden.

Inwiefern unterscheidet sich nun der Prozess der strategischen Entscheidungsfindung in Familienunternehmen von börsennotieren Unternehmen oder bei Unternehmen im Besitz von Kapitalanlagegesellschaften?

1. **Strategische Langfristigkeit und Kontinuität**

   Die Familie bestimmt die Richtung, die Kultur, die Werte und das Verhältnis von Nachhaltigkeit und kurzfristiger Liquiditätsoptimierung. Damit ist zumeist eine langfristige, klare Ausrichtung verbunden, die auch die Kultur und damit das Verhalten fast jeden Mitarbeiters bestimmt. Das ist häufig eine große Stärke und bei viele der seit langem etablierten Familienunternehmen einer der Hauptgründe für deren Erfolg. Dieser Vorteil kann aber nur dann ausgespielt werden, wenn unterschiedliche Interessen innerhalb der verschiedenen Familienzweige ausgeglichen werden können. Offen ausgetragene Konflikte können im schlimmsten Fall die Existenz und oder die Unabhängigkeit eines Unternehmens gefährden.

   Dieser starke Einfluss der Familie sorgt im Weiteren auch für eine kontinuierliche Verfolgung und Umsetzung der strategischen Ziele. Die Führungskräfte können sich meist darauf verlassen, dass es nicht jedes Jahr eine neue Änderung der strategischen Stoßrichtungen gibt oder auch der Kriterien, nach denen strategischen Optionen bewertet werden. Ein möglicher Nachteil kann aber sein, dass die notwendige strategische Agilität der Führungskräfte darunter leidet und wichtige kontroverse Diskussionen unterbleiben.

2. **Kontinuierliche stringente Umsetzung**

   Inhabergeführte Unternehmen zeichnen sich meist durch schnelle Entscheidungen und stringente konsequente Umsetzungen aus. Im Optimalfall unterbleiben politische Diskussionen und die bekannten Machtspiele hinter den Kulissen. Zudem erfolgt die Umsetzung oft mit einem stärkeren Durchhaltevermöge, wird nicht so leicht hinterfragt oder gar aufgegeben. In solchen Fällen haben Familienunternehmen einen großen Vorteil, weil die erarbeiteten Strategien nicht auf dem Papier bleiben, sondern Realität werden – und das oft schneller als in anderen Organisationen.

Fazit: Strategieentwicklung und -umsetzung kann in Familienunternehmen deutlich schneller und besser durchgeführt werden als in anderen Unternehmen. Es ist aber keineswegs ein genereller strukturgegebener Vorteil. Wenn die Familien – ggf. solche mit mehreren verschiedenen Zweigen – sich nicht einig sind oder sich sogar im Konflikt befinden oder wenn zum Beispiel Familienmitglieder trotz fehlender Eignung in Toppositionen gebracht werden, können sich die grundsätzlichen Vorteile von Familienunternehmen schnell in existenzgefährdende Nachteile verwandeln.

## Literatur

Lafley, A. G., Martin, R. (2013). Playing to Win. How strategy really works. Harvard Business Review Press.

**Dr. Carsten B. Henkel** ist Chairman & CEO der Skyadvisory AG, einer international tätigen Unternehmensberatung. Ein großer Teil seiner Klienten sind Familienunternehmen in Europa. Er studierte und promovierte an der Universität St. Gallen.

# Strategische Planung im Familienunternehmen: Umgang mit dem Prinzipal-Agenten-Dilemma

Stefan Borchers

## Spezifika der strategischen Ausrichtung von Familienunternehmen

### Strategische Langfristigkeit und Nachhaltigkeit

In etablierten Familienunternehmen hat die Inhaberfamilie in der Regel über Jahrzehnte oder manchmal sogar über mehr als ein Jahrhundert die Firmenkultur, die strategische Grundausrichtung sowie die Unternehmenswerte geprägt. Regelmäßig ist damit auch eine langfristige, klare Ausrichtung verbunden, die als ein Erfolgsfaktor von Familienunternehmen gewertet werden kann. Dies wird z. B. auch durch eine empirische Untersuchung für österreichische Familienunternehmen bestätigt (Pernsteiner et al. 2016, S. 246).

### Strategie im Familienunternehmen

Strategie im Familienunternehmen wird grundsätzlich eher langfristig betrachtet (Pernsteiner et al. 2016, S. 246). Familienunternehmen zeichnen sich zudem häufig dadurch aus, dass ihr Renditeanspruch auf das eingesetzte Eigenkapital maßvoller ausfällt als in anderen Unternehmensformen. Dieser Sachverhalt kann ein nachhaltiges Wirtschaften zusätzlich begünstigen (Feldbauer-Durstmüller et al. 2008, S. 201 f.). Weitere Eigenschaften, die Familienunternehmen auszeichnen können, sind die höhere Risikosensibilität, einhergehend mit Gedanken der sogenannten „Enkelfähigkeit" der Strategie, sowie eine starke (emotionale) Verbindung zum Unternehmen. All diese Aspekte sind bei der Abstimmung und Festlegung der Strategie sowie bei der Konkretisierung im Rahmen der strategischen Planung zu berücksichtigen.

S. Borchers (✉)
Vaillant Group, Remscheid, Deutschland
E-Mail: stefan.borchers@vaillant-group.com

© Der/die Autor(en), exklusiv lizenziert an Springer Fachmedien Wiesbaden GmbH, ein Teil von Springer Nature 2022
T. Zellweger und P. Ohle (Hrsg.), *Finanzielle Führung von Familienunternehmen*,
https://doi.org/10.1007/978-3-658-38061-8_21

## Prozess der strategischen Planung in Familienunternehmen

### Grundsätze strategischer Planung

Die Unternehmensstrategie ist naturgemäß langfristig ausgerichtet und sollte daher nicht laufend geändert werden. Dennoch empfiehlt sich eine regelmäßige Überprüfung, z. B. jährlich im Rahmen einer Strategiekonferenz. Dabei wird dann sowohl der Umsetzungsstand der Strategie überprüft als auch ein möglicher Adjustierungsbedarf analysiert. Grundsätzlich gibt es keinen Unterschied im Einsatz von strategischer Planung in Familienunternehmen und Nicht-Familienunternehmen. Dies wird z. B. für Österreich auch durch eine empirische Untersuchung bestätigt (Feldbauer-Durstmüller et al. 2008, S. 201 f.). Die homogenere Eigentümerstruktur sowie der in der Regel deutlich stärkere Bezug der Eigentümer zum Unternehmen erfordern jedoch spezifische Regelungen zu deren Einbindung im Strategieprozess.

### Gremieneinbindung: Wider den Prinzipal-Agenten-Konflikt

Zwischen Eigentümern und Management sollte ein gleiches Verständnis, d. h. „Commitment", bezüglich der festgelegten Strategie und den entsprechenden Zielgrößen vorliegen, um eine erfolgreiche Strategieumsetzung zu begünstigen (Gabriel 2007, S. 27 ff.). Dafür ist allerdings ein intensiver und strukturierter Abstimmungsprozess erforderlich. Bei inhabergeführten Unternehmen oder einer sehr kleinen Anzahl von Anteilseigner gibt es im Vergleich zu Publikumsgesellschaften bezüglich der unternehmensinternen Abstimmung im Rahmen der Planung entweder keine großen prozessualen Abweichungen, oder der Prozess ist aufgrund der Ausrichtung auf den Inhaber sogar deutlich schlanker.

Wenn die Familienunternehmen aber

- eine entsprechende Größe erreichen und damit Konzernstrukturen entwickeln müssen,
- das Management in Vorstand, Verwaltungsrat bzw. Geschäftsführung aus familienfremden Managerinnen und Managern besteht und
- eine Vielzahl unterschiedlicher Eigentümer/innen bzw. verschiedene Familienstämme Anteile halten,

hat eine entsprechende Corporate Governance – z. B. in Form von Satzung und Gesellschaftervertrag – einen klaren Entscheidungsrahmen je Ebene bzw. je Organ abzustecken, um eine effiziente Zusammenarbeit zu gewährleisten. Da eine individuelle Abstimmung mit großen Familienstämmen und mehreren Generationen nicht praktikabel ist, wird so eine strukturierte Abstimmung ermöglicht. Zwischen beiden Parteien besteht allerdings eine „asymmetrische Informationsverteilung". Dem operativen Management liegen grundsätzlich mehr Informationen vor als dem nicht im Unternehmen tätigen Eigentümern. Dieser Informationsnachteil der Eigentümer gegenüber dem angestellten Management stellt einen klassischer Principal-Agent-Konflikt dar.

Der Prinzipal, d. h. die Eigentümerfamilie, kann sich jetzt entweder aktiv Informationen beschaffen („Screening") oder mit dem Agenten, d. h. der Geschäftsführung bzw. dem Vorstand, einen Informationsabstimmungsprozess abstimmen („Self Selection"; Großer 2016, S. 441). Die geordnete Abstimmung sollte der Regelprozess sein, um einen reibungslosen und effizienten Planungs- und Abstimmungsprozess gewährleisten zu können.

Neben dem originären Eigentümerinteressen ist dies auch aus rechtlichen Gründen erforderlich. Die Grundsätze 2 und 15 des Deutschen Corporate Governance Kodexes verlangen beispielsweise, dass der Vorstand die Strategie mit dem Aufsichtsrat abstimmt und diesen regelmässig dazu informiert. (Zur grundsätzlichen Pflicht der Berichterstattung an den Aufsichtsrat vgl. für Deutschland § 90 AktG.)

**Einflussgrößen und Prozessparameter zur Corporate Governance Eigentümerstruktur als Einflussgröße**
Die Ausgestaltung einer professionellen Corporate Governance, die dann auch die Strategieabstimmung beinhaltet, hängt von zahlreichen Faktoren ab. Beispielhaft sind hier zu nennen: Anzahl der Eigentümer bzw. der Familienstämme, Homogenität der Zielsetzungen innerhalb der Eigentümer und die Nähe bzw. Affinität zum Unternehmen.

Vor diesem Hintergrund sind folgende Fragen zum Aufbau und Prozess zu beantworten:

- Definition der Gremien (u. a. Gesellschafterversammlung, Aufsichtsrat, Beirat, Gesellschafterausschuss, Personalausschuss, Prüfungsausschuss)
- Besetzung der Gremien unter Berücksichtigung der Interessen und Stimmrechte
- Periodizität (anlassgebunden und wiederkehrend)
- Verantwortlichkeiten, d. h. Festlegung des Entscheidungsrahmens inkl. konkreter Wertgrenzen
- Berichtspflichten (Regelberichte und Ad-hoc-Pflichtigkeit)

Dabei sollte auch die Verabschiedung der strategischen Planung als wichtiges Element geregelt sein.

**Gremiendurchlauf der strategischen Planung**
Wie kann die Abstimmung zwischen Prinzipal und Agenten bezüglich der strategischen Planung ablaufen? Wir sprechen hier bewusst von strategischer Planung statt Strategieabstimmung, um auf die Notwendigkeit der Verknüpfung von Strategie und finanziellem strategischem Plan hinzuweisen. Auf Basis der strategischen Eckpfeiler sollte ein Businessplan entwickelt werden, um die finanzielle Zielsetzung inkl. Finanzierbarkeit aufzuzeigen. Zudem wird so eine Erfolgskontrolle der Strategieumsetzung durch Abgleich von Plan- und Ist-Werten möglich.

Aufgrund der Nähe zum Geschäft sollte der Vorschlag für die Strategie grundsätzlich vom Management erfolgen – unabhängig davon, ob dort Eigentümer tätig sind.

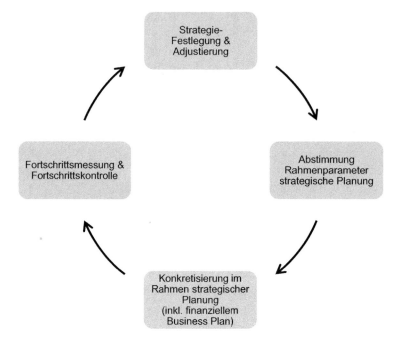

**Abb. 21.1** Regelkreis der strategischen Planung. (Quelle: Eigene Darstellung)

Die trategie kann dann in einer Strategiesitzung mit dem Eigentümergremien diskutiert werden. Ein Gesellschafterausschuss oder Beirat kann hier eine fachlich basierte und effiziente Abstimmung ermöglichen. Zusammen mit der Strategie sollten schon erste Rahmendaten als Prämissen für einen auf der Strategie basierenden Businessplan vorgestellt werden. Nach Abstimmung bzw. ggfs. Anpassung der Strategie kann dann nach Zustimmung des Gremiums eine detaillierte Planung mit Vorgaben für die einzelnen Unternehmenseinheiten erfolgen. (Abb. 21.1).

Dadurch kann das Risiko deutlich reduziert werden, dass unterschiedliche strategische Auffassungen, Unternehmensentscheidungen blockieren. Gerade in der heutigen Zeit, mit neuen Wettbewerbern und schnelleren Entwicklungszyklen, muss die strategische Handlungsfähigkeit sichergestellt werden. ·

## Fazit

Strategiebestimmung und strategische Planung sind Kernelemente der Unternehmensführung. Grundsätzlich erfolgt die Festlegung der Strategie zumindest in größeren Familienunternehmen analog zu Nicht-Familienunternehmen. Aufgrund der Nähe der Anteilseigner hat aber in der Regel eine engere Abstimmung zu erfolgen. Um hier den Informationsaustausch zwischen dem Eigentümer (Prinzipal) und dem Management

(Agenten) sicherzustellen, ist ein entsprechendes Regelwerk erforderlich. Diese Corporate Governance sollte nicht nur die Planungsabläufe im Unternehmen regeln, sondern auch die Abstimmungsprozesse zwischen den Organen bzw. Gremien des Prinzipals, d. h. der Eigentümerfamilien, und dem Agenten, d. h. dem angestellten Management bzw. den Familienmitgliedern in Verwaltungsrat, Geschäftsführung oder Vorstand.

Letztlich hilft eine entsprechende Corporate Governance dabei, die besonderen Anforderungen aus der Eigentümerstruktur von Familiengesellschaften zum Vorteil zu nutzen. Mit schnellen und nachhaltigen Entscheidungen kann sich das Familienunternehmen auch in heutigen Zeiten bestens am Markt behaupten – zum Wohle der Beschäftigten und der Eigentümerfamilie!

## Literatur

Feldbauer-Durstmüller, B., Haas, Th., und Mühlbock, S. (2008). Controlling in Familienunternehmen – Eine empirische Betrachtung. In CFO aktuell: Zeitschrift für Finance & Controlling, 02/2008, S. 198–202.

Gabriel, Th. (2007). Erfolgreiche Strategieumsetzung, in: CFO aktuell: Zeitschrift für Finance & Controlling, 01/2007, S. 27–30.

Großer, B. (2016). Asymmetrische Informationsverteilung. In Controlling: Zeitschrift für erfolgsorientierte Unternehmenssteuerung, 07/2016, S. 27–28.

Pernsteiner, H., und Weclawaski, J. (2016). Zum Einfluss der Familie auf das Finanzmanagement, in: CFO aktuell: Zeitschrift für Finance & Controlling, 06/2016, S. 245–248.

**Dr. Stefan Borchers** ist seit 2018 CFO der Vaillant Group. Die Karriere des Betriebswirts, der im Bereich Controlling promoviert hatte, begann im Bereich Beteiligungsmanagement/M&A der Deutsche Lufthansa AG. Es folgten Stationen im Bayer-Konzern, ehe er 2012 in die die Vaillant Group eintrat, zunächst als Group Finance Director.

# Das M&A-Phänomen im Kontext von Familienunternehmen: Wachstum durch Zukäufe

# 22

Akash Saini und Andreas Lindner

Obschon die Corona-Pandemie das Wirtschaftsgeschehen erheblich eingeschränkt hat, scheint die Merger & Akquisition (M&A)-Industrie davon nur zum Teil betroffen zu sein. Vor allem der M&A-Markt in der DACH-Region zeigt deutliche Resilienz und eine bemerkenswerte Dynamik. Mit 1696 Transaktionen in der ersten Jahreshälfte 2021 befindet sich der M&A-Markt in Deutschland, Österreich und in der Schweiz trotz Pandemie auf Rekordkurs (PwC 2021).

Einen wichtigen Beitrag hierzu leisten Familienunternehmen. Allein in Deutschland wurden im dritten Quartal 2021 73 Transaktionen verzeichnet, wobei Familienunternehmen mit 27 Transaktionen – Konzerne tätigten 17 – die Spitzenposition einnahmen (Die deutsche Wirtschaft 2021a). Dies verdeutlicht die Schlüsselrolle von Familienunternehmen als Rückgrat der Wirtschaft in der DACH-Region (Die deutsche Wirtschaft 2021b). Eben diese Bedeutung bewirkte in den letzten Jahren eine erhöhte Popularität in der Forschung rund um das Thema Familienunternehmen. Unumstritten ist hierbei die Erkenntnis: Familienunternehmen ticken anders. Die Formulierung von Unternehmenszielen und die daraus abgeleitete Strategie ist maßgeblich getrieben von einer einzigartigen Unternehmenskultur und distinktiven Eigenschaften, die Familienunternehmen von Großkonzernen und anderen Mitbewerbern unterscheiden.

A. Saini (✉)
Frankfurt am Main, Hessen, Deutschland
E-Mail: akash.saini@hotmail.de

A. Lindner
Zug, Schweiz
E-Mail: a.lindner@gmx.ch

T. Zellweger und P. Ohle (Hrsg.), *Finanzielle Führung von Familienunternehmen*, https://doi.org/10.1007/978-3-658-38061-8_22

Auch das Thema M&A in Familienunternehmen weist andere Dynamiken auf, die den Erfolg von Akquisitionen fundamental beeinflussen können. Ein kurzer Blick in die Forschung zeigt jedoch: Das Themenfeld M&A in Familienunternehmen ist jung und unerforscht. Während der grundlegende M&A-Prozess nicht wesentlich divergiert, so ist die Herangehensweise an M&A und die Präferenzen innerhalb der einzelnen Stationen entscheidend anders.

Um praxisrelevante Einblicke in den noch unbekannten M&A-Prozess innerhalb von Familienunternehmen zu geben, wurden zum Thema „M&A in FCB" Interviews mit CEO und CFOs von inhaber- und fremdgeführten Familienunternehmen durchgeführt. Ziel der Untersuchung war es das „Weshalb" und „Wie" aufzuklären: Weshalb partizipieren Familien an M&A, und wie machen sich für Familienunternehmen spezifische Eigenschaften durch den M&A-Prozess hindurch sichtbar?

## Handlungsleitende Charakteristika in Familienunternehmen für Mergers & Aquisitions

Familienunternehmen sind anders: Sie befinden sich in einem Spannungsfeld mit der Herausforderung, verschiedene Interessen und Perspektiven in Ihrer unternehmerischen Ausgestaltung zu berücksichtigen und zu balancieren. Das Abstimmen der Blickwinkel eines Unternehmers, Eigentümers und der Familie – eine klare Trennlinie gibt es nicht – resultiert in einer distinktiven Dynamik, Kultur und Verhaltensweise, die die Ausrichtung des Unternehmens maßgeblich beeinflusst.

### Langfristige Orientierung
Die Ergebnisse aus den untersuchten Fällen zeigen deutlich: Familienunternehmen haben ein anderes Zeitkalkül. Sie denken langfristiger und konzentrieren sich auf eine nachhaltige Entwicklung des Unternehmens, das über Generationen Bestand haben soll. Pures Wachstum um jeden Preis ist nicht das Ziel – man denkt in Generationen. Es geht um die Qualität des Wachstums: gesund, rentabel und nachhaltig. Das Resultat einer solchen Orientierung ist ein für das Management vorteilhaftes. In Familienunternehmen herrscht geringerer kurzfristiger finanzieller Druck, was mehr Freiheit und Flexibilität in der Entscheidungsfindung ermöglicht. Dies spielt vor allem für strategische Entscheidungen – M&A gehört wahrscheinlich zu einer der meist risikobehafteten und somit wichtigsten Entscheidungen – eine grundlegende Rolle. Familienunternehmen geben einer Akquisition mehr Zeit, die damit verfolgten Ziele auch tatsächlich zu erreichen. Gerade in schweren Zeiten ermöglicht eben dieser lange Atem Familienunternehmen durch das Tal der Tränen zu navigieren und jene Vorteile zu nutzen, die für Finanzinvestoren oder andere Strategen aufgrund ihrer kurzfristigen Ausrichtung nicht realisierbar sind.

Zu beachten ist jedoch, dass die langfristige Sichtweise nicht nur Vorteile mit sich bringt. Die Hoffnung, eine unerfolgreiche Transaktion doch noch zum Wendepunkt zu bringen, kann zu einer irrational langen Haltedauer führen, die mit einer nachhaltigen Sichtweise legitimiert wird. Dementsprechend länger sind die Entscheidungsprozesse. Ob das eine Stärke oder Schwäche ist, ist kontextbedingt. Bestimmte Dinge brauchen einfach Zeit.

**Konservatives Risiko- und Renditeprofil**
Familienunternehmer sind emotional und finanziell an ihr Unternehmen gebunden. Sie stecken mit ihrem Privatvermögen in einer Unternehmung, die ein Abbild ihrer Familiengeschichte ist, die für gewisse Werte einsteht. Beide Dimensionen sollen keineswegs gefährdet werden. Dies äußert sich in einem besonders konservativen Risiko- und Renditeprofil, das M&A-Entscheidungen substanziell beeinflusst. Familienunternehmen legen enormen Wert auf die Bewahrung der Unternehmenskultur und Reputation der Familie. Die Angst vor dem wohlbekannten „Culture Clash" zwischen akquirierendem und akquiriertem Unternehmen als Hauptursache von gescheiterten Transaktionen – siehe die Verlobung von Daimler und Chrysler in 1998 – kann dazu führen, dass Transaktionen gar nicht erst durchgeführt werden obwohl sie ökonomisch durchaus rational wären. Werden diese kulturellen Unterschiede erst nach der Akquisition offenkundig, können drastische Maßnahmen folgen.

Beispielsweise wird das akquirierte Management, sofern es nicht in die Familienkultur passt, ersetzt oder die Akquisition wird zur Gänze wieder ausgegliedert. So erklärte einer der befragten Manager, die Relevanz von emotionalen Faktoren untermauernd: „Nicht die Cashflows und die Rentabilität ist für ein Familienunternehmen wichtig, sondern vielmehr der Ruf, ein beständiges und innovatives Unternehmen zu sein. Familienunternehmen haben lieber eine drei Prozent niedrigere EBIT-Marge und dafür einen guten Ruf als umgekehrt."

Dies bedeutet keineswegs, dass Familienunternehmen indifferent ihrer finanziellen Stellung gegenüber sind, ganz im Gegenteil: Da ein substanzieller Teil des Familienvermögens in dem Unternehmen gebunden ist, werden Entscheidungen, die eine potenzielle Gefährdung bedeuten, genau auf den Prüfstand gestellt. Insbesondere das Aufnehmen von Fremdkapital ist ein entscheidendes Kriterium für das weitere Verfolgen einer Akquisition. Man vermeidet dies grundsätzlich einmal zum Erhalt der Unabhängigkeit, sofern irgend möglich. Familienunternehmen wollen ihre wirtschaftliche Integrität und die Struktur des eigenen Unternehmens nicht gefährden. Um eine erfolgreiche Zusammenarbeit mit Familienunternehmen zu gewährleisten ist es unabdingbar, diese zwei Dimensionen zu verstehen, da diese innerhalb von Familienunternehmen wegweisend sind.

**Mitarbeiter als integraler Bestandteil zur Erreichung von Unternehmenszielen**
Familienunternehmen agieren bei Entscheidungen, die eine Veränderung ihrer Kultur bewirken, ausgesprochen vorsichtig und zurückhaltend. Eine maßgebliche Rolle für den Erhalt eben dieser Kultur schreiben Familienunternehmer ihren Mitarbeitern zu. Infolgedessen zeichnen sich Familienunternehmen mit einem besonders ausgeprägten Grad

an Verantwortung für das Wohlergehen ihrer Mitarbeiter aus. Auch hier stellvertretend eine Einschätzung aus der Befragung: „In einem Familienunternehmen sind die Arbeitsbedingungen viel humaner als in Nicht-Familienunternehmen. Wenn ein Mitarbeiter über einen längeren Zeitraum krank ist oder viele Dienstjahre hinter sich hat, muss er nicht befürchten, gekündigt zu werden. Das sind Faktoren, die es nicht in jedem Unternehmen gibt. Das ist es, was Familienunternehmen auszeichnet."

Der enorme Fokus auf die Harmonie innerhalb der Belegschaft gewinnt vor allem in Übernahmeszenarien zunehmend an Bedeutung. Für Familienunternehmen gilt es die Zufriedenheit der Mitarbeiter unter der Prämisse des Erhalts der Kultur nach erfolgreicher Durchführung der Akquisition zu gewährleisten. Besonders nennenswert ist der Umgang mit dem akquirierten Management und Mitarbeitern, das mit einer dergleichen Verantwortung in das Unternehmen aufgenommen und integriert wird. Die M&A-Strategie von Familienunternehmen baut nicht etwa darauf, Synergien durch Mitarbeiterabbau zu erwirtschaften. Das sind Themen, mit denen Familienunternehmen keineswegs assoziiert werden wollen. Vielmehr bilden Nachhaltigkeit, Zusammenhalt und Vertrauen das Fundament der Unternehmenskultur, für die Familienunternehmer zu 100 % einstehen.

Zusammenfassend machten sich in der Untersuchung folgende Charakteristika bemerkbar, die das M&A-Verhalten innerhalb von Familienunternehmen maßgeblich beeinflussen:

- Langfristige, nachhaltige und generationenübergreifende Orientierung beeinflussen die Entscheidungsfindung und Anlagehorizont.
- Familienunternehmen haben ein konservatives Risiko- und Renditeprofil was der emotionalen Identifikation und finanziellen Bindung mit dem Unternehmen geschuldet ist
- Familienunternehmen brillieren mit einem besonders ausgeprägten Sinn von Verantwortung gegenüber dem Wohlergehen ihrer Mitarbeiterschaft

## M&A in Familienunternehmen ist anders

Wenn sich der M&A-Prozess auch nicht wesentlich in der Struktur unterscheidet, akquirieren Familienunternehmen anders. Die genannten Charakteristika finden sich in der Motivation hinter Akquisitionen, der konsekutiven Exekution der Transaktion bis hin zur schlussendlichen Erfolgsmessung wieder.

### M&A-Motivation
Die grundlegende Motivation hinter M&A in Familienunternehmen kann aus den folgenden zwei Dimensionen betrachtet werden: wirtschaftlich und nicht-wirtschaftlich. Während dies in erster Instanz schlüssig erscheint, ist die Gewichtung und das Zusammenspiel beider Dimensionen in Familienunternehmen distinktiv anders.

Familienunternehmer sind keineswegs wirtschaftlich irrationale Akteure. Der unternehmerische und wirtschaftliche Gedanke ist hier sogar besonders stark ausgeprägt.

Dies ist teils dem gebundenen Privatvermögen in dem Unternehmen geschuldet. Infolgedessen führen Familienunternehmen im Rahmen des M&A-Prozesses eine grundlegende Due-Diligence-Prüfung durch. Diese soll den wirtschaftlichen Erfolg der Akquisition gewährleisten. Auffällig ist jedoch die Bedeutung von quantitativen und finanziellen Entscheidungsfaktoren. Sie scheinen in Familienunternehmen eine untergeordnete Rolle zu spielen und fungieren eher als Hygienefaktoren denn als Motivatoren. Akquisitionen sollen finanzwirtschaftlich rational und lukrativ sein, sie sind jedoch in Familienunternehmen nicht der Zweck der mit der M&A-Strategie verfolgten Zielsetzung. Einer der Befragten brachte dies so auf den Punkt: „Synergien werden häufig überschätzt, und ich würde nie eine Firma nur für die Synergie kaufen."

Die grundlegende Motivation hinter M&A ist in Familienunternehmen strategisch und immer darauf ausgerichtet, das Unternehmen langfristig resilient zu machen. Die Untersuchung ergibt, dass die Motivation hinter M&A in Familienunternehmen in die folgenden drei Hauptkategorien subsumiert werden kann:

- M&A als Mittel der geographischen, produktseitigen oder technologischen Expansion
- M&A zur Sicherung der Wettbewerbsfähigkeit
- M&A als Mittel der Risikominderung

Es ist deutlich erkennbar, dass der Zweck von M&A in Familienunternehmen darauf ausgerichtet ist die langfristige Strategie des Unternehmens zu unterstützen. Nehmen Sie Vorwerk, die 2001 LUX und 2004 JAFRA erwarben. Vorwerk hielt kontinuierlich an seiner bestehenden Vision fest. Dabei ist ein Kernelement der Direktvertrieb – ohne neue Trends wie Flagshipstores, Online Verkauf und Online Communities zu ignorieren. Man ist also bei Wahrung der Prinzipien jedenfalls wandlungsfähig (neue Märkte, modifiziere Vertriebsformen, Innovation).

Familienunternehmer meiden Transaktionen, die finanzwirtschaftlich rational sind, aber nicht in die Unternehmensstrategie passen. Sie machen einen großen Bogen um Akquisitionen, die wenig, bis nichts mit dem Kernunternehmen gemeinsam haben. Konglomerate Zusammenschlüsse passen beispielsweise einfach nicht in das beschriebene konservative Risiko- und Renditeprofil: Der strategische Fit muss jedenfalls gegeben sein. Es geht nicht darum, kurzfristig finanzwirtschaftliche Erfolge zu erzielen, sondern das Unternehmen nachhaltig aufzubauen. Demnach lässt sich schlussfolgern, dass Motive hinter Akquisitionen von einem langfristigen Investitionshorizont und einem konservativen Risiko- und Renditeprofil geprägt sind, welche letztlich auf die Stärkung des Kerngeschäfts ausgerichtet sind.

**M&A-Prozess**

Ist erst einmal M&A als Mittel zur Erreichung der Unternehmensziele definiert, so folgt von der Lokalisierung des Zielunternehmens bis hin zur Integration ein relativ

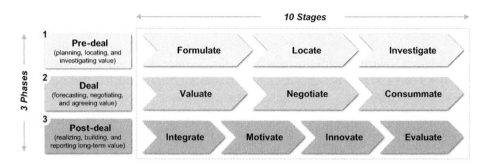

**Abb. 22.1** Drei-Phasen-Modell für M&A. (Quelle: Eigene Darstellung in Anlehnung an Galpin 2020, S. 2.)

standardisierter Prozess. Dieser wird in der Regel in drei Phasen betrachtet innerhalb derer verschiedene Unterprozesse ablaufen (siehe Abb. 22.1). Im Grundsatz durchlaufen Familienunternehmen die gleiche Schrittfolge, geben aber mit ihren einzigartigen Charakteristika dem Ganzen einen eigenen Twist.

Aus der Untersuchung wird deutlich: Familienunternehmen akquirieren gerne familiengeführte oder unternehmergeführte Unternehmen – also solche Unternehmen, die Ihrer Kultur am nächsten sind. Dies soll eine potenzielle Gefährdung der Unternehmenskultur nach Durchführung der Akquisition mindern. Reziprok finden Verkäufer bei Familienunternehmen als Käufer Anklang vor allem wenn dem Verkäufer das Wohlergehen ihrer Belegschaft nahe liegt, wie einer der Befragten erläuterte: „Wenn der Verkäufer sagt: ‚Eigentlich möchte ich, dass meine Mitarbeiter weiter unter guter Führung und einem guten Verband weiterleben, und ich habe immer für meine Mitarbeiter gelebt und es mir dabei nicht schlecht gegangen, aber jetzt will ich mich zur Ruhe setzten' – dann machen wir so etwas."

Außergewöhnlich ist außerdem die Zuhilfenahme von externen Beratern in den einzelnen Phasen des M&A Prozesses. Dies zeigt sich unter anderem in der Due-Diligence-Phase. Familienunternehmen führen die strategische Due Diligence präferiert im eigenen Hause durch, während die finanzielle und rechtliche Due Diligence an Dritte ausgelagert wird. Entscheidungen bestätigender Natur werden abgegeben, und umgekehrt gilt: „Alles, was mit internen Experten umsetzbar ist, wird auch mit internen Experten gemacht."

Auch bei der Lokalisierung des Zielunternehmens bauen Familienunternehmen eher auf langfristige Beziehungen aus ihrem Netzwerk als auf Empfehlungen von externen Beratern. Sie meiden vor allem von Dritten, wie etwa Investmentbanken, geführte Auktionen, die grundsätzlich auf die Maximierung des Verkaufspreises aus sind. Die Untersuchung zeigt unverkennbar: Familienunternehmen haben eine äußerst konservative Preispolitik, die sie in Auktionsprozessen relativ früh wieder ausscheiden lässt. Die Dynamik und Zielsetzung eines solchen Auktionsverfahrens stimmt in der Regel nicht mit dem konservativen Risiko- und Renditeprofil eines

Familienunternehmers überein, wie diese Aussage exemplarisch bestätigt: „Ich bin kein großer Anhänger von diesen Auktionen. Wenn es nur um die Preismaximierung geht, sind Sie bei Familienunternehmen falsch. Wenn es um einen fairen Marktpreis und eine vernünftige Nachfolgeregelung geht, sind Sie bei Familienunternehmen genau richtig. Warum bin ich ein Gegner davon? Irgendwann kommt natürlich die Gier, und die Gier ist ein schlechter Ratgeber."

Familienunternehmen bevorzugen bilaterale Diskussionen, die auf Vertrauen und offener Kommunikation basieren. Besteht dieses Vertrauen und ist die Akquisition strategisch relevant, so sind preissensitive Familienunternehmer auch bereit, den Preis substanziell nach oben zu adjustieren. Die Gesamtrechnung ist ein Zusammenspiel von Preis und Emotionalität und strategischer Rationalität. Der Preis bereitet die Basis und die Emotionalität ist der Schlüssel, der die Akquisition legitimiert.

**M&A-Erfolgsmessung**
Wenn es um die Bewertung des Erfolges einer durchgeführten Akquisition geht, betrachten Familienunternehmer zwei Dimensionen: quantitative und qualitative Erfolgs-indikatoren. Quantitative Leistungsindikatoren spiegeln die langfristige und nachhaltige Betrachtungsweise von Familienunternehmen wider. Folgende Erkenntnisse können aus der Untersuchung abgeleitet werden:

- Profitabilitätskennzahlen werden höher gewichtet als reine Wachstumsindikatoren
- Der Marktanteil nach der Akquisition ist ein wesentliches Erfolgskriterium in Familienunternehmen
- Das Realisieren von Synergien ist ein bedeutender Faktor in der Erfolgsrechnung

Wenngleich Synergien nicht der Treiber von Akquisitionen sind und nicht in den Kauf-preis eingepreist werden, so sind sie für die Sicherstellung der Profitabilität nach der Übernahme ausschlaggebend. Sie nehmen einerseits die Rolle von Input Faktoren an, die den wirtschaftlichen Erfolg gewährleisten aber können auch als Output Faktoren inter-pretiert werden, die die strategische Richtigkeit der Transaktion bestätigen.

Ähnlich zu M&A-Motiven, fungieren quantitative Leistungsindikatoren jedoch eher als Hygienefaktoren. Familienunternehmer wollen ihre finanzielle Situation sicherstellen, konzentrieren sich jedoch in erster Linie auf qualitative Erfolgsfaktoren, die sich mit den folgenden Fragestellungen befassen:

- Wurde das Unternehmen erfolgreich integriert?
- Fand ein Wissens-Transfer zwischen den Teams statt?
- Ist die Kultur in jeglicher Art und Weise beeinträchtigt worden?
- Wie ergeht es den Mitarbeitern beider Unternehmen nach der Akquisition?

In Kürze steht der Gedanke von Kollaboration und Zufriedenheit von Mitarbeitern als Treiber des wirtschaftlichen Erfolges im Mittelpunkt. Dementsprechend akribisch betrachten Familienunternehmer die Mitarbeiterfluktuation nach der Akquisition: „Selbst wenn alle betriebswirtschaftlichen Ziele erreicht sind, selbst wenn die Integration möglicherweise geglückt ist, selbst wenn der Marktzugang geschaffen wurde – wenn dann eine Mitarbeiterfluktuation einsetzt, die ein normales Maß übersteigt, dann würde die Familie immer sagen: ‚Leute das habt ihr nicht gut gemacht.' Das ist in Familienunternehmen ein ganz wesentlicher Charakter. Familienunternehmen tragen in sich ein bisschen das Thema: Wir sind zwar irgendwo ein Unternehmen mit allen Themen, die ein Unternehmen machen muss, aber eigentlich sind wir auch ein eingetragener Verein. Die Gewinnerzielungsabsicht ist zwar da, aber die Mitarbeiter sollen sich wohlfühlen."

Summa summarum machen Familienunternehmen den wirtschaftlichen Erfolg von qualitativen Erfolgsfaktoren abhängig. Das ultimative Ziel ist es langfristig, nachhaltig und profitabel zu wirtschaften. Die Grundvoraussetzung ist ein respektvoller Umgang mit den Mitarbeitern und der Erhalt der Kultur. Sofern dies nicht gewährleistet ist, kann der quantitative Erfolg nicht folgen, weshalb Familienunternehmer dem Erreichen des quantitativen Erfolges auch mehr Zeit einräumen. Vorranging sind die Harmonie und die Zusammenarbeit innerhalb des Unternehmens. Oder in den Worten eines Befragten: „Wenn Sie den qualitativen Erfolg nicht schaffen, dann schaffen Sie auch den monetären Erfolg nicht. Und ein monetärer Erfolg über kurze Zeit gleich am Anfang, der bringt keinen dauerhaften Erfolg."

## Am Schluss: M&A Erfahrung als CFO in Familienunternehmen und bei börsenkotierten Firmen (A. Lindner, CFO)

Ein wichtiger Faktor bei M&A in Familienunternehmen ist die Konstellation und Einbindung der Eigentümerfamilie. Wie sieht die Governance im Familienunternehmen aus? Ist die Familie lediglich im Verwaltungsrat vertreten (reiner Familien-VR oder gemischt mit externen VRs)? Ist der Geschäftsführer/CEO ein Familienmitglied? Ist der CEO gleichzeitig Verwaltungsratspräsident?

Die Konstellation der Eigentümerfamilie und die Goverance-Strukturen sind massgeblich für die Qualität der M&A Aktivitäten und Akquisitionen verantwortlich. Wenn der Prozess und die Entscheidungen breit abgestützt sind (Verwaltungsrat – Geschäftsleitung – operative Fachpersonen) dann ist die Wahrscheinlichkeit einer erfolgreichen Akquisition und Integration hoch.

Wenn der Prozess hingegen massgeblich von einer oder sehr wenigen Personen (Eigentümer, Geschäftsführer) gesteuert wird (und allenfalls noch befeuert von Banken/Vermittlern) dann steigen die Risiken, dass die Akquisition zu einem emotionalen (Ego-) Projekt wird und die Erfolgsaussichten sinken.

Gerade wenn sich aufgrund vom Netzwerk und langjährigen Kontakten der Eigentümer(familie) eine potenzielle Übernahmemöglichkeit ergibt so ist es wichtig den weiteren finanziellen und strategischen Due Dilligence Prozess in der Firma breit abzustützen. Idealerweise überlassen die Eigentümer dem operativen Management die

Detailanalyse und Führung vom M&A Prozess. Wichtig ist ein „Check and Balance" Mechanismus im M&A Prozess zu etablieren um blinde Flecken zu vermeiden.

Der Fokus der Eigentümer sollte in dieser Phase auf der internen Abstimmung (Alignement) innerhalb der Eigentümerschaft/Aktionäre liegen. Nicht immer erachten alle Familienmitglieder/Aktionäre eine Übernahmemöglichkeit als gleich sinnvoll und es gilt allfällige Differenzen innerhalb der Eigentümerschaft zu bereinigen.

## Literatur

Die deutsche Wirtschaft (2021a). Die Deals im Sommer 2021a: Familienunternehmen kaufen zu. https://die-deutsche-wirtschaft.de/transaktionen-juli-august-september-2021a/. Letzter Zugriff am 19.07.2022.
Die deutsche Wirtschaft (2021b). 79 deutsche Familienunternehmen in den Top 500 weltweit. https://die-deutsche-wirtschaft.de/79-deutsche-familienunternehmen-im-global-family-business-index/. Letzter Zugriff am 19.07.2022.
Galpin, T (2020). Winning at the Acquisition Game: Tools, Templates, and Best Practices Across the M&A Process. Oxford University Press.
PwC (2021). DACH: M&A-Insights – H1 2021. https://www.pwc.de/de/private-equity/pwc-studie-2021-positivtrend-im-ersten-halbjahr-2021.pdf. Letzter Zugriff am 19.07.2022.

**Akash Saini**   arbeitet als Investment Banking Analyst bei der Citigroup, Frankfurt. Er verfügt über einen Master of Arts in Accounting & Finance an der Universität St.Gallen.

**Andreas Lindner** ist seit 2019 CFO der Orior AG, einer international tätigen Schweizer Food and Beverage-Gruppe. Zuvor war Lindner über 10 Jahre lang als CFO der Ricola Gruppe tätig, seit 2014 zusätzlich als stellvertreten der CEO. Zu seinen weiteren Arbeitgebern zählen Mövenpick Foods International, die Burger Söhne Gruppe sowie die AO Foundation.

# Die M&A-Funktion in (Familien-) Unternehmen unter Berücksichtigung eines Bezugsrahmens – Beobachtungen eines Praktikers

Andreas Zetzsche

Die Rolle der M&A-Funktion im Unternehmen habe ich im Rahmen meiner lang-jährigen beruflichen Tätigkeit als Investmentbanker, Mentor und auch Corporate M&A'ler sehr unterschiedlich erlebt. Als Bezugsrahmen für diese sehr unterschiedlichen Erfahrungen und Beobachtungen eignet sich die folgende Darstellung der „Lebenszyklen einer Unternehmung". Zwar stellt dieses Konzept in erster Linie auf die Beschaffung von Eigenkapital ab, aber ich möchte es unter Berücksichtigung von artverwandten M&A-Aspekten verwenden.

Start-ups werden umgangssprachlich nicht unbedingt als klassische Familien-unternehmen bezeichnet. Doch gebe ich zu bedenken, dass gerade bei Start-ups sog. Family&Friend-Programme Bedeutung haben und gerade bei erfolgreichen Gründungs-unternehmen sehr schnell die für Familienunternehmen gängigen Fragen wie Erbfolge geregelt sein müssen. Insofern sind auch frühphasige typische Start-ups Gegenstand meiner Betrachtung. (Abb. 23.1).

Insbesondere für Start-ups, die im Geschäftsmodell eine Skalierung bzw. eine exponentielle Umsatzentwicklung vorsehen, kann es sinnvoll sein, durch Akquisitionen die angestrebten Wachstumsziele zu erreichen. Ein gutes Beispiel ist die erst 2020 gegründete Berliner Razor Group, die Amazon-Händler bzw. -Shops mit dem Ziel auf-kauft, die jeweiligen Marken wertsteigernd zu entwickeln. Hier ist M&A Bestandteil des Geschäftsmodells. Gerade bei derartigen Unternehmen liegt die M&A-Verantwortung beim CEO bzw. beim CFO, der sehr oft auch Erfahrung im Investment Banking mit-bringt, wie etwa beim Kochboxen-Lieferanten Hellofresh, der auch maßgebliche inter-nationale Zukäufe getätigt hat. Allerdings kann es bei frühphasigen Unternehmen auch

A. Zetzsche (✉)
Carlsquare GmbH, Berlin, Deutschland
E-Mail: andreas.zetzsche@carlsquare.com

© Der/die Autor(en), exklusiv lizenziert an Springer Fachmedien Wiesbaden GmbH, ein Teil von Springer Nature 2022
T. Zellweger und P. Ohle (Hrsg.), *Finanzielle Führung von Familienunternehmen*,
https://doi.org/10.1007/978-3-658-38061-8_23

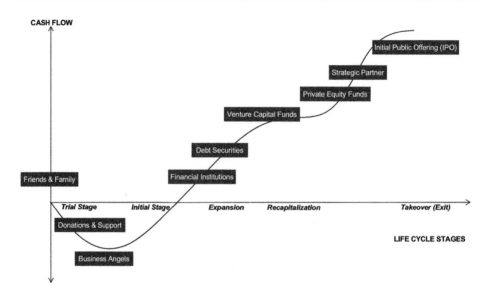

**Abb. 23.1** Lebenszyklen einer Unternehmung und Kapitalbeschaffung. (Quelle: Eigene Darstellung)

schon zu Exits der Gründer kommen. Gerade 2021 haben Gründer (Familien) die sehr hohen Bewertungen genutzt, um ihre Anteile zu veräußern bzw. an der Börse gelistet zu werden. Hier können M&A-Berater durch Auktion oder DualTrack-Prozesse (IPO &Trade Sale parallel) den Kaufpreis für die Gründer optimieren.

Nach der Frühphase eines Start-ups kann dieses durch eine Venture Capital Firma in der initialen Wachstumsphase durch geeignete Finanzierungen begleitet werden. Die VCs begleiten die stark wachsenden Unternehmen nicht nur bei operativen Fragen, sondern auch bei M&A Themen, insbesondere bei dem vorgesehenen Exit. Oft schalten jedoch die Gründer (Familien) und VCs Investmentbanken ein, um eine Optimierung des Kaufpreises zu erzielen.

In der Wachstums-/Reifephase eines (Familien-)Unternehmens, die durch Erfolg bzw. Rentabilität gekennzeichnet ist, ist die M&A-Funktion sehr unterschiedlich ausgeprägt. So habe ich vor einigen Jahren etwa ein mittelständisches Familienunternehmen als „Mentor" beraten, um eine interne M&A-Funktion temporär zu gewährleisten. Es sollte eine relativ große Akquisition durchgeführt werden. Dort habe ich die gesamte Beraterauswahl und Arbeitsgruppen definiert, um die in diesem Fall sehr hohe Komplexität des Kaufobjektes zu berücksichtigen. Allerdings kann es in Abhängigkeit vom Geschäftsmodell der jeweiligen Unternehmung auch sinnvoll sein, einen dauerhaften M&A-Bereich zu etablieren. (Familien-)Unternehmen, die nachhaltig profitabel sind, sind für Private Equity Firmen von Interesse. Da i. d. R. in PE-Firmen sehr erfahrene Corporate Finance Professionals mit Schwerpunkt M&A zu finden sind, ist es für ein erfolgreiches (Familien-)Unternehmen unabdingbar, M&A-Expertise aufzubauen, um den Exit professionell zu realisieren. Dies kann wieder durch Hinzuziehung von M&A Beratern erfolgen.

Als M&A-Berater komme ich mit Familienunternehmern aus verschiedenen Branchen, M&A-Erfahrung sowie insbesondere aus Unternehmen mit unterschiedlichem Lebenszyklus zusammen. Insofern sind die Beratungsanforderungen extrem unterschiedlich und ein sehr spannendes Umfeld für jeden Finance-Interessierten.

**Andreas Zetzsche** st seit 2021 Partner der Investment Bank Carlsquare. Zuvor hatte Zetsche als langjähriger Leiter des M&A-Bereichs der RWE AG viele maßgebliche M&A-Transaktionen geführt. Vorher war er als Managing Director Leiter der europäischen Chemicals Group der Chase Manhattan Bank N.A. in London. Seit 2018 unterstützt Zetzsche als Chair Affiliate die Leitung des Lehrstuhls Mergers & Acquisitions der WHU Otto Beisheim School of Management.

# Internationalisierung und Digitalisierung als Wachstumspfad

Andrej Vizjak und Mathias Margreiter

Die Wirtschaft des deutschen Sprachraumes ist durch Familienunternehmen charakterisiert. Viele dieser Betriebe beschränken sich dabei nicht nur auf den heimischen Markt, vielmehr wachsen sie bereits seit Jahrzehnten durch Internationalisierung. Die seit Jahren voranschreitende Globalisierung lässt den mittelständigen Familienunternehmen zum größten Teil keine andere Möglichkeit als eine Expansion auf den ausländischen Märkten und Regionen. Diese wachsen in den letzten Jahren auch schneller. Schwerpunkte: Indien, China und USA. Lange schon galt der Mittelstand als exportorientiert. Der langfristige Horizont und unbürokratische Entscheidungen helfen, auch wenn die finanziellen Möglichkeiten limitiert bleiben. Unsere aktuelle Untersuchung an der Universität Eichstätt, die diesem Artikel zugrunde liegt, hat gezeigt, dass eine Vielzahl an Familienunternehmen aus dem deutschsprachigen Raum bereits einen hohen Internationalisierungsgrad durch einen internationalen Präsenz (z. B. M&A, Joint Ventures und Allianzen) erreicht haben. Darüber hinaus gibt es für diese Unternehmen allerdings gemäß unserer Betrachtung weitere Wachstumspotenziale im Ausland.

Ziel dieses Beitrages ist es, diese Entwicklung der Internationalisierung zu analysieren und weitere Chancen aufzuzeigen. Diese sehen wir für Familienunternehmen aus dem deutschsprachigen Raum insbesondere im starken Wachstumsmarkt Asien sowie im Mittleren Osten und Afrika, da vor allem die meisten größeren Familienunternehmen

A. Vizjak (✉)
Ljubljana, Slowenien
E-Mail: dr.vizjak@googlemail.com

M. Margreiter
Herrliberg, Zürich, Schweiz

© Der/die Autor(en), exklusiv lizenziert an Springer Fachmedien Wiesbaden GmbH, ein Teil von Springer Nature 2022
T. Zellweger und P. Ohle (Hrsg.), *Finanzielle Führung von Familienunternehmen*,
https://doi.org/10.1007/978-3-658-38061-8_24

| Unternehmen | Umsatz in Mrd. EUR | davon in DACH (Internationalisierungsgrad) | davon in ROW | davon in Amerika, restl. EU-Länder |
|---|---|---|---|---|
| Swatch Group | 5.07 | 6% | 67% | 26% |
| Carl Zeiss AG | 6.30 | 9% | 28% | 63% |
| Krones AG | 3.32 | 10% | 34% | 66% |
| Freudenberg Gruppe | 8.84 | 16% | 26% | 58% |
| B. Braun Melsungen AG | 7.43 | 17% | 21% | 62% |
| Wacker Chemie AG | 4.69 | 17% | 36% | 47% |
| CLAAS KGaA mbH | 4.04 | 20% | 19% | 61% |
| Bertelsmann SE | 17.61 | 31% | 7% | 62% |
| HELLA GmbH & Co KGaA | 5.80 | 32% | 18% | 50% |
| Deichmann SE | 5.30 | 36% | 28% | 36% |
| Otto Gruppe | 14.30 | 61% | 1% | 38% |
| Bechtle AG | 5.82 | 73% | 0% | 27% |

DACH = Deutschland, Österreich, Schweiz; ROW = Afrika, Asien, Mittlerer Osten, Ozeanien

**Abb. 24.1** Umsatzanteil von Familienunternehmen in DACH und ROW 2020. (Quelle: Geschäftsberichte und interne Schätzwerte)

bereits einen hohen Umsatzanteil in Europa und Amerika erreicht haben. Dies zeigt Abb. 24.1. Aufgelistet wurden hier zwölf umsatzstarke Familienunternehmen, bei denen es Geschäftsberichte mit Umsätzen unterteilt nach den abgebildeten Regionen gibt. Diese wurden in Abb. 24.1. in Reihenfolge nach dem Grad ihrer Internationalisierung sortiert, der sich aus der Quote des Umsatzes in den Heimatmärkten, also im DACH-Raum ergibt. Der Rest ist in unserer Definition internationaler Umsatz. Wir haben betrachtet, inwieweit „Rest of the World" (ROW)-Märkte außerhalb Europas und Amerikas (hier: Asien, Afrika, Mittlerer Osten und Ozeanien) noch weitere Wachstumspotenziale für schon stark internationalisierte Familienunternehmen bieten.

Um in andere Märkte zu expandieren, sind zwangsläufig organisatorische Veränderungen erforderlich. Daher sollte ebenfalls untersucht werden, inwiefern organisatorisch noch Potenzial zur Unterstützung der Internationalisierung besteht. Dabei wird vermutet, dass vor allem auch die Digitalisierung eine effiziente und transparente Unterstützung der Internationalisierung darstellt.

Im Bereich der Internationalisierung gibt es einen umfangreichen Forschungsstrom, welcher zu erklären versucht, warum einige Firmen bei der Internationalisierung erfolgreicher sind als andere. Zusätzlich werden Faktoren erforscht, die als mögliche Treiber für die Auslandsexpansion von Firmen angesehen werden können.

## Internationalisierungsmotive und -möglichkeiten

Grundsätzlich werden Firmen durch verschiedene Faktoren motiviert, sich zu internationalisieren: Skalenvorteile, Verbundeffekte, Differenzierungsmöglichkeiten und der Fokus auf eine kostengünstige Produktion (Daft 2010). Insbesondere Skalenvorteile können genutzt werden, wenn ein dementsprechend großer Absatzmarkt zur Verfügung steht. Sind die Absatzpotenziale im Inlandsmarkt erschöpft, müssen sich Firmen für die Realisierung von Wachstumspotenzialen zunehmend im Ausland niederlassen. Verbund-effekte sind ebenfalls ein zentraler Faktor für die Internationalisierung.

Ist eine Firma in verschiedenen Ländern mit einer breiten Produktauswahl vertreten, erreicht diese im Vergleich zu Firmen, welche in wenigen Ländern aktiv sind, schneller ein gewisses Maß an Vertriebskraft und Synergieeffekte. Um dabei die Kunden im aus-ländischen Markt noch zielgerichteter ansprechen zu können, kann es durchaus vorteil-haft sein, spezielle Produkte für den ausländischen Markt anzubieten (Local Content bzw. Lokalisierung des Angebots). Schließlich kann eine Produktdifferenzierung die Markmacht eines Unternehmens im Vergleich zur Konkurrenz erhöhen.

Durch die Internationalisierung profitiert das Unternehmen von breitem Wissen über kulturelle, soziale, ökonomische und andere Faktoren der Kunden in verschiedenen Ländern. Besonders wertvoll ist dieses Wissen für eine kundenzentrierte strategische Ausrichtung und der dementsprechenden Bereitstellung von Produkten, welche sich an den Kundenbedürfnissen der jeweiligen Länder ausrichten.

Ein weiterer entscheidender Motivationsfaktor für die Internationalisierung ist die kostengünstigere Produktion im Ausland. Dabei wird in Länder investiert, welche Unter-nehmen die Chance bieten, Rohstoffe, Arbeitskraft und andere Mittel kostengünstig zu erhalten. Schon lange haben Unternehmen die Internationalisierung insbesondere in jenen Ländern vorangetrieben, welche den Abbau von knappen oder nicht vorhandenen Rohstoffen im Heimatland ermöglichen. Ein weiteres Beispiel ist die Einführung einer Servicecenter-Organisation im kostengünstigeren Ausland, welche eine Lohnkosten-arbitrage ermöglicht.

Bei jeglicher Form von Markteintritt müssen jedoch grundsätzlich immer alle Rahmenbedingungen (Währung, Inflation, Arbeitsmarkt, Korruption, Skills usw.), Compliance Faktoren, sowie politische Risiken mitberücksichtigt werden. Vor allem politische Risiken spielen eine wichtige Rolle, weshalb Standorte wie der Mittlere Osten aufgrund von Unsicherheiten (u. a. auch Korruption) gemieden werden können. Auch der stark wachsende Markt in China bietet Familienunternehmen nur solange Chancen, wie er diesen einen konstanten, verlässlichen und politisch unabhängigen Return on Invest-ment bieten kann. Eine staatlich angeordnete Behinderung der Lieferketten wäre bei-spielsweise fatal.

Ein Beispiel für das Vorantreiben der Internationalisierung in „schwierigen" Ländern ist, sich als Familienunternehmen an lokalen strategisch entscheidenden Familien-unternehmen gegenseitig zu beteiligen, um so eine Vertrauensbasis für Geschäfte zu entwickeln. Der afrikanische Markt kann ebenfalls nur teilweise und produkt-/service-abhängig Wachstumsmöglichkeiten bieten, da große Teile des Kontinents noch nicht aus-reichend entwickelt sind und Business Modelle welche von Megatrends (wie z. B. der Urbanisierung, Globalisierung und Wohlstandssteigerung) getrieben sind in Afrika zum Teil noch nicht vorherrschen.

Diese allgemeinen Regeln gelten auch für Familienunternehmen. Es lassen sich aber auch zusätzliche Spezifika erkennen. Grundsätzlich haben Familienunternehmen zwei Dinge gemeinsam: Sie kommen aus unternehmerischen Wurzeln und sind langfristig orientiert. Ein zunehmend volatiles Geschäftsumfeld stellt sie jedoch auf die Probe. Die heutigen Familienunternehmen müssen mit vielfältigen Herausforderungen in einer sich schnell verändernden Geschäftslandschaft umgehen: Globalisierung, technologische Disruption, Talentmangel und zunehmender Wettbewerb. Insbesondere die Digitalisierung hat sich zu einem enormen Katalysator für Veränderungen entwickelt. Sie sind zunehmend gefordert, ihre Anpassungsfähigkeit zu verbessern.

Dazu müssen Familienunternehmen flexibel und aufgeschlossen sein sowie sich auf Veränderungen einlassen, um mithalten zu können. Darüber hinaus kommen die meisten Familienunternehmen aus bescheidenen Anfängen. Wenn diese Unternehmen expandieren, kann das lineare Wachstum dem Ansturm der Konkurrenz nicht standhalten. Gerade mit Blick auf die digitalen Riesen, wie zum Beispiel Amazon oder Alibaba, kam es im letzten Jahrzehnt insbesondere für B2C-Unternehmen im Bereich des E-Commerce zu einem Paradigmenwechsel. Im Konsumgüterbereich bringt dies neben Opportunitäten auch viele Herausforderungen, denn es führt zu einer erhöhten Preistransparenz für den Kunden und fördert in vielen Sektoren ein Graumarktrisiko. Um mit den großen digitalen Spielern mithalten zu können, müssen Familienunternehmen den Schritt auf die nächste Stufe wagen. Dabei sollten nicht nur digitale Strukturen und die Transformation vorangetrieben werden. Vielmehr gilt es auch im Rahmen der Internationalisierung noch gering penetrierte Wachstumsmärkte, wie zum Beispiel den mittleren Osten und Afrika, zu erschließen und in die immensen Wachstumspotenziale von beispielsweise China zu investieren. Schließlich könnten durch die neuen Märkte weitere Kunden und Einnahmequellen generiert werden (PwC 2018).

## Drei Benchmarks der Internationalisierung

Schon einige deutsche Familienunternehmen haben den Schritt gewagt, im Rahmen der Internationalisierung in den Mittleren Osten und Afrika zu expandieren. Durch ihre Internationalisierungsstrategie sollen sie im Folgenden als Benchmarks näher betrachtet werden. Ein erster Fall ist die Krones AG. Der Spezialist für Abfüll- und Verpackungslinien setzt auf den Anstieg der Mittelklasse in den Schwellen- und Entwicklungsländern sowie auf die Urbanisierung in Afrika und Asien. Schließlich führt das Stadtleben sowie das steigende Einkommen zu einem Konsumanstieg.

Wie aus Abb. 24.2 ersichtlich wird, konnte Krones durch die Erschließung von Märkten im Mittleren Osten und Afrika trotz Corona-Pandemie den Umsatz 2020 um 5,7 % steigern, obwohl der gesamte Konzernumsatz um 16 % gesunken ist (Krones 2021). Vielmehr bewirkte die Pandemie auch, dass sich einzelne Länder im Mittleren Osten entschieden, Investoren die Gründung von eigenen Unternehmen ohne die Unterstützung von lokalem Partner zu ermöglichen. Als Vorreiter gilt hier Dubai – hier wurde

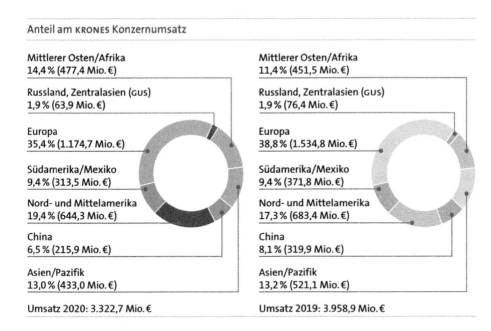

Anteil am KRONES Konzernumsatz

Mittlerer Osten/Afrika
14,4 % (477,4 Mio. €)

Russland, Zentralasien (GUS)
1,9 % (63,9 Mio. €)

Europa
35,4 % (1.174,7 Mio. €)

Südamerika/Mexiko
9,4 % (313,5 Mio. €)

Nord- und Mittelamerika
19,4 % (644,3 Mio. €)

China
6,5 % (215,9 Mio. €)

Asien/Pazifik
13,0 % (433,0 Mio. €)

Umsatz 2020: 3.322,7 Mio. €

Mittlerer Osten/Afrika
11,4 % (451,5 Mio. €)

Russland, Zentralasien (GUS)
1,9 % (76,4 Mio. €)

Europa
38,8 % (1.534,8 Mio. €)

Südamerika/Mexiko
9,4 % (371,8 Mio. €)

Nord- und Mittelamerika
17,3 % (683,4 Mio. €)

China
8,1 % (319,9 Mio. €)

Asien/Pazifik
13,2 % (521,1 Mio. €)

Umsatz 2019: 3.958,9 Mio. €

**Abb. 24.2** Umsatzanteile der Krones AG nach Regionen. (Quelle: Krones Geschäftsbericht (2020))

Ende 2020 sogar eine Gesetzesänderung geschaffen. Verbesserungen der Standortfaktoren im Mittleren Osten wie beispielsweise diese Gesetzesänderung erleichtern (Familien-) Unternehmen ganz offensichtlich die Investitionstätigkeit.

Zudem zeigen Familienunternehmen wie Würth, dass die Dezentralität mit in diesem Fall über 400 Gesellschaften in mehr als 80 Ländern durch eine geografische Differenzierung eine wahre Stärke sein kann, bei der Umsatzrückgänge einzelner Länder durch regionale Wachstumsmärkte kompensiert werden können. Hierbei stehen sogar unterschiedliche strategische Ansätze im Vordergrund. So wird in jungen Märkten vor allem der Außendienst des B2B-Unternehmens aufgebaut. Dabei spielen auch die Kontinente Asien, Afrika und Ozeanien mit 12 % Umsatzanteile bereits eine besondere Rolle. Sie ermöglichen schließlich seit Jahren ein konstantes Umsatzwachstum von durchschnittlich 5 % (Würth 2020).

Die Weltmarktorientierung durch globale Marktbearbeitung ermöglicht Mittelständlern die Realisierung von Skaleneffekten bei gleichzeitig angewandter Nischenstrategie und ist daher von höchster Bedeutung. Eine zentrale Führungsaufgabe ist infolgedessen eine konsequente und vor allem kontinuierliche Internationalisierung, welche in der Regel durch Direktinvestitionen in ausländische Tochtergesellschaft und somit auch autark erfolgt (Simon 2012, S. 190). Genutzt werden hierbei sowohl Produktionsstätten als auch Vertriebsgesellschaften. Eine Alternative stellt die Zusammenarbeit mit lokalen Partnern dar.

HELLA begann bereits im Jahre 1961 mit der Internationalisierung. Heute verfügt das Unternehmen über 125 Standorte in 35 Ländern und ist in den Wirtschaftsräumen Europa, NAFTA/Südamerika, Afrika sowie Asien/Pazifik vertreten (ROW: 18 % des Gesamtumsatzes im Jahr 2020). Die internationale Aufstellung trägt zu einem risiko-reduzierten Geschäftsmodell bei, da Nachfrageschwankungen in einzelnen Zielmärkten ausgeglichen werden können. Strategisch ist HELLA in Wachstumsmärkten seit den 1990er-Jahren an mehreren Joint Ventures mit anderen Automobilzulieferern beteiligt. Dadurch konnte man über die Kerngeschäftsbereiche hinaus Kompetenzen in weiteren Bereichen aufbauen. Bereits im Jahre 2011 erfolgte die Expansion in den Wachstums-markt Dubai. HELLA Middle East FZE kombiniert die Vorteile einer globalen Infrastruktur mit lokalem Fachwissen und ermöglicht einen reaktionsschnellen Service-Support, durch „Fit right first time"-Kompatibilität und Qualität für eine breite Palette von Fahrzeugen (Hella 2020).

## Veränderung in den Organisationsstrukturen

Für eine erfolgreiche Internationalisierung bedarf es aber auch organisatorischer Ver-änderungen. Die elementare Herausforderung für Familienunternehmen ist, dass sich diese, um erfolgreich Geschäfte im Ausland führen zu können, an die unterschied-lichen Kulturen im Zielland anpassen und die jeweiligen Geschäftspraktiken vor Ort verstehen müssen. Es gilt, die richtigen Partner und Vertriebskanäle zu finden. Eine Herausforderung ist es außerdem, bei der künftigen Internationalisierung die lokalen Marktkräfte und Geschäftsbedingungen zu kennen. Unterschätzte oder missachtete kulturelle Distanzen zwischen dem Stammland eines Unternehmens und den Ziel-regionen seiner Auslandsaktivitäten können erhebliche wirtschaftliche Risiken mit sich bringen (PwC 2012).

Ein gutes Beispiel für ein erfolgreiches Zusammenspiel von Internationalisierung, Anpassung von Organisationsstrukturen und Weiterentwicklung der Unternehmenskultur stellt die ostwestfälische Dr. Wolff-Gruppe dar. Der Hersteller von Alpecin Shampoos leitete 2013/2014 einen weiteren Internationalisierungssprung ein. Der geschäfts-führende Gesellschafter zog mit Sack und Pack für vier Jahre nach Singapur, um von dort aus das Asiengeschäft mit einem kleinem Team aufzubauen. Zum einen war dies ein deutliches Signal an die neuen Geschäftspartner in den diversen Märkten, dass das Unternehmen die Märkte wirklich ernst nimmt, was von diesen als hohe Wertschätzung positiv aufgenommen wurde. Zum anderen war es ein starkes Signal in die eigene Organisation zur Weiterentwicklung von Strukturen, um die mit der Internationalisierung wachsende Komplexität zu bewältigen. Im Schlepptau hat sich die ohnehin schon unter-nehmerisch geprägte Unternehmenskultur um internationale Facetten erweitert. Dazu hat auch der intensive persönliche Austausch zwischen den mittlerweile in mehreren asiatischen Ländern existierenden Offices und dem Bielefelder HQ beigetragen. Die Internationalisierung nach Asien hat darüber hinaus die Digitalisierung in der Gruppe gefördert, da die asiatischen Märkte auch in dieser Beziehung weiterentwickelt sind als die europäischen Märkte.[1]

Um den Anforderungen des Marktes gerecht zu werden müssen Familienunternehmen die Strukturen ihres Unternehmens intern anpassen, vor allem indem sie ihre Geschäftsstrategie digital weiterentwickeln. Eine Studie von PwC mit 1000 Nachfolgern aus Familienunternehmen bestätigt, dass 89 % der „NextGens" in ihrem Familienunternehmen weiterhin Nachholbedarf bei der digitalen Transformation sehen. Insbesondere sehen 94 % der Nachfolger eine zentrale Aufgabe darin, das Familienunternehmen auf eine vernetzte, technologiebasierte und digitale Zukunft vorzubereiten. Des Weiteren geben 74 % der DACH-Nachfolger an, dass im Bereich der Internationalisierung der meiste Wert für Ihr Unternehmen gestiftet werden kann (PwC 2020). Eine BCG Studie 2020 stellt ebenfalls heraus, dass digitale technologische Fähigkeiten als Treiber von strategischer Flexibilität bei Familienunternehmen im Vergleich zu Nichtfamilienunternehmen signifikant schwächer ausgeprägt sind. Jedes zehnte Familienunternehmen hat demnach Schwierigkeiten bei der Identifizierung digitaler Möglichkeiten, z. B. zur Digitalisierung von Arbeitsabläufen. Außerdem geben 16 % der untersuchten Familienunternehmen an, dass es ihnen schwerfällt, relevante digitale Informationen zu beschaffen. Etwa jedes fünfte Familienunternehmen aus der Studie gibt an, dass die Digitalisierung des Produktangebots über die regelmäßige Entwicklung digitaler Innovationen es vor Probleme stellt. In Bezug auf die Internationalisierung von Familienunternehmen wurden traditionelle Theorien und Konzepte vor der Digitalisierungswelle aufgestellt. Ob ein Zusammenhang zwischen einem hohen Digitalisierungsgrad und einer dadurch vereinfachten und effektiveren Internationalisierung besteht, wird von traditionellen Internationalisierungs-Konzepten grundsätzlich nicht in Betracht gezogen. Zu den Effekten der Digitalisierungswelle zählen beispielsweise die Umstellung der Vertriebswege auf E-Commerce, ein durch Covid-19 rapide wachsendes Video Conferencing und die zunehmende Digitalisierung von Unternehmensprozessen. Erschwerend kommt dabei hinzu, dass der Digitalisierungsgrad eines Unternehmens nicht immer messbar gemacht werden kann und sich dieser beispielsweise gleichermaßen auf digitale Vertriebskanäle, interne und externe Prozesse sowie eine digitale Unternehmenskommunikation beziehen kann. Abgesehen davon stellt sich die Frage, inwieweit und in welchen Unternehmenstypen die Digitalisierung als ein Instrument für die Internationalisierung genutzt werden kann.

Abhängig von dem jeweiligen Businessmodell werden bei der Internationalisierung verschiedene Schwerpunkte gesetzt. Dabei kann es beispielsweise für ein B2B-Unternehmen, welches für einen Markteintritt im Ausland ein hohes Anlagevermögen investieren muss, wichtig sein, den persönlichen (nicht virtuellen) Kontakt mit Kunden, Lieferanten und potenziellen Mitarbeitern im Ausland aufrecht zu erhalten. Hierbei

---

[1] Interview mit Christian Mestverdt, CFO der Dr. Wolff-Gruppe.

würde ein hoher Digitalisierungsgrad keinen direkten positiven Einfluss auf einen Markteintritt haben. Ein B2C-Unternehmen für Konsumgüter dagegen kann die Digitalisierung
für einen Markteintritt im Ausland durch die Eröffnung eines E-Commerce Kanal
nutzen und muss lediglich eine Lieferstruktur zum Kunden schaffen. M. Margreiter von
Swarovski relativiert jedoch: Für einen ersten Eintritt ist das sicherlich geeignet. Ohne
off-line Stores und damit eine klassische 360 Degree Experience wird es auch künftig
nicht gehen, um eine Verfügbarkeit zu gewährleisten und Attention zu bekommen.

Eine unproblematische Integration eines E-Commerce-Kanals ist ebenfalls abhängig
davon, inwiefern Kunden bereit sind, die Qualität eines Produkts virtuell einzuschätzen
und wie hoch die damit verbundene Investition ist. (So bestellen doch relativ wenig
Kunden ein online konfiguriertes Auto, ohne jemals zuvor die Farbe in echt gesehen zu
haben.) Ein weiteres Beispiel für den positiven Zusammenhang zwischen Digitalisierung
und Internationalisierung sind Softwareunternehmen (B2C oder B2B), deren Produkte
oftmals alleinig auf digitalen Vertriebswegen basieren und als Download verfügbar
sind. Grundsätzlich lässt sich nicht bestreiten, dass digitale Tools und Kommunikationswege die Komplexität und Kosten der Internationalisierung vieler Unternehmen
senken. Beispielsweise in Bezug auf eine multinationale bzw. globale Harmonisierung
von Prozessen können bestimmte Standards weltweit durch eine übergreifende IT
implementiert werden und gegebenenfalls an lokale Bedürfnisse angepasst werden.
Außerdem kann die Digitalisierung und Automatisierung zu einer Effizienzsteigerung
im Lieferkettenmanagement im Ausland befähigen sowie durch Innovationen wie
Augmented Reality Brillen das weltweite Qualitätsmanagement virtuell ermöglichen. So
kann ein Spezialist aus Deutschland mithilfe von Augmented Reality Anweisungen an
einen Servicemitarbeiter in Asien oder Afrika geben.

Internationalisierung und Digitalisierung bieten jedoch nicht nur Wachstumspotenziale, sondern erhöhen auch die organisatorische Komplexität und erfordern eine
Anpassung der Organisationsstrukturen. Hat ein Unternehmen einen starken Fokus auf
den Heimatmarkt, reicht für eine Exportstrategie die Integration einer internationalen
Division aus. Eine Mehrländerstrategie dagegen benötigt eine stärkere Integration der
ausländischen Märkte in die Organisationsstruktur. Dabei kann entweder eine globale
Produktstruktur oder eine globale geografische Struktur verfolgt werden. Technisch
gesehen gibt es noch eine dritte Spielart: eine globale „funktionale" Organisation –
wobei man sich natürlich immer auf irgendeiner Ebene (Level) mit geografischen und
produktspezifischen bzw. funktionalen Organisationsansätzen auseinandersetzen muss.
In Bezug auf eine globale Produktstruktur übernehmen produktbasierte Divisionen
die Verantwortung für globale Operationen in deren spezifischen Produktgebiet. Die
globale geografische Struktur dagegen ist sinnvoll, wenn sich Unternehmen stärker
an regionale und lokale Marktgegebenheiten anpassen müssen. Dabei wird die Welt
in geografische Divisionen aufgeteilt, wobei jede einzelne Division an den Vorstand
berichtet. Kombiniert werden können die produktbasierte und geografische Strategie
in einer Matrixstrategie, welche am besten für multinationale Unternehmen mit großen
geografischen Distanzen geeignet ist. Eine Matrixorganisation ergibt insbesondere

dann Sinn, wenn die Interessen zwischen Produktstandardisierung und geographischer Lokalisierung ausgeglichen werden sollen und die Verteilung von Ressourcen entscheidend ist (Daft 2010). Gleichzeitig sorgt gerade eine solche Matrixorganisation oft für überlappende Entscheidungskompetenzen und Prioritätenkonflikte. Deshalb entscheiden sich manche Unternehmen für selbständige organisatorische Einheiten, die einem Vorstandsmitglied mit Fokus auf neue Auslandsmärkte unterstellt sind. Ein Erfolgsrezept gibt es hier nicht, jedes Unternehmen muss vielmehr seinen eigenen Lösungsweg finden, der auch von der Kultur der Familie geprägt ist.

Wichtige Internationalisierungsaspekte sind in einem Phasenmodell zu berücksichtigen:

Im Vorfeld geht es um Strategie, Feasability Studien und Wirtschaftlichkeitsrechnungen. Bei der Umsetzung um Due Diligence, Governance- und Compliancethemen, die Koordination und Einbindung. Die Firma Bucher aus der Schweiz präsentierte folgende Herausforderungen für die finanzielle Führung:

1. Sprache/Kultur (enge Führung in den ersten Jahren)
2. Controlling: Integration IT-Systeme, Konzernkontenplan und Controlling-Handbuch
3. IKS: Internal Control Setup (Minimal, Light, Full), Group Auditor, Internal Audit
4. Treasury: Systeme einführen, Hedging-Konzept, Ablösung lokale Finanzierungen
5. Recht, Steuern, Behörden: Full Compliance; lokale Berater

Nach dem Internationalisierungsschritt kommt den Fragen des Controlling, HR-Fragen, die Wachstumsfinanzierung, Währungsmanagement und das Transferpricing „at arms length" hohe Bedeutung zu.

Analysiert man die Branchen, so geht oftmals die Internationalisierung der Diversifikation voraus. Stagnierende Märkte zwingen aber zu oftmals zu einer Ausweitung der Palette an Aktivitäten. In Ausnahmefällen kann die Familie aus Schutz vor Überforderung und der erhöhten Komplexitätskosten und Risiken eine Beschränkung auf eine Auswahl von Märkten und Sparten vorsehen. In der Mehrzahl der Fälle nimmt die Anzahl ausländischer Standorte jedoch stetig zu. Dies gilt nicht nur für Konsumgüter, sondern auch in Folge globaler Lieferketten, dem Nachfolgen der Kundenbewegung nach Asien und Wettbewerbsdruck ganz generell.

## Digitale Vertriebskanäle

Wie bereits im vorherigen Abschnitt gezeigt wurde, stellen digitale Vertriebskanäle bedeutsame Wege für die Internationalisierung dar. Dabei wurden bereits organisatorische Anforderungen vorgestellt. Nun sollen die verschiedenen digitalen Vertriebswege genauer beleuchtet werden. Immerhin sind konsumorientierte Wachstumsmärkte im asiatischen Raum, allen voran in China, sehr fokussiert auf den E-Commerce.

**Abb. 24.3** Die vier
aktuellen Familientypen der
Internationalisierung. (Quelle:
Vortrag Prof. Dr. A. Vizjak,
Universität Eichstätt 2021)

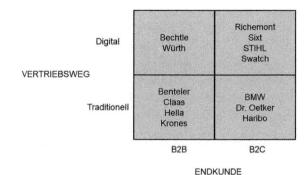

Im Konsumgüterbereich ist dies gar nicht so einfach. Mit seiner eigenen Webpage alleine wird dies nicht gelingen – dies jedenfalls ist die Sicht von Swarovski. Man muss auf Plattformen wie Tmall vertreten sein. Zudem sind die Zahlungssysteme enorm wichtig geworden. Wenn man z. B. Alipay nicht anbieten kann, hat man automatisch einen großen Kundenbereich verloren. Auch benötigt man vor Ort Logistikzentren, um mit den großen Anbietern bezüglich Liefergeschwindigkeit etc. mithalten zu können. Gleichzeitig eröffnet E-Commerce gerade in China große Graumärkte, die erheblich Einfluss und Preisdruck auf die lokale Strategie ausüben. Somit müssen sich besonders B2C Familienunternehmen mit den Herausforderungen beschäftigen. Andererseits gibt es gerade auf dem chinesischen, aber auch in anderen asiatischen Märkten gibt es durch die wachsende Mittelschicht großes Umsatzpotenzial für deutsche Konsumgüter. Seit 2014 können Produkte hierbei „eins zu eins" eingeführt werden. Das bedeutet, dass Produkte ohne Zertifizierungen, Registrierung und Übersetzung der Verpackung online vertrieben werden können, wodurch ein schneller Markteintritt erfolgen kann.

Dabei kommt dem Marketing eine Schlüsselrolle zu. Denn der digitale Vertrieb ist weit mehr als die Platzierung der Produkte in einem Onlineshop. Zum Beispiel ist Social Commerce, wie zum Beispiel der Absatz über Plattformen wie Douyin (das Pendant zu TikTok) oder WeChat, ein wichtiger Umsatztreiber. Schließlich suchen die Zielgruppen vor allem hier nach neuen Produkten oder lassen sich durch Key Opinion Leaders beziehungsweise Influencern für einen Produktkauf motivieren.

Wie Abb. 24.3 zeigt, gibt es einige Familienunternehmen, die durch unterschiedliche Ansätze, eine Internationalisierung verfolgen. Dabei gibt es unter anderem auch B2B-Familienunternehmen, die digitale Vertriebswege schon heute nutzen.

So sieht zum Beispiel Würth seine Stärke in der Dezentralisierung bei dem zukünftig das E-Business noch stärker ausgebaut werden soll, um einen Multi-Channel-Vertrieb auszubauen. Immerhin erhöhte sich der E-Business-Umsatz 2019 auf 18,3 % des Konzernumsatzes (Würth 2020). Im B2C-Markt kann Richemont als ein Paradebeispiel für den Onlineverkauf gesehen werden. Die familiengeführte Gruppe ermöglicht es ihren Maisons und Geschäften, international zu wachsen und gleichzeitig Ihrem Erbe treu zu bleiben. (Abb. 24.4).

**Abb. 24.4** Potenziale durch Internationalisierung. (Quelle: Vortrag Prof. Dr. A. Vizjak, Universität Eichstätt 2021)

Insgesamt zeigt sich, dass viele Familienunternehmen aus der DACH-Region noch nicht das volle Potenzial der Internationalisierung nutzen. Daher sollten sie flexibel und aufgeschlossen sein sowie sich auf Veränderungen einlassen, um in einem globalen, disruptiven und intensiven Wettbewerb konkurrenzfähig zu bleiben. Aber auch für die Generierung von weiteren Umsatzpotenzialen zeigen die Kontinente Asien, Afrika und Ozeanien attraktive Wachstumsmöglichkeiten. Benchmarks wie Krones oder Würth zeigen dabei, wie wichtig diese Märkte zum Wachsen sind, besonders während der Corona Krise. Durch den Anstieg der Mittelklasse in den Schwellen- und Entwicklungsländern sowie auf die Urbanisierung in Afrika und Asien zeigen diese Märkte aber vor allem langfristig Potenzial. Jedoch ist der Entwicklungsstand von bestimmten ROW-Ländern (bspw. in Bezug auf die Urbanisierung) für manche Familienunternehmen noch zu gering und bietet so derzeit noch keine attraktiven Wachstumspotenziale. Dennoch sollten wichtige Entwicklungen in den jeweiligen Wachstumsmärkten beobachtet werden, um ggf. First Mover Advantages realisieren zu können.

Bei Familienunternehmen besteht organisatorisch noch Potenzial, sich an die Internationalisierung anzupassen. Grundsätzlich müssen für die Internationalisierung auch interne Strukturen angepasst werden. Da viele Familienunternehmen Schwachstellen in Bezug auf deren internationale Präsenz durch M&A, Joint Ventures und Allianzen in ROW aufweisen und z. T. Prozesse nicht weltweit homogenisiert sind. Die organisatorische Aufstellung ist jedoch abhängig von den zu internationalisierenden und relevanten Märkten. Es gibt keine „One fits all"-Lösung. Je nach Geschäftsmodell können auf operativer und strategischer Ebene entscheidende Anpassungen zur Unterstützung der Internationalisierung insbesondere in ROW-Länder durchgeführt werden.

Dabei kann vor allem die Digitalisierung im eigenen Unternehmen zu einem wichtigen Katalysator für die Veränderungen der Internationalisierung werden. Jedes

Familienunternehmen muss dabei unter Berücksichtigung der eigenen Unternehmenskultur eine eigene Lösung finden, sich organisatorisch aufzustellen. Hierbei kann es auch empfehlenswert sein, ein Joint Venture mit ausländischen Familienunternehmen oder Handelspartnern einzugehen.

Je nach Geschäftsmodell eignen sich zudem digitale Vertriebswege, um kostengünstig ins Ausland zu expandieren. Dabei lassen sich sogar bei einigen B2B-Unternehmen eine Multi-Channel-Strategie verfolgen. B2B-Unternehmen können digitale Vertriebswege, wie z. B. einen Konfigurator nutzen. Jedoch abhängig von dem verkauften Produkt bzw. Service befähigt die Digitalisierung nur sehr bedingt zur Internationalisierung. B2C-Unternehmen können insbesondere von digitalisierten Vertriebswegen profitieren und sich dementsprechend schnell internationalisieren. Besonders für deutsche Konsumgüter zeigen sich attraktive Internationalisierungsmöglichkeiten im digitalen Vertrieb, denn dadurch können Kosten gesenkt (z. B. Reisekosten) und die Komplexität oftmals reduziert werden. Jedoch sollten regionale Trends, wie Social-Commerce in Asien, berücksichtigt werden, da diese einen sehr hohen Stellenwert aufweisen. Zusammenfassend können Familienunternehmen vor allem von jenen lernen, die einen hohen Internationalisierungsgrad aufweisen, und bewährte Strategien adaptieren.

## Literatur

Daft, R. L. (2010). Organization Theory and Design. South-Western Cengage Learning.

Hella (2020). Geschäftsbericht 2019/2020. https://www.hella.com/hella-com/assets/media_global/2020.08.14_HELLA_Geschaeftsbericht_2019-2020_geschuetzt.pdf. Letzter Zugriff am 19.07.2022.

Krones (2021). Krones AG Geschäftsbericht 2020. https://www.krones.com/media/downloads/GB_2020_Konzern_d.pdf. Letzter Zugriff am 19.07.2022.

PwC (2012). Die Zukunft von Familienunternehmen – der Kern der Wirtschaft. https://store.pwc.de/de/pdf/2012/november/die-zukunft-von-familienunternehmen-der-kern-der-wirtschaft. Letzter Zugriff am 19.07.2022.

PwC (2018). Transforming family businesses. Driving change for long-term success. https://www.pwc.com/sg/en/publications/epc-transform-family-businesses.html. Letzter Zugriff am 19.07.2022.

PwC (2020). NextGen in Familienunternehmen: ambitioniert, motiviert und qualifiziert. https://www.pwc.de/de/mittelstand/nextgensurvey.html. Letzter Zugriff am 19.07.2022.

Simon, H. (2012). Hidden Champions – Aufbruch nach Globalia: Die Erfolgsstrategien unbekannter Weltmarktführer. Campus.

Würth (2020). Würth Geschäftsbericht 2019. https://report.wuerthfinance.net/2019/bericht-der-geschaeftsfuehrung.htmlGeschäftsbericht 2019. Letzter Zugriff am 19.07.2022.

**Prof. Dr. Andrej Vizjak** leitet an der WFI Universität Eichstätt-Ingolstadt das Institut für Familienunternehmen. Er hat mehr als 20 Jahre Erfahrung als Berater, Partner und Geschäftsführer von Kearney und PwC. Zusätzliche Erfahrung mit Familienunternehmen sammelte er u. a.

als Executive Vice President von Bertelsmann sowie Beirat und selbständiger Berater von Conrad Electronic.

**Mathias Margreiter**  war von 2002 bis 2022 als Finanzvorstand Mitglied des Executive Board der Swarovski Crystal Business Unit. Auch nach seinem Ausscheiden ist er dem Tiroler Familien-unternehmen als Mitglied des Verwaltungsrates erhalten geblieben.

# Identifizierung „shiftender" Kundennachfrage und Megatrends: Nachhaltiges Wachstum durch den Fokus auf den Kunden

Victor Graf Dijon de Monteton und Mathias Margreiter

Auch bei Familienunternehmen besteht bisweilen die Neigung, gefördert durch vergangene Erfolge, ein wenig zu produktionslastig zu sein. Da wird immer noch gerne hauptsächlich in „Bricks and Mortar" investiert – Kapazitäten erweitert und Fabriken gebaut. Natürlich sind viele Familienunternehmen auf Basis einer Erfindung oder technologischer Entwicklung entstanden. Was aber wollen die Kunden von heute oder morgen? Was will die nächste Generation, wenn die Baby-Boomer abtreten? Zwar hat die Family Business Review 2011 eine Ausgabe dem Thema Kundenorientierung und Marken gewidmet – aber in der Praxis ist das Thema nicht gelöst. Eine Ausnahme stellt die Storck KG dar. Hier ist es schon lange ein Mantra, den Konsumenten in den Mittelpunkt der Überlegungen zu stellen und auch klar zwischen Konsumenten und Handelskunden zu differenzieren. Storck ist mit seinen Marken Nimm 2, Merci, Werthers Echte und Toffifee in über 100 Ländern vertreten: Mit drei Produktions- und Verwaltungsstandorten in Deutschland, darunter dem Geschäftssitz in Berlin, sowie 21 weiteren internationalen Vertriebsstandorten ist Storck nah bei Partnern und Konsumenten und kann flexibel auf regionale Bedürfnisse reagieren. Eine Segmentierung anhand von Kriterien, die über rein demographische hinausgehen, ist ebenfalls üblich.

Bei vielen anderen Unternehmen ist das Produktmanagement hingegen nach Produktionskategorien gegliedert oder nach Marken. Dabei sagen wir doch den

V. de Monteton (✉)
Schindellegi, Schwyz, Schweiz
E-Mail: Victor.Dijon@kearney.com

M. Margreiter
Herrliberg, Zürich, Schweiz

T. Zellweger und P. Ohle (Hrsg.), *Finanzielle Führung von Familienunternehmen*,
https://doi.org/10.1007/978-3-658-38061-8_25

Familienunternehmen Langfristigkeit, Qualitätsorientierung und einen positiven Einfluss auf die „Brand Equity" nach (Aaker 1991). Und dieser Zusammenhang muss uns interessieren, da dieser sich auf das Unternehmensergebnis und die Bewertung auswirkt.

Ein Beispiel für einen echten kundenorientierten Visionär könnte die Familie Hayek darstellen, bestimmende Kraft der Swatch-Gruppe mit ihren Marken Smart, Swatch und der Kultmarke Omega. Vor allem Nicolas George Hayek war es, dem die Revitalisierung der Marke und weltweite Anerkennung der Kunden zu verdanken war. Hayek hat bereits sehr früh den Fokus auf Kunden als Erfolgsfaktor erkannt: Hayeks Vision war es, das historische Erbe der Schweizer Uhrenindustrie zu bewahren. In nur fünf Jahren gelang es ihm, ein Unternehmen mit einer ungewissen wirtschaftlichen Zukunft zum profitabelsten Uhrenhersteller der Welt zu machen. Es folgen zahlreiche Errungenschaften für das Unternehmen, wie z. B. technische – die erste praktische neue Uhrenhemmung der Branche, die Co-Axial Hemmung –, aber auch eine kulturelle Präsenz in berühmten Filmen wie James Bond und schließlich der Verkaufserfolg mit der Eröffnung eines Flagship Stores in Zürich im Jahr 2000, gefolgt von der Eröffnung von 300 OMEGA-Läden auf der ganzen Welt in den renommiertesten Einzelhandelsadressen. Ursprünglich war er von einer Gruppe von Bankern gebeten worden, die Liquidation von ASUG und SSIH zu beaufsichtigen. Die beiden Schweizer Uhrenfirmen hatten durch den ständigen Druck der japanischen Uhrenhersteller hohe Verluste erlitten. Hayek hatte andere Pläne und Überzeugungen. Er glaubte, dass die Schweizer Uhrenindustrie nach einer paarweisen Restrukturierung und Neupositionierung der verschiedenen Marken immer noch auf dem globalen Markt wettbewerbsfähig sein könnte. Hayek wollte das Unternehmen wiederbeleben und sicherstellen, dass es die Qualitäten wiedererlangt, die Louis Brand und seine Söhne anstrebten: eine qualitativ hochwertige, präzise und genaue Uhr mit weltweiter Anerkennung. Um dieses Ziel zu erreichen, musste das Unternehmen einige Veränderungen durchlaufen, aber nicht auf kurze Sicht. Stattdessen war die Vision von Hayek auf lange Sicht angelegt. Mit Nicolas Hayek waren alle erforderlichen Qualitäten vorhanden: motivierte Manager, die sich der Firma (dem Konzern) widmeten und eine längere Betriebszugehörigkeit hatten, die eine langfristige Investition darstellten. Bis heute erkennt Omega an, dass die Person, die den wichtigsten Einfluss auf die Firma hatte, Hayek war, und seine Kundenfokussierung der Grund dafür war (Bottger, P. 2010; Omega 2022; Prestige 2005; Swatch 2010). Leider hat die Swatch Group in den vergangenen 10 Jahren gegenüber den Mitbewerbern (z. B. Rolex, Audemar Piguet, Patek) viel an Boden verloren. Wieder muss das Unternehmen sich neu erfinden. Auch hierbei muss sicherlich der Konsument wieder im Mittelpunkt stehen.

„Wenn ich Menschen gefragt hätte was sie wollen, dann hätten sie gesagt: schnellere Pferde (Quote Investigator 2011)."[1] Dieser Henry Ford zugeschriebene Satz ist wohl einer der am meisten diskutierten, wenn es um die Frage geht: Weiß der Konsument

---

[1]Laut Quote Investigator ist nach aktuellem Wissensstand eher davon auszugehen, dass Henry Ford selbst dieses Zitat nie getätigt hat und viel mehr Kundenfokus als wichtig empfand.

eigentlich was er will, und wenn ja: kann er das richtig kommunizieren? Oder sollte ein Unternehmen mehr auf sich selbst hören, weil es ohnehin viel besser weiß welche Innovationen eigentlich benötigt werden?[2]

Familienunternehmen weisen in Bezug auf diese Aussage einige bemerkenswerte Eigenschaften auf. Aufgrund ihrer langen Lebensdauer, der Weitergabe von Wissen über viele Generationen und des tiefen historischen Verständnisses von Industrie, Wettbewerb und Produkten können sie Meister der „Innovation durch Tradition" (De Massis et al. 2016) sein. Genau diese Stärke kann Familienunternehmen aber auch zum Verhängnis werden, wenn sie nämlich zu produktorientiert agieren und den Kunden aus dem Fokus verlieren. Dies ist letztlich auch Henry Ford passiert, als er darauf beharrte, dass die Kunden nur ein schwarzes Ford Model T kaufen konnten, sich die Kundenwünsche aber hin zu mehr Vielfalt weiterentwickelt hatten. Die Konsequenz waren Marktanteilsverluste.

Auch unter den Familienunternehmen insbesondere in der DACH-Region finden sich viele Hidden Champions, deren Erfolg traditionell auf einer starken Produkt- oder Technologieorientierung basiert. Eine typische Gefahr besteht hierbei im „Overengineering", d. h. der Entwicklung von Produkten mit (teuren) Eigenschaften, für die der Kunde aber nicht bereit ist zu bezahlen, weil er keinen Nutzen darin sieht. Gefährlich wird es für Familienunternehmen aber auch dann, wenn der Fokus auf interne Themen wie z. B. Nachfolgefragen gelegt wird, und dabei die Veränderung des Kunden am Unternehmen vorbeigeht.

Erfolgreiche CEOs (und CMOs) im 21. Jahrhundert haben diesen Gefahren einen Riegel vorgeschoben. Der Name dieses Riegels lautet Kundenzentrierung (eng: Consumer Centricity). Jeff Bezos, Gründer und CEO von Amazon, hat vor nicht langer Zeit deutlich gemacht, wieso das in Zeiten von Internet und Digitalisierung so wichtig ist: „Wenn du Kunden in der physischen Welt unglücklich gemacht hast, dann haben sie das an sechs Freunde erzählt. Wenn du Kunden im Internet unzufrieden machst, dann erzählen sie es 6000 Freunden" (Newman 2015).

Nun hat nicht jedes Unternehmen zwangsläufig einen Jeff Bezos (oder Elon Musk oder Steve Jobs) an der Spitze, aber jedes Unternehmen kann Kundenzentrierung als Kernelement seiner Strategie aufnehmen. Gerade für Familienunternehmen, welche oft in der Digitalisierung etwas hinterherhinken (Ceipek et al. 2021), ist es daher zentral, vor allem von Start-ups zu lernen. Vor allem Vorreiter aus der Softwareentwicklung haben Kundenzentrierung und die dazugehörige Segmentierung als maßgeblichen Erfolgsfaktor ab Stunde null definiert: Meituan, eine chinesische Plattform für Dienstleistungen, Smokeball als Anbieter von Software für den Rechtsbereich, oder Blendle als digitale Journalismus-Plattform (Morgan 2020).

---

[2]Ford ist eines der größten und bekanntesten Familienunternehmen der Welt. Noch heute behält die Ford-Familie die größte Stimmkraft im nun börsennotierten Konzern.

## Was ist Kundenzentrierung und warum ist sie sinnvoll?

Im weiteren strategischen Sinne bedeutet Kundenzentrierung, alle strategischen Über-legungen vom Konsumenten denkend zu beginnen. Kundenzentrierung geht Hand in Hand mit einer Kultur der Kundenobsession, welche über alle Hierarchieebenen und Funktionen hinweg gelebt und weiterentwickelt wird. Eine wichtige Rolle spielt dabei, dass vor allem auch jene Funktionen kundenzentriert agieren, welche traditionell weit vom Kunden entfernt sind.

Der erste Schritt für ein kundenzentriertes Unternehmen muss es sein, zu verstehen, wer der eigentliche Kunde ist: der direkte Kunde oder der finale Endverbraucher. Ist es beim Autozulieferer der OEM oder der Autokäufer? Ist es beim Hersteller von Schnell-drehern (FMCG) der Handel (stationär oder online) oder der Endkunde? Ist der tat-sächliche Endkunde der Käufer oder ein anderes Haushaltsmitglied als Verbraucher? Im zweiten Schritt ist eine sowohl präzise als auch flexible Kundensegmentierung entscheidend. Dabei sprechen wir heute aber nicht mehr von rein demografischen Merkmalen von Konsumenten, sondern viel mehr vom Einbezug komplexer Muster von Verhalten und Bedürfnissen. Das „Wann, Wo, Was, Warum" spielt somit heute genauso stark eine Rolle wie nur das „Wer". Ein weiteres wichtiges Element darin ist es, den Konsumenten in Form von einer Kundenreise zu verstehen (eng: Consumer Journey). Dabei ist es wichtig jeden Schritt im Konsumentenverhalten vom Bewusstsein über die Marke, den Kauf bis hin zur Loyalität genau zu kennen.

Ultimativ ermöglicht das Verständnis der Konsumenten und deren Reise das Kunden-erlebnis aktiv zu managen und positiv zu beeinflussen. Die Erfahrung des Kunden im Online-Shop oder mit dem Kundenservice wird also von der „Black-Box" zu einem „360 Grad-kontrollierten" Phänomen. Darüber hinaus erreichen laut einem kürzlich erschienenen Forbes Artikel Unternehmen mit überlegener Kundenerfahrung 5–7-mal höhere Umsätze als ihre Wettbewerber (Morgan 2020), und deshalb sehen auch 73 % von Unternehmen Kundenerlebnisse als strategische Priorität an (Forrester 2015). Eine Analyse der Unternehmensberatung Kearney hat ebenso bestätigt, dass Kunden-zentrierung das EBIT-Resultat um 10 bis 17 % verbessern kann.[3] (Abb. 25.1).

## Welche Herausforderungen gibt es?

Trotz der scheinbar positiven Korrelation zwischen größerer Kundenzentrierung und Unternehmenserfolg haben viele (vor allem traditionelle) Unternehmen heute immer noch Schwierigkeiten, mit den Amazons dieser Welt mitzuhalten. Laut CMO Council sind nur 10 % der Senior Marketeers heute der Meinung, dass ihr Unternehmen wirklich

---

[3] Analyse basierend auf Ergebnisanalyse von EBIT im gewichteten Durchschnitt aus Jahres-berichten von Nike, P&G, BAT, Altria, Diageo und Heineken.

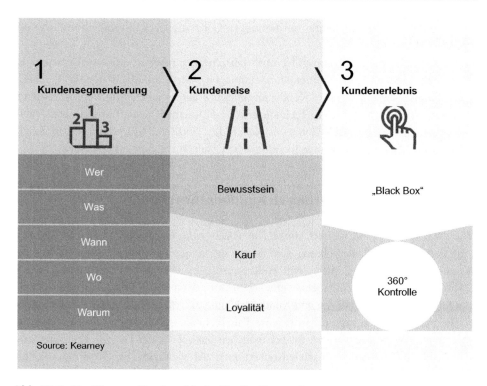

**Abb. 25.1** Der Weg zum Kundenerlebnis. (Quelle: Kearney.)

in der Lage ist Kunden zu verstehen (CMO 2018). Wieso ist das unter anderem immer noch so?

- Top Management: Kundenzentrierung beginnt ganz oben in der Organisation, trotzdem haben aber „nur" 10 % der Fortune 500-Firmen einen „Chief Customer Officer" (Pramani 2020).
- Kennzahlen: Die meisten KPIs bleiben fokussiert auf Produkte und den Wettbewerb, der Konsument wird kaum beachtet.
- Zeit: Meist ist Konsumentenforschung statisch und langsam, und bis Ergebnisse das Management erreichen, sind sie schon wieder veraltet.
- Supply-Funktionen: Das Wissen über den Endkonsumenten kommt in vielen Funktionen nicht an, speziell wenn sie weiter vom Konsumenten weg sind.
- Ad Sustainability: Das Thema Sustainability (CSR, EGS, etc.) hat gerade in den vergangenen Jahren viel an Bedeutung gewonnen. Persönlich haben wir die Erfahrung gemacht, dass Familienunternehmungen oftmals Sustainability in ihren Werten bzw. ihrer DNA verankert haben. Nach dem Motto „Tue Gutes und sprich nicht darüber" hat man diese Bemühungen nicht kommuniziert bzw. mit Kundenbedürfnissen in

Verbindung gebracht. Gerade für die jungen Generationen ist Sustainability aber ein „Must Have".

- Ad Digitalisierung: Aufgrund der über Jahrzehnte gepflegten direkten Beziehungen mit den Kunden haben Familienunternehmungen oftmals die Macht und das Potenzial der Digitalisierung bei der Kundenorientierung unterschätzt. Wie bereits erwähnt, bieten die neuen digitalen Technologien (i.e. Internet, Social Media, etc.) viele Opportunitäten aber auch Gefahren. Neben der „360 Grad"-Kontrolle bieten gerade Advanced Analytics im Kundenbereich viele Chancen, die man oft unterschätzt.

## Von der Produktzentrierung zu Kundenzentrierung

Wie eingangs erwähnt, ist eine starke Datenbasis zum Verständnis vom Konsumenten grundlegend. Viele Unternehmen sind heute schon exzellent darin, die Leistung der eigenen Produkte gegenüber dem Wettbewerb genauestens zu überwachen. Diese Mentalität von Produkt-KPIs muss übergehen in Konsumenten-KPIs, und zwar entlang von Segmenten, Kundenreisen und Kundenerlebnissen.

Hierbei sei auch gesagt, dass für jedes Unternehmen und Industrie die Relevanz der sogenannten W-Fragen variiert. Ist bei manchen das „Wo", der Ort des Konsums, entscheidend, ist für andere der soziale Kontext noch viel wichtiger. Die „Wo-Frage" könnte für die Konsumenten eines Bierbrauers eine entscheidende Rolle spielen als Teil der Segmentierung, ob in der Bar oder zu Hause. Die „Wann-Frage" ist hingegen für einen Snackhersteller zentral: Ist der Konsument auf der Suche nach einem gesunden Frühstücksersatz oder soll es eine Süßigkeit am Nachmittag sein? Dies beschreibt die Notwendigkeit, nicht in eindimensionalen demographischen Schubladen zu denken, sondern in Nachfragekarten (eng: Consumer Demand Maps), welche die verschiedenen Bedürfnisse des Kunden mit der Segmentierung verknüpfen.

Besonders wichtig ist es dabei, eine dynamische Segmentierung aufzubauen. Viel zu oft sind Ergebnisse von Konsumentenforschung veraltet, und zwischen der klassischen Erhebung mit Fragebögen bis zur finalen Auswertung vergehen viele Monate. Wenn die Corona-Pandemie uns aber eines gelehrt hat, dann, dass Fragebögen, die vor dem Ausbruch der Pandemie im Feld waren, schon Tage nach dem Ausbruch einfach nicht mehr gültig waren. Deshalb sind dynamische Methoden wie digitales Profiling zu bevorzugen, wo Echtzeitdaten vom Konsumenten über verschiedenen Kanälen hinweg zwischen Herstellern und Händlern geteilt und verarbeitet werden. Eine intelligente Integration von CRM-Systemen mit sauberer Datenspeicherung und -verarbeitung in einem sogenannten Data Lake sind hierfür Grundvoraussetzung.

Neben der starken Datenbasis gibt es zwei besonders wichtige organisationale Erfolgsfaktoren in der Transformation von der Produkt- zur Kundenzentrierung. Zuerst gilt es die Unternehmensstruktur und -führung (eng: Corporate Governance) anzupassen. Dedizierte Funktionen, welche den Konsumenten im Fokus haben, eine Führungsmannschaft mit klarem Bekenntnis zu Kundenzentrierung und die richtigen kundenzentrierten

Kennzahlen und daran geknüpften Anreize sind zentral. In weiterer Folge ist Change-Management, gepaart mit starker Kommunikation, ein essenzieller Begleiter für eine schnelle und erfolgreiche Transformation.

## Von der Kundenzentrierung zur strategischen Umsetzung

Hat ein Unternehmen einige der Grundvoraussetzungen für Kundenzentrierung erfüllt, dann steht noch ein wichtiger Schritt aus: Konsumentenwissen als die wichtigste Grundlage für den Strategieprozess, um konkrete Handlungen ableiten zu können: für Marken, Märkte und Kategorien.

Grob gesagt geht es um einen Perspektivenwechsel: Die Aussage „Brand X hat Marktanteile gegenüber Wettbewerber Y verloren, was machen wir nun?" repräsentiert dabei die traditionelle Denkweise. Ein kundenzentriertes Strategiestatement würde hingegen so klingen: „Wir haben bei Consumer Z Marktanteile verloren, wir kennen das Problem in der Kundenreise, lasst uns das Kundenerlebnis verbessern."

Hierzu ein Beispiel: Ein Unternehmen lebte eine äußerst produktzentrierte Kultur. Das Messen von Kennzahlen auf Produkt- und Markenniveau war allgegenwärtig, das Verständnis vom Kunden jedoch gering. Ziel eines Transformationsprogrammes war es, die globale Marken-Portfoliostrategie neu zu definieren, und zwar zu 100 % kundenzentriert. Als zentrales Gerüst für die Strategie diente eine Nachfragekarte wie in Abb. 25.2 gezeigt.

Basierend auf dieser Ansicht konnte definiert werden, wo die zukünftige Nachfrage in Bezug auf Kaufgelegenheiten und Kaufmission liegt, und wie geeignet das Portfolio war, um diese Nachfrage zu adressieren.

Dieser Abgleich erlaubte in weiterer Folge zu definieren, wie sich das Produktportfolio in Zukunft entwickeln muss, und welche Marke welche Rolle im Portfolio spielen soll. Von groben strategischen Stoßrichtungen (Abb. 25.3) hin zu sehr spezifischen strategischen Initiativen war dieses Methode Grundlage für eine vollumfängliche Portfolio-Strategie, zu 100 % vom Kunden ausgehend. Global beginnend konnten somit Umsatzpotenziale über fünf Jahre im Umfang von $ 9 Mrd. identifiziert werden. In der lokalen Anpassung und Umsetzung der globalen Strategie mit mehr als 100 Märkten konnten in weiterer Folge Wachstumspotenziale von bis zu 5–7 % pro Markt über fünf Jahre identifiziert werden. Hierbei ist zu betonen das es sich dabei um Potenziale handelt, und unsere Erfahrung zeigt, dass eine erfolgreiche Strategie nur mit gelungenerer Transformation (siehe Führung und Change-Management) diese Potenziale auch realisieren kann.

Ca. 90 % aller Unternehmen in Deutschland, Österreich und der Schweiz sind heute Familienunternehmen, ein elementarer Bestandteil dieser Volkswirtschaften. Viele von ihnen sind Kleinst- und Kleinunternehmen, welche durch ihre Größe im Regelfall ohnehin nahe am Kunden dran sind. Vor allem für die größeren Familienunternehmen,

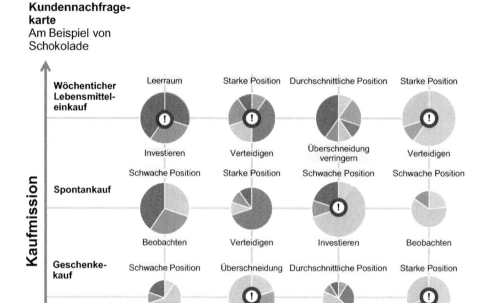

**Abb. 25.2** Nachfragekarte mit Kaufmission und Kaufgelegenheit. (Quelle: Kearney)

welche vermehrt in Generationennachfolgeprozessen eintreten, wird es aber entscheidend sein, sich noch stärker auf den Kunden zu fokussieren. Start-ups, aber auch große professionell agierende nicht familiengeführte Unternehmen verstehen die Notwendigkeit von Kundenzentrierung. Damit Familienunternehmen auch weiterhin eine so deutliche Rolle in unserer Wirtschaft spielen, müssen auch diese Kundenzentrierung als zentrales Element in ihre Strategie aufnehmen und umsetzen. Anregungen für diesen Weg gibt es zuhauf: Treten Sie in den Dialog mit unseren Experten ein.

**Abb. 25.3** Nachfragekarte und strategische Stoßrichtung für Marken. (Quelle: Kearney.)

## Literatur

Aaker, D. A. (1991). Managing Brand Equity. Free Press.

Bottger, P. (2010). The Genius Of Nicolas Hayek. https://www.forbes.com/2010/07/01/nicolas-hayek-swatch-swiss-leadership-managing-  watch.html#1e7b30204a3e. Letzter Zugriff am 19.07.2022.

Ceipek, R. et. al. (2021). Digital Transformation Through Exploratory and Exploitative Internet of Things Innovations: The Impact of Family Management and Technological Diversification. https://onlinelibrary.wiley.com/doi/full/https://doi.org/10.1111/jpim.12551. Letzter Zugriff am 19.07.2022.

CMO Council (2018). Turn Up The Volume. Rethinking Where and How Customer Voice Enhances Experiences. https://www.cmocouncil.org/thought-leadership/reports/turn-up-the-volume. Letzter Zugriff am 19.07.2022.

De Massis, A. (2016). Innovation Through Tradition: Lessons From Innovative Family Businesses and Directions for Future Research. https://journals.aom.org/doi/https://doi.org/10.5465/amp.2015.0017. Letzter Zugriff am 19.07.2022.

Forrester (2015). Forrester's CX Index Ranks The Brands That Deliver The Best Customer Experience. https://www.forrester.com/press-newsroom/forresters-cx-index-ranks-the-brands-that-deliver-the-best-customer-experience/. Letzter Zugriff am 19.07.2022.

Morgan, B. (2020). 10 Startups Leading The Way In Customer Experience. https://www.forbes.com/sites/blakemorgan/2020/02/10/10-startups-leading-the-way-in-customer-experience/?sh=4 5f048a69f53. Letzter Zugriff am 19.07.2022.

Newman, D. (2015). Customer Experience Is The Future Of Marketing. https://www.forbes.com/sites/danielnewman/2015/10/13/customer-experience-is-the-future-of-marketing/?sh=1ad055f6193d. Letzter Zugriff am 19.07.2022.

Omega (2022). Planet Omega. https://www.omegawatches.com/planet-omega. Letzter Zugriff am 19.07.2022.

Pramani, G. (2020). The rise of Chief Customer Officers (CCO) in FMCG. https://www.loftusbradford.com/the-rise-of-chief-customer-officers-cco-in-fmcg/. Letzter Zugriff am 19.07.2022.

Prestige (2005). Nicolas G. Hayek: «I created happiness around me». https://www.prestigemag.co/2014/10/nicolas-g-hayek/. Letzter Zugriff am 19.07.2022.

Quote Investigator (2011). My Customers Would Have Asked For a Faster Horse. https://quoteinvestigator.com/2011/07/28/ford-faster-horse/. Letzter Zugriff am 19.07.2022.

Swatch (2010). NICOLAS G. HAYEK 1928–2010. https://www.swatchgroup.com/en/services/archive/2010/nicolas-g-hayek-1928-2010. Letzter Zugriff am 19.07.2022.

**Victor Graf Dijon von Monteton** startete seine Karriere als freiberuflicher Pianist und Dirigent, bevor er in die Unternehmensberatung einstieg. Bei Kearney leitet er das Konsumgütergeschäft in der Schweiz und den Personal Care Sektor in Europa. Hier verantwortet er komplexe Transformationsprogramme für seine Klienten im Bereich Digital und Wachstum.

**Mathias Margreiter** war von 2002 bis 2022 als Finanzvorstand Mitglied des Executive Board der Swarovski Crystal Business Unit. Auch nach seinem Ausscheiden ist er dem Tiroler Familienunternehmen als Mitglied des Verwaltungsrates erhalten geblieben.

# Nachhaltigkeit als Wettbewerbsvorteil und nachhaltige Finanzinstrumente zur Working Capital Finanzierung (ESG-linked)

André Wehrhahn

Das Thema Nachhaltigkeit ist mittlerweile in fast allen Unternehmen angekommen. Zunächst oft wahrgenommen als Kundenwunsch, der bestmöglich bedient werden sollte, oder als freiwillige Selbstverpflichtung, ist Nachhaltigkeit mittlerweile in vielen Industrien ein existenzielles Thema geworden. Existenziell deshalb, weil Nachhaltigkeitsstandards nicht mehr nur Wettbewerbsvorteile bieten, sondern die Grundvoraussetzung für die Teilnahme an öffentlichen Ausschreibungen sind – oder um den Zuschlag für Lieferaufträge zu bekommen.

In der Automobilindustrie geben mittlerweile zahlreiche OEMs den Druck, nachhaltiger zu produzieren, an ihre Lieferanten weiter. Oft sind davon mittelständische Familienunternehmen betroffen, die gezwungen sind, sehr schnell darauf zu reagieren.

Während die größeren oder börsennotierten Unternehmen schon seit Jahren dazu verpflichtet sind, umfangreiche Nachhaltigkeitsberichte zu erstellen und diese mit belastbaren Daten zu füllen, müssen die kleineren und mittelgroßen Unternehmen das Thema Nachhaltigkeit für sich selbst entwickeln, um überhaupt noch am Markt bestehen zu können.

Erschwerend hinzu kommt, dass oft in Unternehmen ein falsches Bild über die eigene Leistungsfähigkeit zum Thema Nachhaltigkeit existiert: „Wie nehmen dieses Thema sehr ernst und verfolgen es bereits seit Jahren, wenn nicht sogar Jahrzehnten!"; „Wir haben erst letztes Jahr X Millionen Euro für eine Photovoltaik Anlage ausgegeben!"; „Wir haben den gesamten Produktionsstandort auf Ökostrom umgestellt!" – Alles schön und

A. Wehrhahn (□)
Fulda, Hesse, Deutschland
E-Mail: andre.wehrhahn@gmail.com

© Der/die Autor(en), exklusiv lizenziert an Springer Fachmedien Wiesbaden GmbH, ein Teil von Springer Nature 2022
T. Zellweger und P. Ohle (Hrsg.), *Finanzielle Führung von Familienunternehmen*, https://doi.org/10.1007/978-3-658-38061-8_26

gut und sicherlich ein Anfang, aber Nachhaltigkeit geht viel tiefer, muss strukturiert gestaltet werden und hat, anders als oft angenommen, nicht nur einen ökologischen Aspekt.

Nachhaltig leistungsfähig zu sein, bedeutet für Unternehmen grundsätzlich, die drei Säulen sinnvoll und vor allem messbar abzubilden (Abb. 26.1).

Bei der ökologischen Performance, also der ersten Säule der Nachhaltigkeit, fokussieren sich Unternehmen z. B. auf die Messung und Optimierung ihres $CO_2$-Fußabdruckes, nutzen Rohstoffe aus nachhaltigen Quellen mit entsprechender Zertifizierung (bei Holz z. B. FSC oder PEFC) und lassen ihre Produkte wiederum nach Ökologie-Standards zertifizieren. Auch eine Zertifizierung nach ISO 14001 (Umweltmanagement) und ISO 50001 (Energiemanagement) sind Maßnahmen, um die ökologische Performance zu stützen.

Bei der zweiten Säule der Nachhaltigkeit, der ökonomischen Performance, richten sich mittlerweile sehr viele Unternehmen an der ISO 9001 aus, mit dem Fokus auf qualitative Messgrößen.

Mit der dritten Säule, der sozialen Performance, fokussieren sich Unternehmen auf gemeinnützige Projekte, auf Lieferantenaudits oder verpflichten sich mit einer Sozialcharta auf weltweit gültige Grundsätze der Beschäftigung (z. B. keine Diskriminierung, keine Kinderarbeit, angemessene Löhne und Arbeitszeiten, Arbeitssicherheit, Achtung der Vereinigungsfreiheit, etc.).

Diese sind nur Auszüge aus einer Fülle von Möglichkeiten, wie Unternehmen das Thema Nachhaltigkeit intern entwickeln können. Um daraus einen wirklichen Nutzen zu generieren, müssen all diese Maßnahmen und Aktivitäten nach innen und außen sichtbar gemacht werden.

Dazu dient letztendlich die Nachhaltigkeitsberichterstattung, ein jährliches Fact Sheet, die verbindliche Vereinbarung und Einhaltung von Nachhaltigkeits-KPIs und gegebenenfalls die Einbindung neutraler Dritter (z. B. NGOs, Gewerkschaften, etc.). Um

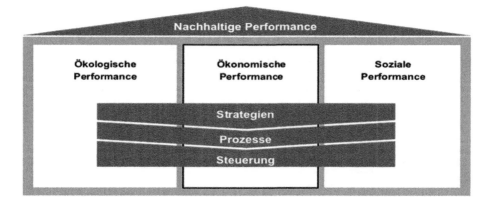

**Abb. 26.1** Die drei Säulen der Nachhaltigkeit. (Quelle: Eigene Darstellung)

die Maßnahmen zu überprüfen und von neutraler Seite bewerten zu lassen, gibt es auch die Möglichkeit sich einem externen ESG-Audit zu unterziehen.

Im Falle eines international agierenden Unternehmens setzt dies voraus, dass sämtliche Daten mit einer hohen Verlässlichkeit, auf jährlicher Basis und weltweit erfasst werden. Dazu müssen alle Produktionsstandorte mit einbezogen werden, schließlich geht es um die Identifikation umweltrelevanter Einflüsse und KPIs für die Unternehmensgruppe und nicht für eine einzelne Landesgesellschaft.

Dazu gehört die Datenerfassung zur Überwachung der $CO_2$-Emissionen, der Verwendung von Plastikverpackungen, dem Wasser- und Energieverbrauch, dem Müllaufkommen, um einige zu nennen – und das bezogen auf die produzierte Einheit. Dies ist sehr aufwendig und stellt Unternehmen vor große Herausforderungen bei der Datenerfassung.

All diese beschriebenen Maßnahmen und Aktivitäten sollten Teil einer Unternehmensstrategie und integraler Bestandteil der Unternehmenskultur sein – und vom Top-Management vorgelebt und nachgehalten werden. Verbesserung beim Thema Nachhaltigkeit sind eine interdisziplinäre Aufgabe. Es ist nicht die alleinige Verantwortung des CEO, CTO oder CFO – alle Unternehmensbereiche müssen eingebunden sein. Nur wenn diese Voraussetzungen erfüllt sind, kann das Thema Nachhaltigkeit auch bei der Unternehmensfinanzierung ein Element sein, um ein Unternehmen zu formen, das in Bezug auf die Geschäftsaktivitäten glaubhaft nachhaltig agiert.

## Unternehmensfinanzierung mit Nachhaltigkeitsaspekten

Green Bonds und staatliche Unterstützungen für die Umsetzung von Ökologieprojekten gibt es schon länger. Was aber, wenn ein Unternehmen, die normale Geschäftstätigkeit bzw. das Working Capital unter Nachhaltigkeitskriterien finanzieren möchte?

Bisher hatten Firmen die Möglichkeit, für Einzelprojekte mit Nachhaltigkeitszielen Fördermittel oder Finanzierungen der EU, EU-Länder oder Bundesländer in Anspruch zu nehmen. Ob diese Mittel gewährt werden, wird in der Regel vor allem durch das Projekt selbst (Grundsatz: je nachhaltiger, desto größer die Chance auf Förderung oder Finanzierung) und das Unternehmen, das beantragt, entschieden. Oft sind große Unternehmen von jeglicher Unterstützung oder Förderung ausgeschlossen. (und viele Mittelstandsunternehmen sind per Definition groß).

Eine Working Capital-Finanzierung ist kein Einzelprojekt oder eindeutig abgrenzbar, sondern dient der Finanzierung der normalen Geschäftstätigkeit des Unternehmens während eines Geschäftsjahres. Dadurch qualifiziert es sich nicht für die gängigen Förder- und Finanzierungstöpfe politischer Institutionen. Um dennoch eine Finanzierung mit Nachhaltigkeitsbezug aufsetzen zu können, muss man die Betrachtungsweise ändern. Nicht mehr der Zweck der Finanzierung, sondern das Gesamtunternehmen, das finanzieren möchte, rückt in den Mittelpunkt der Nachhaltigkeitsbetrachtung.

Lösungen hierfür haben die Firmen Dürr AG und Faber-Castell AG entwickelt. Beide Unternehmen haben 2019 bzw. 2020 Schuldscheine aufgelegt, die einen ESG-Link haben. Beide Schuldscheine bekamen eine sehr gute Resonanz von den Investoren, waren mehrfach überzeichnet und ermöglichten eine Refinanzierung des Working Capitals zu vorher nie erreichten Konditionen. Im Fall der Faber-Castell AG sind auch bilaterale Kreditlinien mit einem ESG-Link versehen worden.

Die Struktur eines Schuldscheins mit ESG-Link unterscheidet sich grundsätzlich kaum von der eines normalen Schuldscheins. Während bei einer normalen Schuld-scheinfinanzierung der Spread (Gewinnmarge) der Investoren in der Regel über die Laufzeit gleichbleibt, kann dieser bei einem ESG-linked Schuldschein fluktuieren. Wo das akzeptable Maß dieser Schwankungsbreite liegt, muss das zu finanzierende Unternehmen selbst entscheiden. Es gilt, das Risiko, bei einer Verschlechterung des ESG Ratings einen höheren Spread zu zahlen, gegen die Chance abzuwägen, bei einer Verbesserung des ESG-Ratings von niedrigeren Finanzierungskosten zu profitieren. Grundsätzlich ist der Mechanismus wie folgt:

- Verbessert sich das ESG-Rating um X Punkte, verringert sich der Spread um Y Basispunkte.
- Verschlechtert sich das ESG-Rating um X Punkte, erhöht sich der Spread um Y Basispunkte.

Bevor aber ein Unternehmen diesen Weg der grünen Finanzierung überhaupt beschreiten kann, muss ein externes Audit-Unternehmen gefunden werden, dass ein ESG Rating anbietet und zu dem finanzierenden Unternehmen passt.

Es macht wenig Sinn einen Anbieter zu wählen, der einen sehr aufwendigen ESG-Audit durchführt, wenn auf der anderen Seite ein Unternehmen bei der ESG-Datenerfassung noch nicht viel Erfahrung hat. Es gibt mittlerweile ESG-Audit-Unternehmen, die besonders mittelständische Unternehmen im Fokus haben und einen Prüfungskatalog verfolgen, der das Unternehmen nicht überfordert und trotzdem eine ausreichend detaillierte Aussage bezüglich des ESG-Ratings macht. Am Rande wäre noch zu erwähnen, dass sich das finanzierende Unternehmen sich genau anschauen sollte, was das Rating-Unternehmen mit den erhobenen Daten machen darf. Oft sind gerade mittelständische Familienunternehmen sehr daran interessiert, dass für sensible Daten nicht an Dritte weitergegeben werden dürfen.

Sobald das Rating-Unternehmen ausgewählt ist, kann das erste ESG-Audit durchgeführt werden. Das Ergebnis dieses Audits ist die Basismessgröße für die folgende angestrebte Finanzierungsform mit ESG-Link. Dieses erste Audit ist aber auch ein Test für das Unternehmen bezüglich der Verfügbarkeit und Belastbarkeit von Daten.

Sollte das Unternehmen zu der Erkenntnis gelangen, dass die Abfragen des Audits und deren Beantwortung einen sehr großen internen Aufwand hervorrufen, muss das Unternehmen sich die Frage stellen, ob nicht zunächst die Datenerhebung und Verfügbarkeit verbessert werden sollte, bevor eine Verpflichtung zu einer jährlich wiederkehrenden Auditierung eingegangen wird.

Für den Fall, dass der erste ESG-Audit erfolgreich und mit einem vertretbaren Aufwand durchgeführt werden konnte, liegen die weiteren Schritte zur erfolgreichen Finanzierung überwiegend in den Händen der Finanzabteilung eines Unternehmens.

Im Folgenden ein möglicher Ablauf:

1. Auswahl des ESG-Audit-Unternehmens und Durchführung des Erst-Audits
2. Auswahl der Finanzierungsform (Schuldschein, Bond, Revolver, etc.)
3. Ermittlung Finanzierungssumme, Definition Zeitschiene, Margenfenster
4. Kontaktaufnahme zu den Hausbanken, Auswahl des Lead Arrangeur
5. Entwicklung eines vorläufigen Termsheets
6. Herbeiführen einer internen Entscheidung zur Finanzierungsform
7. Entwicklung einer Investorenpräsentation mit dem Lead Arrangeur
8. Festlegung eines finalen Termsheets, Festlegung folgender Eckpunkte:
   – Darlehensnehmerin
   – Art der Finanzierung und Platzierung (Hausbankenkreis oder breiter)
   – Status (nicht nachrangig, besichert/unbesichert
   – Punktzahl des ESG-Erst-Audits
   – Sustainability step up/step down
   – Volumen
   – Laufzeit
   – Spread
   – Kupon
   – Verzinsung
   – Dokumentation
   – Übertragung
   – Arrangeur
9. Festlegung des finalen Zeitablaufs:
   -Start Vermarktungsphase
   -Datum/Uhrzeit Investorenpräsentation
   -Fristende für Kommentare zur Dokumentation
   -Schließung Orderbuch
   -Allokation der Tranchen
   -Unterzeichnung, Dokumentation
   -Valuta-Tag

Für die Schritte 1–9, also vom Zeitpunkt des ersten ESG Audits bis zum Valuta-Tag der Finanzierung, können 4–6 Monaten angesetzt werden.

Eigentlich kann sich kaum ein Unternehmen diesem Trend entziehen, wie z. B. Vaude zeigt. Wir empfehlen, sich einmal den Geschäftsbericht des Outdoor-Ausrüsters anzuschauen (Vaude 2022). Aber auch Großunternehmen wie Reckt (vormals: Reckt Benckiser) sind längst gut aufgestellt und verfolgen diese Richtung. (Abb. 26.2).

## Management Summary

Eine Finanzierung mit ESG-Link kann für Unternehmen eine kostengünstige Alternative zu etablierten Finanzierungsformen sein. Sie ist sowohl für die Working Capital-Finanzierung als auch für die Finanzierung von Ersatz- oder Erweiterungsinvestitionen geeignet. Voraussetzung ist, dass das Unternehmen das Thema Nachhaltigkeit strategisch verankert hat und die Daten für ein ESG-Audit zur Verfügung stehen. Gelingt es einem Unternehmen sich unter Nachhaltigkeitskriterien zu finanzieren, wirkt dies positiv auf die Marke, steigert die Wettbewerbsfähigkeit und steigert letztendlich den Wert des Unternehmens. Die Glaubwürdigkeit und Außenwirkung der Unternehmen bezüglich Nachhaltigkeit werden ebenfalls positiv beeinflusst. Der Weg zur Nachhaltigkeit zeichnet sich durch ein stufenartiges Vorgehen aus. Viele Wege führen dorthin – und kaum ein Weg zurück, wenn man die öffentliche Diskussion und die Investorenvorlieben betrachtet.

**Abb. 26.2** Gemeinwohlbilanz VAUDE. (Quelle: GWÖ-Bilanz VAUDE 2018)

## Literatur

Vaude (2022). Nachhaltigkeit macht krisenfest. https://nachhaltigkeitsbericht.vaude.com/gri/vaude/nachhaltiges-wirtschaften.php. Letzter Zugriff am 19.07.2022.

**André Wehrhahn**  ist seit 2021 CFO der Hansgrohe SE. Zuvor hatte er diese Funktion bereits bei der Faber Castell AG, der KAP AG sowie bei REHAU inne. Dank seiner Erfahrung verfügt Wehrhahn über eine ausgeprägte Expertise im Umgang mit unterschiedlichsten Eigentümerstrukturen, komplexen Gruppen-Refinanzierungen sowie ESG-linked Finanzierungsinstrumenten.

# Strategie bedarf eines ausgewogenen Führungsteams, des Machbarkeitschecks und guter Zusammenarbeit mit dem Aufsichtsgremium: Der FBXperts View

27

Patricio Ohle

Ist Ihnen eigentlich bekannt, dass die verbreitetsten Strategiemethodiken (BCG Matrix, McKinsey Matrix, Porter Logik usw.) auf Erkenntnissen der 1960er und 1970er Jahre beruhen, obgleich sich das unternehmerische Umfeld komplett verändert hat? Können wir Finanzleute hier etwas zur Modernisierung der Methodik beitragen? Wir meinen, das wäre eine der „vornehmen" Aufgaben: den State of the Art gewährleisten. Der CFO muss im Strategieprozess eingebunden sein und hat dabei u. a. folgende Aufgaben:

- Finanzielle Rahmenbedingungen verstehen (Bilanz, Kapitalverfügbarkeit, ROCE, Dividendenerwartungen, Risk/Return Position etc.)
- Abschätzung der finanziellen und Risikokonsequenzen von verschiedenen diskutierten strategischen Optionen inkl. Potenzieller Wertbeitrag zur Wertsteigerung für jede Option
- In der Szenarioplanung ebenfalls Abschätzung der finanziellen und Risikokonsequenzen pro Scenario
- Rechnen des Business Cases einer Strategie mit Kapitalrequirements
- Lösungen für benötigtes Kapital für attraktive Strategische Moves zu finden
- …

Eine vermehrt strategische Ausrichtung der CFO-Funktion wird immer wieder empfohlen und scheint sich auch mit den Entwicklungen der vergangenen Jahre zu decken. So gaben CFO in einer internationalen Befragung an, eine stärker strategische Rolle einzunehmen und in diesem Zusammenhang eine Verbesserung der horizontalen

P. Ohle (✉)
FBXperts AG, Zürich, Schweiz
E-Mail: patrick.ohle@fbxperts.ch

T. Zellweger und P. Ohle (Hrsg.), *Finanzielle Führung von Familienunternehmen*,
https://doi.org/10.1007/978-3-658-38061-8_27

Kommunikation anzustreben und größeren Wert auf einen stärkere Außenorientierung zu legen (Ernst und Young 2010, S. 9).

In unseren Befragungen zeichnete sich ein ähnliches Bild ab:

- „CFO ist Beirat für Geschäftseinheiten. CFO in allen Beiräten. Konzern-CFO in Beiräte von den Konzernbereichsobergesellschaften. Das ist ein wesentlicher Teil der Arbeit."
- „Kritisches Hinterfragen wird als Mehrwert gesehen und toleriert."
- „Der CFO ist besonders gefordert, die limitierten finanziellen Ressourcen zuzuordnen."
- „Der CFO erarbeitet den Rahmen aus der Strategiediskussion für die Planung."
- „Vollständige Einbindung und Festlegung von Gegenmaßnahmen."

Wichtig ist die Kompetenzabgrenzung zum Verwaltungsrat oder Beirat als Aufsichtsgremium. Hier muss die Familie zum Thema Strategie vertreten sein. Dort besteht nach unserer Beobachtung eine gewisse Ferne zum Geschäft – um so wichtiger die komplementären Kenntnisse und eine gute Abstimmung mit der Geschäftsleitung. Eine KPMG-Studie aus dem Jahr 2008 über CFO in der Schweiz zeigt, dass CFO in Familienunternehmen eher zu wenig in die Strategie eingebunden sind – im Vergleich zu Familie und Aufsichtsgremium oder dem CEO (Fauser et al. 2008).

Unsere Haltung ist, dass der CFO insbesondere dann einen hohen Beitrag leisten kann, wenn er ein Mitglied des Führungsteams mit dem CEO geworden ist und im Sinne der Qualitätssicherung („Haben wir an alles gedacht?") und der Umsetzung in das Zahlenwerk tätig wird. Ein guter Verwaltungsrat – oder wer immer die Führungskräftekonstellation im Auge hat und in der Auswahl bestimmt – wird dabei gut beraten sein, die Konstellationen in der Geschäftsleitung gut auszutarieren: zwischen operativ und strategisch, wachstumsorientiert und risikoorientiert usw.

Bisweilen fällt eine Strategie der finanziellen Machbarkeit zum Opfer. Aber auch hier können Wertbeiträge darin liegen, die optimale Finanzierung zu gestalten. Leider sind private Unternehmen auf der Seite der Finanzierung bezüglich des Handlungsspielraumes manchmal strategisch eingeschränkt: schwer vorstellbar etwa, dass Hilti Black & Decker übernehmen könnte oder Bertelsmann McGraw-Hill. Die börsennotierten Unternehmen aus dem angloamerikanischen oder chinesischen Raum haben hier enorme Vorteile. Die Machbarkeit von Strategie ist ein Thema, das beim CFO gut aufgehoben ist, der ja die Gesamtsituation über alle Fachbereiche und Aspekte kennt und eine holistische Beurteilung herbeiführen kann.

## Literatur

Ernst & Young (2010). The DNA of the CFO. A study of what makes a Chief Financial Officer. https://www.consultancy.nl/media/Ernst%20&%20Young%20-%20The%20DNA%20of%20 the%20CFO-1228.pdf. Letzter Zugriff am 19.07.2022.

Fauser, A., und Kerler, P. (2008). KPMG Financing Benchmark 2008. Die finanzstrategische Ausrichtung Schweizer Unternehmen. http://www.presseportal.ch/de/pm/100001147. Letzter Zugriff am 19.07.2022.

**Dr. Patricio Ohle** ist Gründer und Geschäftsführer der FBXperts AG. Er war drei Jahrzehnte lang in Führungspositionen bei Familienunternehmen tätig, unter anderem als Direktor bei der Hipp Holding AG. Dr. P. Ohle ist Research Fellow des Center for Family Business an der Universität St.Gallen, wo er auch promovierte. Er ist zudem Lehrbeauftragter der Universität St.Gallen in „Finance of large family firms".

# Teil VI

# Governance: Pflicht oder Kür der Führung?

„Business is about organizations and organizations are about people", heißt es bei M. Kets de Vries, dem bekannten Spezialisten für Familienunternehmen an der INSEAT in Fontainebleu. „The complex psychological forces that make up the personality of the various actors are the real keys to understanding the psychodynamics of the family firm (Kets de Vries 1996, S. 5)."

Familienunternehmen zeichnen sich häufig durch hohe Stabilität und beeindruckende Resilienz aus. Jedoch kann sich diese familiär-emotionale Komponente auch in das Gegenteil kehren und zu einer großen Belastung für das Unternehmen und die Familie selbst werden. Daher ist es naheliegend, eine Corporate Governance zu etablieren, um gelebte Grundsätze der Unternehmensführung in einem Regelwerk festzuhalten. Bei Änderungen in den Eigentumsverhältnissen oder im Management kann so die Familie sicherstellen, dass gewünschte Werte und Grundsätze oder auch Entscheidungsprozesse beibehalten werden. In diesem Zusammenhang stellt sich zwangsläufig die Frage wann, was und in welchem Umfang im Rahmen einer Corporate Governance festgelegt werden sollte. Diese und weitergehende Fragestellungen werden im Folgenden erörtert und helfen dadurch dem Leser passgenaue Antworten zu finden.

**In diesem Teil erfahren Sie**
- welche Best-Practice-Erfahrungen es für die Gestaltung der Arbeit des Boards gibt
- wie Streit im Eigentümerkreis vermieden werden kann
- warum die Kultur ein wichtiger Hebel für Veränderung ist und wie diese verändert werden kann
- wie ein Mehrgenerationen-Unternehmen seinen Erfolg definiert
- wie Human Ressources uns nach der Pandemie fordern werden

**Literatur**

Kets de Vries, M. F. (1996). Family Business: Human Dilemmas in the Family Firm. International Thomson Business Press.

# Optimales Board, Entscheidungsprozesse und Einbindung der Gesellschafter

Christoph Michl und Thomas Holzgreve

Familienunternehmen entwickeln sich von Generation zu Generation hinsichtlich ihrer Charakteristika, was auch Auswirkungen auf die jeweils adäquate Ausgestaltung der Aufsichtsfunktion hat (Gersick et al. 1997). In Wahrheit wissen wir jedoch: Jeder Fall ist irgendwie sehr speziell, mit individuellen Prozessen, Organisationen und Menschen, die die Aufsichtsfunktion bekleiden (Kormann et al. 2021, S. V). Wir haben über die Jahre vieles gesehen und gehört: Verwaltungsräte, die nur zum Schein Formalismen abklappern; Familienfremde, die ihre eigene Agenda einbringen; mangelnde Qualifikation; oder aber Diversität – und bestens organisierte Führungsgremien, die dem Management und der Eigentümerschaft zu einer Top Performance verhelfen. Viele Unternehmen haben in Deutschland in all den Jahren immer in dem klassischen, dualistischen Modell gearbeitet. Hier das Fazit eines CFO: „Vor einigen Jahren haben wir mit unseren Eigentümern auch die Idee des monistischen Systems diskutiert, aber dann verworfen. Es passte nicht in unsere Struktur."

Große Familienunternehmen messen der Aufsicht viel Bedeutung zu, wie das Beispiel Diehl illustrieren mag. „Dazu zählen ein gesundes finanzielles Fundament, eine möglichst geringe Verschuldung und genügend Reserven für Not-und Krisenzeiten, wie K. Diehl anlässlich des fünfzigjährigen Firmenjubiläums betonte. Dazu gehörte aber auch die Erkenntnis, dass die eigenen Fähigkeiten, Instinkte und Traditionen nicht immer

C. Michl (✉)
Baldham, Deutschland
E-Mail: christoph_michl@t-online.de

T. Holzgreve
Bad Oldesloe, Deutschland

© Der/die Autor(en), exklusiv lizenziert an Springer Fachmedien Wiesbaden GmbH, ein Teil von Springer Nature 2022
T. Zellweger und P. Ohle (Hrsg.), *Finanzielle Führung von Familienunternehmen*,
https://doi.org/10.1007/978-3-658-38061-8_28

ausreichen, um das Unternehmen über die Runden zu bringen. Die Liste der Namen, die K. Diehl als Berater gewinnen konnte, ist illuster und erlesen (Schöllgen 2002, S. 318 ff.)."

60 % der Familienunternehmen einer Umfrage aus 2004 bewerten ihre Corporate Governance als nicht befriedigend (May et al. 2006, S. 159). Die Konflikte treten dann auf, wenn der Familie, in der Regel der Gesellschafterversammlung, ein eingeschränktes Testat vorgelegt werden muss oder wenn es zu Krisensituationen kommt. Die folgenden Ausführungen stammen von Praktikern, die durchschnittlich 15 Jahre in solchen Organen aktiv tätig waren. Häufig wird die Meinung vertreten, dass Boards („Board" wird hier stellvertretend für Aufsichtsrat, Verwaltungsrat, Beirat, Stiftungsrat o. ä. gebraucht) erst ab einer gewissen Größe und Reife des Unternehmens sinnvoll sind. Diese Frage sowie zahlreiche sich daran anschließende Fragen zur praktischen Umsetzung werden im Folgenden diskutiert.

## Monistisches oder dualistisches Board?

Es wird grundsätzlich zwischen zwei Arten von Boards unterscheiden. Auf der einen Seite gibt es das vor allem im angelsächsischen Raum sowie der Schweiz (Verwaltungsrat) verbreitete monistische System (auch One-Tier-System oder einstufiges System), auf der anderen Seite das dualistische System (auch Two-Tier-System oder zweistufiges System), das insbesondere in Deutschland, China, Österreich und den Niederlanden häufig anzutreffen ist. In der Schweiz ist beides möglich.

### Monistisches System
Im monistischen System existiert lediglich ein Board, das sich aus geschäftsführenden und nicht-geschäftsführenden Direktoren zusammensetzt. Die geschäftsführenden Direktoren sind Angestellte der Gesellschaft und leiten hauptberuflich die Geschäfte, wohingegen die nicht-geschäftsführenden Direktoren nicht Angestellte der Gesellschaft sind und in der Regel noch anderweitige Tätigkeiten ausüben. Wesentliche Entscheidungen werden im Board getroffen, etwa über die strategische Ausrichtung der Gesellschaft oder Personalentscheidungen von großer Tragweite. Die Geschäftsführung ist dabei an die Weisungen des Boards gebunden. Das Monistische System bietet somit die Möglichkeit, in Familienunternehmen mit familienfremdem Management durch die Besetzung der nicht-geschäftsführenden Direktoren nicht nur die Kontrolle, sondern auch die strategische Führung auszuüben. Ist hingegen in Familienunternehmen die direkte Führung durch ein Familienmitglied gewünscht, kann der Vorsitz der Geschäftsführung und der Vorsitz des Boards in dieser Person vereint sein (sog. CEO-Modell). Eine ausreichende Kontrolle durch das Board ist in diesem Falle jedoch schwer zu erreichen.

**Dualistisches System**

Der klassische Vertreter des dualistischen Systems ist der deutsche Vorstand und Aufsichtsrat. Es handelt sich um zwei getrennte, nicht personengleiche Gremien, wobei dem Vorstand die Führung der Geschäfte obliegt. Wohingegen der Aufsichtsrat kontrollierend und beratend begleitet und in Entscheidungen von grundlegender Bedeutung einzubinden ist. Er kann jedoch lediglich „verhindern", aber nicht den Vorstand anweisen, bestimmte Handlungen vorzunehmen. Die Stärken des dualistischen Systems sind daher in der klaren Trennung der Geschäftsführung und der Überwachung derselben durch ein separates Gremium zu sehen.

**Monistisches oder dualistisches Board bei Familienunternehmen?**

Vor Errichtung eines Boards gilt es, die Vor- und Nachteile beider Systeme der Ausgestaltung sorgfältig gegeneinander abzuwägen. Eine Hilfestellung bietet das folgende Kapitel, da die definierten Aufgaben eines Boards einen Hinweis auf die zu bevorzugende Form geben. Auch ist zu bedenken, dass die Tätigkeit der nicht-geschäftsführenden Board-Mitglieder in einem monistischen Board regelmäßig sehr viel mehr Zeit in Anspruch nimmt als in einem dualistischen Aufsichtsgremium. Daneben zeichnet sich ein monistisches Board bei gleicher Größe stets durch eine geringere Komplexität aus.

Bei der Europäischen Aktiengesellschaft (SE) hat sich der Gesetzgeber nach einigen Diskussionen für eine Wahlmöglichkeit zwischen monistischem oder dualistischem Führungssystem entschieden. In Schweden, UK und der Schweiz findet man das monistische System, in Deutschland eher weniger. Dort ist der Aufsichtsrat eher eine Kontrollinstanz.

## Aufgaben des Boards

Die Entscheidung über die Errichtung eines Boards trifft in der Regel der Gesellschafter. Hierbei ist stets die lokale Gesetzgebung zu berücksichtigen, d. h. inwiefern Vorschriften über die Einrichtung eines Boards und dessen Zusammensetzung einschlägig sind. In der Schweiz zum Beispiel hat der Verwaltungsrat durchaus durch das Gesetz vorgeschriebene klar definierte Aufgaben (Art. 716 OR), die ins Tagesgeschäft einwirken. Das ist anders in einem deutschen Aufsichtsrat. Daher findet sich das monistische System öfters auch in der Schweiz. Im Weiteren wird davon ausgegangen, dass der Gesellschafter im Rahmen des gesetzlich Zulässigen frei entscheiden kann. Vor der grundsätzlichen Entscheidung, ein Board ins Leben zu rufen, gilt es den Bedarf und damit auch die zu übernehmenden Aufgaben zu bestimmen. Grundlegende Dimensionen zur Entscheidungsfindung können sein:

**Repräsentanz der Gesellschafter**

Existieren mehrere Gesellschafter und sind diese nur teilweise oder gar nicht in der Geschäftsführung repräsentiert, bietet sind ein Board an, um die Gesellschafterinteressen auf dieser Ebene wahrzunehmen. Ein Board, das über die Gesellschafterversammlung hinaus institutionalisiert ist und sich eine Geschäftsordnung gibt, sorgt für klare Entscheidungsbefugnisse und Kommunikationswege. Die Konfigurationen in Familienunternehmen sind jedoch bisweilen mannigfaltig und komplex. Formelles und Informelles ist verwoben. So war über Klaus Peter Stihl im Jahr 2008 zu lesen: „Im Hintergrund hält er die Zügel weiter fest in der Hand. Im so genannten Beirat der Stihl Holding hat er den Vorsitz, und alle strategischen Entscheidungen bei Stihl werden nur mit Zustimmung des Beirats gefällt (…). Mit seinen drei Geschwistern dominiert er dieses wichtige Kontroll- und Entscheidungsgremium (Wihofszki 2006, S. 55)."

**Überwachung und Beratung**

Kommt dem Board die Aufgabe der Überwachung oder Beratung zu, ist dies entsprechend bei seiner Besetzung zu berücksichtigen. Auch wenn die Übergänge von Überwachung zu Beratung und vice versa in der Praxis fließend sein können, sollte im Vorfeld die Erwartungshaltung des Gesellschafters gegenüber den potenziellen Board-Mitgliedern geklärt und schriftlich festgehalten werden. Auf diese Weise wird ihnen eine klare Rolle zuteil, auf die sie sich später berufen können. Ebenso wird dadurch geklärt, in welchem Umfang sie ihrerseits rechenschaftspflichtig bzw. verantwortlich sind. Es geht also um das Zahlenwerk – zum einen meist rückwärtsgewandt und analytisch –, aber insbesondere auch um die Diskussion der Zukunft.

**Netzwerk und Lobbyismus**

Ein Board kann auch überwiegend extern gerichtete Aufgaben erfüllen. So erweitert sich durch eine geeignete Besetzung des Boards das unternehmenseigene Netzwerk um ein Vielfaches, sei es zum Beispiel beschaffungsseitig, kundenseitig oder im Hinblick auf Finanzierungsquellen. Die Interessenvertretung in Politik und Gesellschaft kann eine weitere Motivation zur Errichtung eines Boards sein.

**Außenwirkung**

Boards können auch die Aufgabe einer Signalwirkung haben. In diesem Falle sind weniger inhaltliche oder fachliche Aspekte bei der Mandatierung entscheidend, sondern vielmehr die positive Außenwirkung zum Vorteil des Unternehmens. Das kann die Seriosität des Unternehmens betreffen (CFO eines größeren Unternehmens gegenüber der Finanzwelt), eine Produktkompetenz ausdrücken (Formel-1-Rennfahrer für Automobilindustrie) oder auch einfach die Bekanntheit des Unternehmens erhöhen (Prominente Persönlichkeiten, Influencer).

**Besetzung des Boards**

Im Familienunternehmen ist natürlich auch die Atmosphäre im Board relevant. Diese ist durch die Prozesse und Personen geprägt. Dominiert ein Patron? Sind die Board-Mitglieder Friends & Family oder wirklich für Ihre Kompetenz gewählt? Der Beirat der Dr. August Oetker KG besteht beispielsweise gemäß Gesellschaftsvertrag aus Gesellschaftern und einer Mehrheit von nicht zu den Gesellschafterfamilien gehörenden Personen.

**A. Anzahl Board-Mitglieder**

Die Anzahl der Board-Mitglieder richtet sich, neben der gewünschten Abdeckung bestimmter Funktionen bzw. Aufgaben, sinnvollerweise nach der Größe des Unternehmens. Je größer ein Unternehmen, desto größer sollte auch das Board sein. Bewährt hat sich eine ungerade Anzahl an Board-Mitgliedern, um Pattsituationen zu vermeiden. Ein doppeltes Stimmrecht des Vorsitzenden kann bei einer geraden Anzahl zwar eine Pattsituation vermeiden. In der Praxis ist es jedoch „unschön", in diesen Fällen die Entscheidung dem Vorsitzenden zu überlassen, da es ja gerade um offenbar kontroverse Standpunkte geht. Daher ist die empfohlene Mindestanzahl der Board-Mitglieder drei. Die maximale Anzahl bestimmt sich durch die praktische Handhabbarkeit eines Gremiums, das Raum für Diskussionen lassen soll. Neun Mitglieder erscheinen daher als Höchstgrenze richtig. Bei sehr großen Gesellschafterkreisen kann eine Erhöhung notwendig sein, was jedoch die Arbeitsfähigkeit beeinträchtigen wird. Zusätzlich ist die wirtschaftliche Komponente zu berücksichtigen, da die Vergütung der Board-Mitglieder zzgl. eventueller Reisekosten, Spesen etc. in Summe eine spürbare Kostenposition darstellen kann.

**B. Zusammensetzung des Boards**

Sofern es sich bei einem Board nicht ausschließlich um die Repräsentanz der Gesellschafter handelt, sollte ein Board möglichst divers besetzt sein. Damit ist nicht die Erfüllung einer bestimmten Frauen- oder sonstigen Quote gemeint, sondern generell die Vielfältigkeit innerhalb eines Boards. Zunächst gilt es das Verhältnis familieninterner zu familienexternen Mitgliedern festzulegen. Da die Rechte als Gesellschafter ohnehin in der Gesellschafterversammlung verankert sind, bietet sich je nach Aufgabenzuteilung eine Übergewichtung der familienexternen Board-Mitglieder an. Eine gewisse berufliche Erfahrung und persönliche Reife vorausgesetzt, sollte das Gremium mit Personen unterschiedlichen Alters besetzt sein. Sowohl der Digital Native mit seiner modernen Sicht der Dinge als auch der souveräne Unternehmenslenker mit jahrzehntelanger Berufserfahrung können wertvolle Impulsgeber sein. Eine einzelne Person kann diese Bandbreite nicht abdecken, ebenso wenig eine Vielzahl Gleichaltriger. Auch die Vielfältigkeit der Kenntnisse und Erfahrungen, aber auch der Charaktereigenschaften wirkt sich positiv auf ein Board aus. Ein Board bestehend ausschließlich aus Optimisten (ohne den kritischen Hinterfrager) oder nur aus Pessimisten (ohne positiv denkenden Visionär) ist für ein Unternehmen wenig hilfreich. Ebenso sollte das Board ein Mix aus strategisch

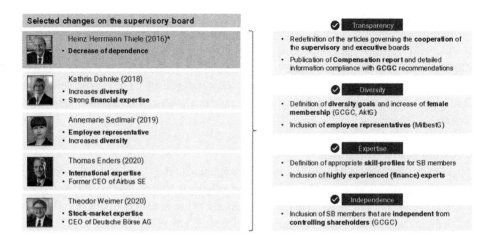

**Abb. 28.1** Veränderungen im Board von Knorr-Bremse 2016–2020. (Quelle: Vorlesung (unveröffentlicht))

und analytisch veranlagten Personen sein. Neben diesen Aspekten spielt in grenzüberschreitend agierenden Unternehmen auch die Internationalität bzw. das Interkulturelle eine Rolle. Das Verständnis der für das Unternehmen bedeutenden Kulturkreise ist auch dieser Ebene von großer Bedeutung, eventuell sogar durch eine entsprechende Repräsentanz im Gremium.

Die Anforderungen an ein Board können sich auch einem evolutionären Prozess folgend im Zeitablauf verändern. Sehr eindrücklich zeigen dies beispielsweise die Veränderungen der Board-Mitglieder bei Knorr-Bremse (Anm.: Heinz Herrmann Thiele verstarb 2021) (Abb. 28.1).

## Organisation einer erfolgreichen Board-Arbeit

Neben der ausreichenden Verfügbarkeit der Board-Mitglieder spielt die Organisation der Board-Tätigkeit eine entscheidende Rolle.

### Feste Sitzungsplanung

Es erweist sich als sinnvoll, eine definierte Anzahl an Sitzungen jährlich weit im Vorfeld, d. h. mindestens zwölf Monate im Voraus festzulegen. Die Festlegung der Sitzungen ermöglicht eine langfristige Planung der Board-Mitglieder und damit eine größtmögliche Präsenz bei den Sitzungen. Die empfohlene Anzahl an Sitzungen richtet sich auch nach der Board-Systematik. Handelt es sich um ein dualistisches Board, sollte routinemäßig pro Quartal eine Sitzung vorgesehen werden, um über den Geschäftsverlauf unterrichtet zu werden. Darüber hinaus kann es sich als sinnvoll erweisen, Sondersitzungen

zu Strategie, Verabschiedung der Unternehmensplanung oder den Jahresabschluss festzulegen. Des Weiteren kann auch die Erfordernis einer Ad-hoc-Sitzung eintreten, was
jedoch die absolute Ausnahme bleiben sollte. Im Falle eines monistischen Boards ist eine
häufigere Sitzungsfrequenz angezeigt. Mindestens eine Sitzung pro Monat ist erforderlich, um eine sinnvolle Zusammenarbeit sicherzustellen. Ungeachtet dessen, ob es sich
um ein monistisches oder dualistisches System handelt, können zu viele Meetings darauf
hindeuten, dass sich das Board zu sehr in das Tagesgeschäft einmischt.

**Einladung zur Sitzung**
Die jeweilige Einladung zur Sitzung hat die Tagesordnung sowie begleitende Unterlagen
zu umfassen. Der Versand sollte spätestens sieben, besser zehn Tage vor der Sitzung
erfolgen, um eine gewissenhafte Vorbereitung und damit einen effizienten Ablauf der
Sitzung zu ermöglichen. Bei Bedarf können dadurch noch im Vorfeld ergänzende Aus-
künfte eingeholt oder Unterlagen angefordert werden.

**Protokollierung**
Über jede Sitzung ist ein Protokoll, zumindest in Form eines Ergebnisprotokolls, anzu-
fertigen. Allerdings kann es bei sehr unterschiedlichen Auffassungen wichtig sein, auch
den Ablauf und die Argumente aller Seiten zu dokumentieren. Neben den gefassten
Beschlüssen sind bei Arbeitsaufträgen sowohl Verantwortlichkeiten als auch zugehörige
Termine zu fixieren. Die Erstellung und der Versand des Protokolls an die Board-Mitglieder haben zeitnah zu erfolgen. Anmerkungen oder Korrekturwünsche seitens der
Board-Mitglieder haben ihrerseits unverzüglich zu erfolgen. Das Protokoll ist stets zu
verabschieden, spätestens zu Beginn der darauffolgenden Sitzung.

**Ablauf der Sitzung**
Pünktlichkeit und Sitzungsdisziplin sollten eine Selbstverständlichkeit sein. Zunächst
bietet sich an, dass die Board-Mitglieder unter sich tagen. Häufig haben diese zwischen
den Sitzungen untereinander keinen direkten Kontakt, zumindest nicht vollständig
in diesem Kreis. Diese Vorbesprechung stellt sicher, dass ohne Einflussnahme der
Geschäftsleitung Themen offen diskutiert und Meinungen ausgetauscht werden können.
So kann auch im Vorfeld geklärt werden, in welchen Punkten Einigkeit oder Dissens
besteht. Nach dieser Vorbesprechung kommt die Geschäftsleitung hinzu, um die Tagesordnung abzuarbeiten. In besonderen Fällen ist es angezeigt, zunächst nur den Vorsitzenden der Geschäftsleitung zu hören (z. B. vertrauliche Personalangelegenheiten,
übergeordnete Themen etc.).

**Dauer der Board-Tätigkeit**
Die Tätigkeit eines Board-Mitglieds sollte grundsätzlich auf Dauer angelegt sein, um
ein tiefgehendes Verständnis für die unternehmerischen wie familiären Verhältnisse zu
erlangen und gleichzeitig eine Verbundenheit sowohl zum Unternehmen als auch zur

Familie aufzubauen. Häufig ist eine Mandatsdauer von fünf Jahren mit anschließender Möglichkeit der Wiederwahl anzutreffen. Ratsam sind die Begrenzung der Anzahl der Wiederwahlen (z. B. drei oder vier) sowie die Definition einer Altersgrenze im Zeitpunkt der Berufung (z. B. 65 Jahre).

## Eignung von Board-Mitgliedern

Die ideale Besetzung eines Boards beruht nicht nur auf den fachlichen Fähigkeiten der Mitglieder, sondern auch auf deren persönlicher Eignung. Diese sind insbesondere:

- Loyalität gegenüber dem Gesellschafter
- Gleichzeitig dem Wohl des Unternehmens verpflichtet
- Identifikation mit dem Unternehmen/den Produkten
- Persönliche und finanzielle Unabhängigkeit
- Frei von Interessenskonflikten
- Frei von Eitelkeit
- Vertrauenswürdigkeit, Ehrlichkeit
- Zeitliche Verfügbarkeit – keine Ämterhäufung

Vorstehende Anforderungen gelten im Kern für alle Board-Mitglieder, sind jedoch von besonderer Relevanz für familienfremde Persönlichkeiten. Die genannten Anforderungen mögen auf ersten Blick trivial klingen, sind jedoch in der Praxis keinesfalls eine Selbstverständlichkeit. Allein schon der letztgenannte Punkt – die zeitliche Verfügbarkeit – darf angesichts einer häufig anzutreffenden Ämterhäufung, vielfach als Vorstandsvorsitzender eines Unternehmens und dann noch der Vereinigung mehrerer Board-Mandate, bezweifelt werden. Hierbei geht auch nicht nur um die bloße Teilnahme an den Pflichtsitzungen, sondern auch die verantwortungsvolle Befassung mit dem Unternehmen außerhalb der formalen Sitzungen. Grundsätzlich sollte das Gremium periodisch auch eine kritische Selbstbeurteilung vornehmen, um einen Optimierungsprozess zu ermöglichen (Astrachan Binz et al. 2014).[1]

## Entscheidungsprozesse

Entscheidungsprozesse spielen sich in Zusammenhang mit Boards auf verschiedenen Ebenen ab. Diese gilt es zunächst zu differenzieren.

---

[1] https://blog.hslu.ch/familienunternehmen/files/2016/09/Unternehmenssteuerung-KMU-Magazin.pdf

## A. Errichtung eines Boards

Die Entscheidung über die Errichtung eines Boards liegt üblicherweise – neben eventuell einschlägigen gesetzlichen Vorgaben – beim Gesellschafter bzw. der Gesellschafterversammlung. Daneben können jedoch auch exogene Faktoren zur Errichtung eines Boards führen, beispielsweise eine finanzielle Schieflage. Hier können Fremdkapitalgeber oder erforderlichenfalls zusätzliche Eigenkapitalgeber auf die Einflussnahme im Rahmen eines Board-Mandates drängen. In aller Regel wird jedoch die Errichtung eines Boards „freiwillig" unter Berücksichtigung der Anteilsverhältnisse erfolgen.

## B. Besetzung des Boards

Dem bzw. den Gesellschaftern obliegt die Besetzung des Boards. Die Entscheidung über die Mandatierung der Mitglieder sollte möglichst einstimmig erfolgen, um eine „Lagerbildung" zu vermeiden. Bei verschiedenen Familienstämmen kann sich eine jeweilige Berufung der „eigenen" Board-Mitglieder jedoch ergeben. Größtmögliche Konsensbildung ist allerdings auch hier angeraten. Ebenfalls kann die Rekrutierung mithilfe von Personalberatern erfolgen. Die in der Regel höhere Professionalisierung und der Zugriff auf einen größeren Kandidatenpool sind gegen ein noch nicht von Anfang an bestehendes Vertrauensverhältnis abzuwägen.

Eine häufig in Unternehmen anzutreffende Fragestellung ist, ob der sich aus der operativen Tätigkeit zurückziehende CEO in das Board als Aufsichtsfunktion rücken soll. Im monistischen Board wäre das die Rolle als nicht-geschäftsführender Direktor bzw. als Chairman of the Board, im dualistischen System der Wechsel in den Aufsichtsrat, dann häufig als dessen Vorsitzender. Handelt es sich um einen geschäftsführenden Gesellschafter, kann dieser Weg gerechtfertigt sein, andernfalls ist eine Kontrolle der zu einem früheren Zeitpunkt getroffenen eigenen Entscheidungen kritisch zu sehen.

## C. Entscheidungen innerhalb des Boards

Zunächst ist grundsätzlich festzulegen, welche Entscheidungen durch das Board getroffen werden und wie Abstimmungen erfolgen. Ersteres wird in der Regel durch die Geschäftsordnung geregelt, beispielsweise die Genehmigung der Unternehmensplanung, Investitions- oder Finanzierungsentscheidungen ab einer bestimmten Größenordnung oder definierte Personalentscheidungen („Zustimmungspflichtige Geschäfte"). Im Hinblick auf das Abstimmungsverhalten sollte dieses im Kreise des Boards im Sinne der Transparenz und einer offen Kommunikation als offene Wahl erfolgen. Beschlüsse sollten in der Regel mit der einfachen absoluten Mehrheit der Stimmen gefasst werden. Falls ein Board-Mitglied nicht anwesend ist, kann schriftlich Weisung erteilt werden. Bei Entscheidungen von besonderer Tragweite kann auch ein höheres Quorum festgelegt werden. Von der Voraussetzung der Einstimmigkeit sollte jedoch abgesehen werden, da dies zum einen Entscheidungen schädlich verzögern kann, zum anderen zu einer erzwungenen Konsensbildung und damit suboptimalen Ergebnissen führen kann.

Besonders in Familienunternehmen kann es gewünscht und auch sinnvoll sein, dem Eigentümer ein gesondertes Veto- oder Weisungsrecht einzuräumen. Gleichwohl muss man sich darüber im Klaren sein, dass die Ausübung dieses Rechts die Autorität der übrigen Board-Mitglieder untergräbt und diese damit auch aus der Verantwortlichkeit entlässt. Typische Problempunkte von Dysfunktionalitäten in Entscheidungsprozessen ins Boards sind beispielsweise:

- Zu viel detaillierte Information und Kleinteiligkeit
- Fokus nur auf Budgetvergleiche
- Konsolidierte Betrachtungen mit aufgeblähten Intercompany Sales
- Intransparente Rückstellungen und unterjährige Anpassungen
- Zu knappe Fristen
- Zu viel Wert auf Durchschnittswerte und nicht auf Abweichungen
- Zu hoher Fokus auf Kosten und nicht auf Preise und Qualität
- Vermischung der Themen
- Fehlende Unabhängigkeit
- Dominanz der Familien
- Fremde Dritte bringen ihre Agenda ins Board
- Übergehen von Minderheiten
- Zu wenig Diversität, Fachkompetenz oder internationales Know-how

Ein weiterer, ganz entscheidender Aspekt von Entscheidungen in Familienunternehmen mit Board ist die Dramaturgie der Entscheidungsprozesse. Fällt eine Entscheidung in die Entscheidungshoheit des Boards, so muss diese auch in Rahmen einer Board-Sitzung getroffen werden. Bisweilen werden Themen bereits im Vorfeld der Board-Sitzung – häufig durch den CEO und ausgewählte Board-Mitglieder – besprochen und gelten dann in der Sitzung bereits als entschieden. Solche Fälle sind allerdings Zeichen drastischer Fehlentwicklungen, da die Diskussion und der konstruktive Dialog einer Board-Sitzung konterkariert werden. Die Kompetenz des Boards wird so untergraben, und es kann letztlich nicht mehr seiner Rolle zum Wohle des Unternehmens gerecht werden.

## Vergütung

### A. Höhe der Vergütung

Bei der Einrichtung eines Boards stellt sich regelmäßig die Frage nach der Vergütung der Tätigkeit der Board-Mitglieder. Als Hinweis kann der Deutsche Corporate Governance Kodex für Aufsichtsratsmitglieder dienen, der eine Vergütung empfiehlt, „die in einem angemessenen Verhältnis zu ihren Aufgaben und der Lage der Gesellschaft steht" (Deutscher Corporate Governance Kodex, 2019, S. 17). Die Formulierung lässt Spielraum zur Interpretation, weshalb im Weiteren eine konkrete Handlungsanleitung gegeben werden soll.

Hinsichtlich der Aufgaben liegt es in der Natur der Anforderungen an ein Board-Mitglied, dass in jedem Falle qualitativ hochwertige Arbeit zu leisten ist und damit als gegeben vorausgesetzt werden kann. „Verhältnis zu ihren Aufgaben" ist daher zunächst quantitativ zu fassen. Somit ist die Höhe der Board-Vergütung abhängig von der (voraussichtlichen) Anzahl der Board-Sitzungen. Eine Board-Sitzung wird mit einem vollen Arbeitstag angesetzt. Eine verantwortungsbewusste Tätigkeit als Board-Mitglied bedingt jedoch auch eine gewissenhafte Vorbereitung auf die Sitzungen, in einigen Fällen auch eine Nachbereitung. Hierfür sind realistischer weise 1,5 Arbeitstage anzusetzen. Somit ergibt sich je Board-Sitzung (oder Ausschuss- oder Sondersitzung) ein Faktor von 2,5.

Nun gilt es, die Höhe eines angemessenen Tagessatzes zu bestimmen. Als oberstes Führungsgremium eines Familienunternehmens trägt das Board eine mit dem Vorsitzenden der Geschäftsführung bzw. dem CEO vergleichbare Verantwortung. Daher kann eine Vergütung auf dem Niveau des CEO – anteilig auf die Arbeitstage gerechnet – als angemessen angesehen werden. Die Geschäftsführung erhält in der Regel neben dem Fixgehalt aus Gründen der Motivation zusätzlich variable Gehaltsbestandteile. Diese sollten auf Board-Ebene entfallen, da die Vergütung aufgabenbezogen erfolgt. Somit errechnen sich die Bezüge ausschließlich aus dem Fixgehalt des CEO. Mit diesem Bezug ist gleichzeitig die Forderung des Deutschen Corporate Governance Kodex nach der Berücksichtigung der „Lage der Gesellschaft" erfüllt, da das Gehalt eines CEO üblicherweise auch von der Unternehmensgröße sowie der Situation des Unternehmens abhängt. Ist eine langfristige Bindung der Board-Mitglieder gewünscht, kann – alternativ oder zusätzlich – eine Vergütung beispielsweise in Form von Unternehmensanteilen erfolgen.

**B. Verhältnis innerhalb des Boards**

Grundsätzlich sollten alle Board-Mitglieder dieselbe Vergütung erhalten, da von einer gleichgewichtigen Aufgabenerfüllung ausgegangen werden kann. Der Grad der Verantwortung hängt allerdings von der jeweiligen Stellung im Board ab. Daher hat sich in der Praxis als Faustformel für den Board-Vorsitzenden eine Verdoppelung des normalen Vergütungssatzes durchgesetzt, für den Stellvertreter das 1,5-fache.

**C. Empirische Validierung und Beispielrechnung**

Da Familienunternehmen in der Regel keine Angaben über die Vergütung ihrer Beiratsmitglieder machen, haben wir behelfsweise die Vergütung von Aufsichtsratsmitgliedern deutscher Dax-, M-Dax-, S-Dax- und Tech-Dax-Unternehmen ausgewertet. Es handelt sich ausschließlich um Boards nach dem dualistischen Prinzip, die Erkenntnisse lassen sich jedoch auch auf monistische Gremien übertragen. Die betrachteten 68 Unternehmen hielten im Durchschnitt 6,8 Sitzungen pro Jahr ab. Die Bandbreite der absoluten Vergütung der Aufsichtsratsmitglieder ist aufgrund der Unterschiedlichkeit der Unternehmen sehr groß und daher wenig hilfreich für die Bemessung von Board-Vergütungen in Familienunternehmen. Gleichwohl errechnet sich aus dem Verhältnis der Basisvergütung des CEO je Arbeitstag und der Vergütung der Aufsichtsratsmitglieder pro Sitzung ein Faktor von durchschnittlich 2,47. Somit ist der oben genannte Faktor von 2,5 je Sitzung für Vor- und Nachbereitung hinreichend plausibilisiert.

Beispielrechnung

| | |
|---|---|
| Jahresgrundgehalt CEO: | EUR 500.000 |
| Arbeitstage: | 250 |
| Anzahl Sitzungen: | 6 |
| Faktor: | 2,5 |

Formel

Jahresgrundgehalt / Arbeitstage * Sitzungen * Faktor = Vergütung Board-Mitglied

EUR 500.000 / 250 * 6 * 2,5 = EUR 30.000

## Fazit

Für Familienunternehmen gibt es vielfältige Gründe, ein Board einzurichten. Diese können temporärer (z. B. Unterstützung der nachfolgenden Generation bei der Übernahme von Managementverantwortung) oder dauerhafter Natur sein. In jedem Falle ist auf eine heterogene Zusammensetzung des Boards zu achten, um maximalen Nutzen zu ziehen. In aller Regel wird sich die Errichtung eines Boards vorteilhaft auf das Unternehmen auswirken, sei es unter Governance-Gesichtspunkten oder schlicht durch den „Einkauf" hochqualitativen Know-hows von Personen, die sich dem Unternehmen im Sinne der Familie verbunden und verpflichtet fühlen. Dies gilt unabhängig von der Unternehmensgröße und trifft sowohl auf Start-ups als auch reife Unternehmen zu.

## Literatur

Astrachan Binz, C., und Astrachan, J. H. (2014). Die Rolle der Familie im Verwaltungsrat. https://blog.hslu.ch/familienunternehmen/files/2016/09/Unternehmenssteuerung-KMU-Magazin.pdf. Letzter Zugriff am 19.07.2022.

Deutscher Corporate Governance Kodex (2019). https://www.dcgk.de/de/kodex.html. Letzter Zugriff am 19.07.2022.

Gersick, K. E., et al. (1997). Generation to Generation: Life Cycles of the Family Business. Harvard University Press.

Kormann, H., und Suberg, B. (2021). Topics of Family Business Governance. Insights on Structures, Strategies, and Executives. Springer.

May P., und Obermaier O.W., (2006). Good Governance in Familienunternehmen. INTES Akademie für Familienunternehmen.

Schöllgen G. (2002). Diehl – ein Familienunternehmen in Deutschland 1902–2002. Propyläen.

O Wihofszki 2006 Hans Peter Stihl: Die Renten-Lüge S Klusmann Eds 101 Haudegen der deutschen Wirtschaft FinanzBuch Verlag Köpfe, Karrieren, Konzepte 55 58

**Christoph Michl** besitzt mehr als 20 Jahre Führungserfahrung als ehemaliger CFO in der Schörghuber Unternehmensgruppe (Bauen & Immobilien, Hotels, Getränke und Seafood) sowie als CEO der Arabella Hospitality SE. Seit 2017 leitet er in Personalunion die Finanzressorts beider Unternehmen. Zudem blickt er auf eine langjährige Tätigkeit in Aufsichtsgremien im In- und Ausland zurück.

**Thomas Holzgreve** ist seit seit 2009 CFO und Mitglied des Vorstandes der maxingvest ag, eine Family Holding für die Unternehmen Beiersdorf AG und Tchibo GmbH. Zuvor bekleidete Holzgreve 25 Jahre lang verschiedene Managementpositionen bei der Drägerwerk AG & Co KGaA, zuletzt als Finanzvorstand der Dräger Safety AG & Co KGaA.

# Generationenwechsel und Konflikte unter Gesellschaftern

Christoph Michl und Günter Schäuble

## Einleitung

Familienunternehmen sind der prägende Unternehmenstypus im deutschsprachigen Raum. Mehr als 90 % der deutschen Unternehmen sind Familienunternehmen. Sie stellen fast 60 % aller Arbeitsplätze und erweisen sich auch in konjunkturell schwierigen Zeiten als stabilisierender Faktor auf dem Arbeitsmarkt. Das geht aus Untersuchungen der Stiftung Familienunternehmen hervor. Familienunternehmen stehen aber auch in besonderem Masse in einem Spannungsfeld zwischen wirtschaftlichem Erfolgsstreben, familiären Erwartungen und gesellschaftlichen Umweltfaktoren. Entscheidet sich heute eine Unternehmerfamilie dazu, den Familienbetrieb nur einem Kind zu übergeben und dieses Kind demzufolge auch materiell besser als die anderen Kinder zu stellen, dann widerspricht dies einerseits der aktuellen Auffassung von Gerechtigkeit in der Familie. Auf der anderen Seite ist diese Lösung historisch geprägt, weil zu früheren Zeiten so die Funktionsfähigkeit eines Betriebes erhalten wurde (Felden et al. 2019).

„Oft gefährdet dann auch in Familienunternehmen ein Krach der Erben die Zukunft der Arbeitsplätze. In dem Düsseldorfer Familienunternehmen Teekanne herrschte viele Jahre Zwist zwischen den beiden Gesellschafterfamilien, bis der Hersteller von

C. Michl (✉)
Baldham, Deutschland
E-Mail: christoph_michl@t-online.de

G. Schäuble
Schindler Holding AG, Nidwalden, Schweiz

T. Zellweger und P. Ohle (Hrsg.), *Finanzielle Führung von Familienunternehmen*,
https://doi.org/10.1007/978-3-658-38061-8_29

Tee in ernsthafte Gefahr geriet. Die Wende kam erst, als die Banken einen familienfremden Manager als Geschäftsführer durchsetzen (Büschemann 2010)." Dieser Ausschnitt aus der Süddeutschen Zeitung ist ein durchaus typisches Beispiel: Ob Grundig, 4711, Darboven, Tönnies oder die Tchibo-Holding Maxingvest, ob Messer Griessheim, Bahlsen oder Walter Bau: Regelmäßig finden sich in der Presse Berichte über Konflikte unter den Gesellschaftern von Familienunternehmen, die diese gerne verheimlicht hätten. Denn zur wirtschaftlich zerstörerischen Kraft von Konflikten kommt für die jeweiligen Familien hier stets die persönliche, emotionale Komponente hinzu. Da Familienunternehmen generell eher diskret agieren und auch der Großteil der Familienunternehmen nicht publizitätspflichtig ist, lässt vermuten, dass die „Dunkelziffer" der Streitigkeiten in Familienunternehmen deutlich höher sein dürfte, als öffentlich bekannt ist. Auf die Frage, ob Familienunternehmen mehr oder weniger anfällig für Konflikte sind als Publikumsgesellschaften, wird im folgenden Abschnitt eingegangen.

## Die besondere Situation von Familienunternehmen

„Das unter den Teppich kehren von Sachkonflikten um des „lieben Friedens willen" mag in der Familie aufgrund ihrer Personenorientierung häufig funktional sein – im Unternehmen ist es fatal" (Simon 2005, S. 34) schreibt Fritz B. Simon und berührt damit eine grundsätzliche Herausforderung für Familienunternehmen: Stehen die Unternehmensinteressen an allererster Stelle und kommen die Familieninteressen danach – oder ist es genau umgekehrt? Diese auf den ersten Blick banal klingende Frage muss jede Familie für sich beantworten. Entscheidet man sich dafür, die Unternehmensinteressen an erste Stelle zu rücken, ist es dann richtig zu versuchen, Managementpositionen primär mit Familienmitgliedern zu besetzen, auch wenn am Markt geeignetere familienfremde Führungspersönlichkeiten verfügbar wären? Ist es sinnvoll, um des Familienfriedens willen, den Bestand des Unternehmens zu gefährden? In der Realität wird sich dieses Dilemma nicht eindeutig lösen lassen, man sollte sich jedoch der grundsätzlichen Problematik bewusst sein. Sie stellt ein zusätzliches Konfliktpotenzial in Familienunternehmen dar, dem Publikumsgesellschaften nicht ausgesetzt sind. Die Situation von Familienunternehmen lässt sich auch mit einem magischen Dreieck beschreiben wie in Abb. 29.1.

Die LIEBE steht für den familiären Zusammenhalt und die Zuneigung innerhalb der Familie oder schlicht die emotionale Komponente. MACHT ist in diesem Kontext

**Abb. 29.1** Das magische Dreieck. (Quelle: Eigene Darstellung)

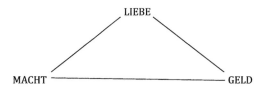

die Möglichkeit bzw. Fähigkeit, Entscheidungen im Rahmen der unternehmerischen Führung oder der Vermögensverwaltung treffen zu können. Dies betrifft einerseits die eigene Person, in der Regel aber auch Dritte. Der Faktor GELD stellt in unserer Gesellschaft eine Notwendigkeit dar, andererseits kann das Streben nach Geld auch eine enorme destruktive Kraft freisetzen.

Die Optimierung aller drei Dimensionen erscheint unmöglich. Einfache Lösungen à la „Geld ist mir nicht so wichtig" oder „Ich bin kein Machtmensch" mögen im Einzelfall zutreffend und hilfreich sein, passen jedoch für die große Mehrheit der Familienunternehmen nicht dauerhaft. Spätestens wenn Existenzängste aufkommen, spielt der Faktor Geld doch wieder eine gewichtige Rolle, und wenn die Person, die auf ihren Machtanspruch verzichtet hat, sich ausgenutzt fühlt, wird sie wieder eine entsprechende Einflussnahme einfordern. Daher sollte man sich dieses Spannungsfeldes im Klaren sein und entsprechend damit umgehen. Natürlich gibt es auch Familienunternehmen, die sich gerade wegen des familiären Verbundes durch Stabilität und Resilienz auszeichnen. Hier gilt es Sorge zu tragen, dass dieser Zustand auch in der Zukunft erhalten bleibt.

## Maßnahmen im Vorfeld

Streitigkeiten in Familienunterunternehmen treten häufig in Zusammenhang mit Generationswechseln auf, können jedoch auch in Folge externer Veränderungen (Markt, Wettbewerber, gesetzliche Rahmenbedingen etc.) oder interner Veränderungen (politische Einstellung, Wertewandel, Prioritätensetzung etc.) entstehen. Auch wenn Streitigkeiten nie bewusst und planmäßig entstehen (außer im Falle einer gezielt provozierten Auseinandersetzung einer Partei) sind verschiedene dem Streit vorausgehende Szenarien unterscheidbar:

- Plötzlich und unerwartet eintretende Ereignisse
- Langsam sich herausbildende Veränderungen (wenngleich diese häufig nicht ohne weiteres erkennbar sind und dann plötzlich zu Tage treten)
- Geplante Veränderungsprozesse

Eines haben die drei Szenarien gemeinsam: Man kann sich auf alle drei vorbereiten, wobei nur im Falle des geplanten Veränderungsprozesse die zeitliche Komponente bestimmbar ist. Das drastischste – aber auch häufig anzutreffendes – Szenario ist der Todesfall des Unternehmenseigentümers und der sich öfters daran anschließende Familienstreit.

Im Vorfeld der Unternehmensnachfolge können die folgenden Themenbereiche vorbereitet werden:

- Rechtliche Übertragung eines Unternehmens, zum Beispiel durch die Erstellung eines Testaments, Ehevertrags, Schenkungs- bzw. Erbvertrages oder durch die Vorbereitung von Kaufverträgen
- Erarbeitung einer Lösung, bei der die steuerliche Belastung für alle Beteiligten möglichst gering ist
- Schaffung von Managementkompetenzen durch entsprechende Ausbildung sowie die sukzessive Übertragung von Führungsverantwortung bzw. praktisches Training für den oder die vorgesehenen Nachfolger. Sollten sich keine Nachkommen für die operative Führung des Unternehmens eigenen – oder im Sinne einer Notfallplanung -, sollten externe Führungspersonen, die für die Nachfolge infrage kommen, identifiziert werden
- Allenfalls Einbezug von Dritten in den Nachfolgeprozess (je nach Wichtigkeit für das Unternehmen z. B. leitende Mitarbeiter, wichtige Kunden, andere Geschäftspartner oder die Hausbank)
- Regelung von finanziellen bzw. von erbrechtlichen Fragen für Nachkommen, die nicht die Unternehmensnachfolge antreten
- Erarbeitung eines Notfallplans für den Fall, das Ereignisse plötzlich und unerwartet eintreten
- Transparente Kommunikation der geplanten Nachfolgeregelungen an alle Beteiligten mit der Zielsetzung, den Familienfrieden zu bewahren.

Mit diesen Vorbereitungsarbeiten sollte sehr frühzeitig begonnen werden. Auch sollte der übergebende Unternehmer sich gezielt auf das „Loslassen" – eventuell auch nur teilweise – seiner Führungsverantwortung vorbereiten und sich Gedanken machen, wie er diesen für ihn neuen Lebensabschnitt ausserhalb des Unternehmens gestalten will.

Weitverbreitet im Zusammenhang mit einer Unternehmensnachfolge ist die Erstellung eines Testaments. Nachstehend werden einzelne Aspekte eines solchen Testaments näher beleuchtet. Auf die erbschaftssteuerliche Relevanz eines Testaments soll im Folgenden nicht explizit eingegangen werden. Unter dem Aspekt des Familienstreits respektive des Familienfriedens sollte das Testament die folgenden drei Eigenschaften haben:

- Eindeutig: Unklare Formulierungen, die Raum für Interpretationen lassen, sind unbedingt zu vermeiden.
- Gerecht: Im Erbfall entsteht leicht ein – subjektives – Gefühl der Gerechtigkeit oder Ungerechtigkeit. Eine empfundene Ungerechtigkeit kann leicht Anlass zu Streit geben.
- Bekannt: Überraschungen sollten vermieden werden. Nur durch das Gespräch im Vorfeld lassen sich Sachverhalte erklären und damit (unnötiges) Streitpotenzial vermeiden.

Auch wenn die Beschäftigung mit dem eigenen Testament eine per se unangenehme Tätigkeit ist, sollte der Erblasser zum Wohle der Familie, aber auch zum Wohle des Unternehmens, frühzeitig mit der Abfassung eines Testaments beginnen. Von elementarer Bedeutung in diesem Zusammenhang ist bei Familienunternehmen und mehreren Erben, die Überlegung, ob das Unternehmen als eine Einheit an die folgende Generation übergehen oder vielmehr noch zu Lebzeiten eine Aufteilung des Unternehmens (sofern sinnvoll möglich) testamentarisch vorgesehen werden sollte. In diversifizierten Familienunternehmen kann dies durchaus eine praktikable Vorgehensweise sein. Alternativ erfolgt auch die Übertragung des Unternehmens auf einen oder wenige Nachkommen unter Ausgleich der Erbansprüche mit anderem Vermögen.

Zusätzlich zu den aufgeführten Themenbereichen und testamentarischen Regelungen ist es von Bedeutung, ein Governance Regelwerk für die Familie und das Unternehmen zu schaffen. In diesem Regelwerk wird die Gesamtheit aller Regeln, Vorschriften, Werte und Grundsätze, die eine Unternehmensführung ausmachen, definiert. Für Familienunternehmen stehen hier oft auch Vorgaben an das Management zum Umgang mit Risiken bzw. zur Einführung von Kontrollstrukturen, zur Transparenz in der Unternehmenskommunikation und der Interessenwahrung der Stakeholder im Vordergrund (Felden et al. 2019, S. 312). Häufig wird dieses Regelwerk als Familiencharta, Unternehmensverfassung oder schlicht Gesellschaftervereinbarung (nachfolgend Familiencharta) bezeichnet. In einer Familiencharta werden Ziele, Werte der Familie, des Unternehmens und der Eigentümer festgehalten und miteinander abgestimmt. Wichtig ist neben der bereits erwähnten Eindeutigkeit die unternehmerische Weitsicht, um das Unternehmen stets handlungsfähig zu halten. So ist das Prinzip der Einstimmigkeit zu vermeiden, da dieses sehr schnell zu Deadlock-Situationen führen kann. Auch durch die Einräumung von Vetorechten zugunsten bestimmter Familienmitglieder oder Gesellschaftergruppen kann es schnell zum unternehmerischen Stillstand kommen.

Im Konfliktfall wird diese Problematik offensichtlich. Im Zeitpunkt, in dem das Regelwerk entsteht, mag es dem Gründer/der Gründerin oder der Gründerfamilie schwerfallen, auf entsprechende Rechte (oder auf Sicherheit durch Einstimmigkeit) zu verzichten. Dennoch: Die Bereitschaft, auf Privilegien der Gegenwart zum Wohle des Unternehmens in der Zukunft zu verzichten, ist häufig notwendig. Dazu gehört auch Weitsicht, da sich die Konstellation im Gesellschafterkreis ändern wird, meist verbunden mit unterschiedlichen Interessenlagen. Mit wachsender Zahl der Gesellschafter nimmt diese Problematik weiter zu. Auch der häufig gewählte Weg des Mehrheitsentscheides (einfache Mehrheit/absolute Mehrheit) kann bei zersplitterten Parteien schnell zum Stillstand im Unternehmen führen. Strategien werden nicht verabschiedet, wichtige Personalentscheidungen nicht getroffen und Wachstumschancen durch Blockaden nicht genutzt. Doch wie können die Weichen für die Zukunft gestellt und Deadlock-Situationen vermieden werden?

**Relative Mehrheit**

In Situationen mit mehreren Gesellschaftern kann als Entscheidungskriterium die relative Mehrheit festgelegt werden. Hierbei werden nicht 50 % (oder mehr) der Stimmen benötigt, sondern die Entscheidung entfällt auf den Vorschlag, der die meisten

Stimmen erhält. Enthaltungen werden hierbei nicht mitgezählt. Bewusst muss man sich bei diesem Abstimmungsverhalten darüber sein, dass der Minderheitenschutz zugunsten der Entscheidungsfähigkeit geopfert wird.

### Stimmrechtslose Anteile

Die Ursache für erschwerte Entscheidungsprozesse oder Streit in Familienunternehmen ist häufig in der im Laufe der Zeit zunehmenden Anzahl an Gesellschaftern zu finden. Entscheidungen können mehr Zeit in Anspruch nehmen, Koalitionen werden gebildet und Entscheidungen möglicherweise vollständig blockiert. Dieser Situation kann dadurch vorgebeugt werden, dass lediglich Anteilsscheine an Familienmitglieder übertragen werden, nicht jedoch Stimmrechte. Die Stimmrechte können bei einer Gesellschaft, Stiftung oder Person (oder einem eng begrenzten Personenkreis) verbleiben. Es erfolgt somit eine weitgehende Entkoppelung von Vermögen und Entscheidungsbefugnis. Zur Überwachung des oder der Stimmberechtigten kann wiederum eine interne oder externe Aufsichtsinstanz eingesetzt werden.

### Trennung von Kontrolle und Führung

Eine weitere Konstellation, die problembehaftet sein kann, ist die mangelnde Trennung von Kontrolle und Führung in Familienunternehmen. Rekrutiert sich das Führungsteam aus dem Gesellschafterkreis, kann dies zu Konflikten führen, da die Gesellschafterrechte nur selten spiegelbildlich auf die operative Führung übertragen werden können. Dies wäre beispielsweise der Fall, wenn zwei Geschwister jeweils 50 % der Geschäftsanteile erhielten und gleichberechtigt in der Geschäftsführung wären. Auch hier steht die Patt-Situation schon förmlich im Raum. Sind Gesellschafterrechte und operative Führung nicht deckungsgleich und bestehen unterschiedliche Interessenslagen, ist der Konflikt ebenfalls programmiert. Eine Trennung von Führung (durch familienfremde Personen) und Kontrolle (durch Gesellschafter) könnte sich hier als Lösung anbieten – wobei auch hier zu empfehlen ist, die Kontrollfunktion nicht ausschließlich durch Familienmitglieder ausführen zulassen, sondern mit externen Profis zu ergänzen. Dieses ist häufig aus fachlicher Sicht angezeigt, wobei auch die „emotionale Entkoppelung" als Vorteil nicht unterschätzt werden sollte. Verschiedene Familienchartas sehen daher vor, dass mindestens 50 % der Kontrollmitglieder nicht der Familie angehören dürfen. Ein solches Governance Instrument (Kontrollorgan) und Mittel zur Trennung von Führung und Kontrolle bzw. zur Konfliktprävention ist die Errichtung eines Beirates. Mit zunehmender Unternehmensgrösse und Anzahl von Eigentümern errichten viele Familienunternehmen solch ein freiwilliges Beratungs- und Kontrollgremium. Der Beirat ist das Bindeglied zwischen Gesellschaftern und der Geschäftsführung und kann konkret auf die individuellen Bedürfnisse eines Familienunternehmens zugeschnitten werden. In einem Beirat sollten neben Familienvertretern auch externe Mitglieder vertreten sein, damit familienunabhängiger Sachverstand die Qualität und Objektivität der Arbeit verbessert. Die Mitglieder des Beirats handeln grundsätzlich im Interesse des Familienunternehmens und seiner Eigentümer. Das Verhältnis zu den Gesellschaftern muss von beiderseitigem Vertrauen und Respekt geprägt sein. Neben einer Beratungs-, Kontroll-Moderationsfunktion, kann ein Beirat auch gezielt zur Begleitung und Vorbereitung der Unternehmensnachfolge eingesetzt werden (Felden et al. 2019, S. 344).

Es existieren verschiedene Ansätze, um Konflikten in Familienunternehmen auf Gesellschafterebene vorzubeugen. Jedoch gibt es, selbst bei guter Vorbereitung auf die Unternehmensnachfolge und der Einführung von Governance Instrumenten, wie z. B. einer Familiencharta oder eines Beirats keine Garantie, dass Konflikte vermieden werden. Was also tun im Konfliktfall?

## Strategien im Konfliktfall

Nur 12 % der Familienunternehmen schaffen die Weitergabe bis in die dritte Generation, nur 1 % bis in die fünfte. Die Grundschwäche des Modells ist die besondere Streitanfälligkeit familiär geprägter Gesellschafterkreise. Die ist vorranging jener Währung zu verdanken, mit der im Familiensystem gezahlt wird. Das ist Liebe. Liebe zu Familienmitgliedern, Liebe zu bestimmten Produkten. Die interne Systemlogik „Liebe" bestimmt auch oft die Führungskräfteauswahl. Statt Kriterien wie fachliche Eignung und Passung dominieren Zusammenhalt und Gleichbehandlung der Kinder und Familienstämme. Die Nachteile der internen Systemlogik „Liebe" zeigen sich drastisch im Konflikt. Charakteristisch für Familienunternehmen ist die Unendlichkeit des Spiels – man kann Familie nicht abwählen, die hat man immer. Man ist eine Schicksalsgemeinschaft, deren Mitglieder sich nur in den seltensten Fällen freiwillig gewählt haben. Da niemand das Ende des Spiels fürchten muss, fehlt oft die disziplinierende Wirkung des Opting-out. Leistungsschwäche wird umgangen, Tabus über Jahrzehnte verschleppt. Das psychologische Eigentum („mein" Unternehmen) macht es möglich. Man sitzt in einer paradoxen „Liebefalle". Der grösste Wertvernichter in Familienunternehmen ist daher der chronifizierte Streit. Alte familieninterne Themen kommen immer wieder hoch, geschwisterliche Rivalitäten, vor allem Spannungen zwischen Eltern und Kindern (Sprenger 2020, S. 26).

Ist der Konfliktfall bereits eingetreten, gibt es zwei grundsätzlich unterschiedliche Vorgehensweisen. Zum einen können die Parteien bestrebt sein, eine einvernehmliche Lösung zu finden. Als Alternative bleibt als „harte Linie" die juristische Auseinandersetzung. Ein prominenter Fall aus den vergangenen Jahren war hier die Gruppe Tönnies (agrarzeitung 2017). Bei den beiden Vorgehensweisen kann es sich allerdings auch um einen sequenziellen Prozess handeln: erst der Versuch einer gütlichen Einigung, danach, im Falle des Scheiterns, der Gang zum Gericht. Letzteres stellt nach unserer Überzeugung nur die Ultima Ratio dar und sollte, wenn immer möglich, vermieden werden. Darauf wird daher im Folgenden nicht weiter eingegangen.

Grundsätzlich kann ein Konflikt auch etwas Gutes sein und eine „reinigende" Wirkung haben. Denn die allermeisten Innovationen, jeder Fortschritt ist aus einem Konflikt entstanden. Denken ist der Verlust von Gewissheit. Konflikt ist nicht das Ende des Denkens, sondern dessen Anfang (Sprenger 2020, S. 39). Konflikt ist kein Wettbewerb: Wenn Konflikte als Gewinner-Verlierer Modell gespielt werden, will eine Seite gewinnen und hat langfristig verloren. Denn niemand lässt eine Niederlage auf sich sitzen (Sprenger 2020, S. 133).

Die Suche nach einer einvernehmlichen Lösung stellt stets einen Verhandlungsprozess dar, der im Idealfall mit einem Kompromiss abschließt. Kompromiss in diesem Zusammenhang ist als gemeinsame Übereinkunft zu verstehen, jedoch nicht notwendigerweise als 50:50 – Lösung, bei der man sich auf den kleinsten gemeinsamen Nenner einigt, der jedoch in aller Regel suboptimal für das Unternehmen und auch für beide Parteien ist. Das Ziel ist vielmehr eine Win-Win-Situation zu erreichen, im Idealfall das Pareto-Optimum.

Je nachdem, in welchem Stadium sich der Konflikt befindet, kann es sinnvoll sein, sich der Unterstützung eines Dritten zu bedienen. Diese Person könnte eine kaufmännische Persönlichkeit sein, erfahren in Verhandlungssituationen, empathisch und von den Konfliktparteien anerkannt. Ist der Konflikt soweit fortgeschritten, dass eine juristische Auseinandersetzung droht, kommen die Konfliktparteien nicht um juristischen Beistand herum.

Wie lässt sich nun eine Win-Win-Situation erreichen? In aller Regel geht es bei einem Konflikt im Umfeld von Familienunternehmen nicht nur eindimensional um die Entscheidung eines einzelnen Streitpunktes oder eines Geldbetrages, auf den sich die Parteien zu verständigen haben. Vielmehr geht es um unterschiedliche Sichtweisen und Prioritäten in einer vielschichtigen Konstellation, die darüber hinaus üblicherweise dynamisch ist, sich also im Zeitablauf verändert. Die Beziehungsebene dominiert immer die Sachebene. Zuerst muss also die Beziehungsebene geklärt werden. Wie stehen die Konfliktparteien zueinander? Wollen sie eine gemeinsame Arbeitsbeziehung zueinander haben? In welcher Form wäre dies möglich? Etc.

In solch einer komplexen Gemengelage gilt es zunächst unvoreingenommen, die unterschiedlichen Positionen zu erfassen und für jede Partei gesondert zu gewichten – dies gelingt in der Regel am besten durch einen neutralen Dritten. Hierbei kann es um unterschiedliche Einschätzungen der Situation und eine entsprechend zu verfolgende Strategie gehen, Bewertungsfragen, persönliche Prioritäten, unterschiedliche Identifikation mit dem Unternehmen oder auch schlicht um Macht und Einflussnahme. So war beispielsweise zu lesen: „Der Tchibo-Erbe Joachim Herz zerrt zwei seiner Brüder vor Gericht. Herz klagt gegen die Umbenennung des Unternehmens in Maxingvest und gegen sämtliche Beschlüsse der Tchibo-Hauptversammlung. Seiner Auffassung nach haben seine Brüder Michael und Wolfgang Herz gegen aktienrechtliche Meldepflichten verstoßen (Ankenbrand 2011)".

Erst nach genauer Kenntnis aller Aspekte der beteiligten Parteien lässt sich analog einer Nutzwertanalyse eine optimale Lösung skizzieren. Damit ist die Grundlage für eine erfolgreiche Konfliktlösung geschaffen, die zu einer Win-Win-Situation führen kann. Ziel des Konflikts ist sehr häufig nicht der Konsens, sondern das Weitermachen. Man muss sich nicht einigen aber arrangieren. Die erfolgreiche Konfliktlösung hängt von einem – abermals moderierten – Verhandlungsprozess ab, der nach unserer Überzeugung offen und fair gestaltet werden sollte: zum Wohle der Familie(n) und zum Wohle des Unternehmens.

Die erfahrenen Experten von FBXperts versuchen bereits im Vorfeld mögliche Szenarien vorzudenken und bei der Umsetzung geeigneter Maßnahmen als Mentor, bei Bedarf auch als Mediator, zu unterstützen und den Verhandlungsprozess optimal zu gestalten.

## Fazit

Familienunternehmen zeichnen sich durch hohe Stabilität und generationenübergreifendes Denken und Handeln aus. Gleichzeitig sind sie anfällig für Konflikte im Gesellschafterkreis, insbesondere bei Generationswechseln. Besondere Relevanz erfährt dieses Konfliktrisiko durch den Umstand, dass das unternehmerische Schicksal häufig mit dem familiären untrennbar verbunden ist: Konflikte in der Familie (oder zwischen Familienstämmen) strahlen unmittelbar auf das Unternehmen aus. Spiegelbildlich gilt leider nicht, dass ein florierendes Unternehmen Garant für den Familienfrieden ist. Umso mehr gilt es, Familienunternehmen in ihrer Entwicklung zu fördern und zu unterstützen. Auch wenn jedes Familienunternehmen seine eigene Historie und eine individuelle Situation aufweist, existieren Erfahrungen aus anderen Familienunternehmen, anhand derer sich Empfehlungen aussprechen lassen.

Insbesondere in Bezug auf die Unternehmensnachfolge und zur Konfliktvermeidung ist es wichtig, nicht allgemeingültige, sondern spezifisch angepasste Vorbereitungen für den Generationenwechsel zu tätigen und Modelle zu entwickeln, die Konflikte im Vorfeld vermeiden helfen oder im Konfliktfall zu einer Lösung beitragen können.

## Literatur

Agrarzeitung (2017). Umstrukturierung: Tönnies-Familie beendet Streit. https://www.agrarzeitung. de/nachrichten/politik/Toennies-Familie-beendet-Streit-65913. Letzter Zugriff am 19.07.2022.

Ankenbrand, H. (2011). Die merkwürdige Milliardärsfamilie Herz. https://www.faz.net/aktuell/ wirtschaft/menschen-wirtschaft/tchibo-erben-die-merkwuerdige-milliardaersfamilie-herz-1656682.html. Letzter Zugriff am 19.07.2022.

Büschemann, K.-H. (2010). Macht erhalten ist leicht – Führung teilen schwer. https://www. sueddeutsche.de/wirtschaft/familienunternehmen-corporate-governance-macht-erhalten-ist-leicht-fuehrung-teilen-schwer-1.295717. Letzter Zugriff am 19.07.2022.

Felden, B., Hack, A., und Hoon, C. (2019). Management von Familienunternehmen, 2. Auflage. Springer.

Simon, F. B. (2005). Familien und Unternehmen: Überlegungen zu Unterschieden, Gemeinsamkeiten und den Folgen. In: Simon, F. B. (Hrsg.). Die Familie des Familienunternehmens: Ein System zwischen Gefühl und Geschäft. 2. Auflage. Carl-Auer Verlag. S. 17–34.

Sprenger, R. K. (2020). Magie des Konflikts: Warum ihn jeder braucht und wie er uns weiterbringt. DVA.

**Christoph Michl** besitzt seit mehr als 20 Jahren Führungserfahrung in der Schörghuber Unternehmensgruppe (Bauen & Immobilien, Hotels, Getränke und Seafood) sowie als CEO der Arabella Hospitality SE. Seit 2017 leitet er in Personalunion die Finanzressorts beider Unternehmen. Zudem blickt er auf eine langjährige Tätigkeit in Aufsichtsgremien im In- und Ausland zurück.

**Günter Schäuble** hat langjährige Erfahrung als Manager in internationalen Konzernen und Familienunternehmen. Als Mitglied im Verwaltungsrat der Schindler Holding AG vertritt er die Interessen der Gründungsaktionäre. Er ist Verwaltungsratspräsident von Schindler Schweiz (Schindler Aufzüge AG), Vizepräsident der privaten Investmentgesellschaften der Familie Schindler und Mitglied des Managements des Schindler Family Offices.

# HR-Strategy – from hire to fire

Beatrice Wenzel-Lux-Krönig und Matthias Würsten

Nach ihrem Jura-Studium begann Beatrice Wenzel-Lux-Krönigs Karriere als internationale Anwältin in Berlin. Heute ist sie Senior Vice President und Chief Human Resources Officer bei einem familiengeführten Luxus-Feinschmuck- und Uhrenhersteller von Weltklasse. Davor war sie als Senior Vice President Human Resources bei bereits einem anderen weltweit führenden Luxuskonzern tätig. Dabei hat sie vor allem den „Faktor Mensch" gefördert und ist eine anerkannte Expertin in der Implementierung von High-Potential-Entwicklungs- und Leadership-Programmen sowie von innovativen Trainingsprogrammen. Mit FBXperts teilt sie hier ihre Gedanken über Personalführung in Zeiten des Wandels.

## Die Pandemie als Transformatorin

Das sogenannte Humankapital ist natürlich in jeder Organisation von entscheidender Bedeutung – in den Unternehmen, in denen ich mich entwickeln durfte, waren die Menschen aber sogar alles überragend. Dank ihnen konnten wir einen starken Wettbewerbsvorteil aufbauen, Talente identifizieren, neue Fähigkeiten entwickeln und durch herausfordernde und relevante Trainingsprogramme die Fähigkeit aufrechterhalten, in einem immer schneller werdenden, sich verändernden und komplexen Umfeld zu

B. Wenzel-Lux-Krönig (✉)
Cartier AG, Geneve, Schweiz

M. Würsten
Hinwi, Zürich, Schweiz
E-Mail: matthias.wuersten@bluewin.ch

© Der/die Autor(en), exklusiv lizenziert an Springer Fachmedien Wiesbaden GmbH, ein Teil von Springer Nature 2022
T. Zellweger und P. Ohle (Hrsg.), *Finanzielle Führung von Familienunternehmen*,
https://doi.org/10.1007/978-3-658-38061-8_30

konkurrieren, aber auch Kontinuität bei der Vermittlung der Werte und der Kultur des Unternehmens zu gewährleisten.

Mit COVID-19 haben sich das Verständnis von Wohlbefinden und Werten verändert – über alle geografischen Regionen hinweg und für fast alle erwerbstätigen Altersgruppen. Das oberste Ziel für die Mitarbeiter der Personalabteilung ist es in diesem Zusammenhang, sich noch mehr auf unsere Mitarbeiter zu konzentrieren. Das bedeutet, ihnen dabei zu helfen, sich durch und in diese neue Arbeitswelt zu arbeiten. Ich glaube auch, dass eine sichere und fürsorgliche Arbeitsumgebung ein Ort ist, an dem wir den Wert von Diversität und Inklusion anerkennen und fördern und das Gefühl der Zugehörigkeit weiter stärken. Vielfältige Teams können sich eine größere Vielfalt an Perspektiven zunutze machen – und unterschiedliche Sichtweisen und Denkstile einbeziehen, die für die Leistung von Unternehmen von entscheidender Bedeutung sind. Die Pandemie hat nicht nur die Art und Weise verändert, wie wir arbeiten; sie hat auch die Arbeit selbst umgestaltet. Ich glaube, dass wir die Chance haben, Arbeit in einer Weise neu zu definieren, die sowohl den Menschen als auch den Unternehmen zugutekommt, da Arbeits- und Lebenserfahrungen immer stärker miteinander verbunden sind.

## Die neue Welt – die neuen Arbeitsweisen

Vor einem Jahr hat die Pandemie den Arbeitsplatz auf den Kopf gestellt. Nachdem wir diesen seismischen Wandel erlebt haben, sprechen Unternehmen und Management zwar gerne von einer „Rückkehr zur Normalität", aber ich glaube, COVID-19 war eine Gelegenheit, die Art und Weise, wie wir arbeiten, neu zu erfinden. Wie konnten einige Top Player während der Pandemie schneller reagieren und besser gedeihen als andere? Nun, ich bin davon überzeugt, dass diejenigen, die schon vor Ausbruch der Krise das Kapital für Agilität, Flexibilität und Resilienz aufgebaut haben, schneller waren als die anderen. Damit sich Unternehmen so positionieren, dass sie in einer Welt nach COVID-19 weiterhin erfolgreich sind, müssen sie sich jetzt alle darauf konzentrieren, das Kapital für Agilität, Flexibilität und Resilienz entweder wiederherzustellen oder aufzubauen und dabei neue Paradigmen zu berücksichtigen. In der Tat hat COVID-19 die Organisationen tiefgreifend beeinflusst, mit einer Verschiebung von global zu lokal, einer Veränderung der Interaktionen zwischen den Menschen von Face to Face zu digital, einem Wechsel vom festen zum flexiblen Büro zum „Office anywhere", einer Anpassung von Bewährtem zu mehr Agilität und Resilienz.

Das bedeutet, dass sich uns eine seltene Gelegenheit bietet, den „Business-as-usual"-Ansatz von Unternehmen neu zu definieren. Um erfolgreich zu sein, müssen die neuen Modelle kreativer, anpassungsfähiger und weniger zerbrechlich werden. Hierarchien und Top-Down-Management verwandeln sich zu Netzwerken von Teams. Konkurrenten, die wir als Rivalen sehen und täglich herausfordern, werden zu Kollaborateuren, mit denen wir in einem Ökosystem Gemeinsamkeiten finden, um z. B. in sozialen und ökologischen Fragen eine größere Wirkung zu erzielen oder um gemeinsam Best Practices in der Industrie anzuführen. Und obwohl die Technologie mehr und mehr Teil unseres täglichen Lebens wird, werden Unternehmen menschlicher: inspirierend, kollaborativ und darauf bedacht, ein Mitarbeitererlebnis zu schaffen, das sinnvoll und angenehm ist. In diesem Zusammenhang gibt es jedoch eine bestimmte Komponente, die wir genauer unter die Lupe nehmen müssen: die Fähigkeiten (skills).

Um die strategischen Ziele des Unternehmens zu erreichen, ist die Personalabteilung mehr denn je in einer Position, in der sie eine kritische Rolle bei der Neu- und Weiter-qualifizierung von Teammitgliedern spielt, damit alle Ebenen des Unternehmens in einem sich schnell entwickelnden Kontext relevant bleiben. Dafür gibt es jedoch keine Einheitslösung. Als Ausgangspunkt ist es für mich wesentlich, dass die Mitarbeiter befähigt werden, indem man ihnen die richtigen Mittel an die Hand gibt, um produktiv weiterzuarbeiten und letztendlich bessere Leistungen zu erbringen. Das Ziel muss sein, dass sich jedes Teammitglied engagiert und befähigt fühlt, sich auf die Art und Weise zu entwickeln, die am besten zu seinen Bedürfnissen, seinem beruflichen Werdegang und seinen bevorzugten Lernmethoden passt, und zwar durch mehr Möglichkeiten für individualisierte Entwicklungspfade, die ihm helfen, entsprechend seiner ganz persön-lichen Bedürfnisse und Ziele auf die nächste Stufe zu gelangen.

Für mich ist eine resiliente Belegschaft die Grundlage für resilientes Wachstum. Die Fähigkeit, sich anzupassen, indem man neue Arbeitsweisen integriert, ist ein wesent-liches Element der Resilienzbildung. Ein kollaboratives, dynamisches und vernetztes Arbeitsumfeld – in dem die Produktivität und das Wohlbefinden der Kollegen Hand in Hand gehen – wird wirklich ein Gefühl von Sinn vermitteln und den Raum bieten, um in einer Welt nach COVID-19 zu gedeihen.

## Auf dem Weg zur Hybridität

Wir alle wissen, dass Arbeit nie mehr dieselbe sein wird, auch wenn wir noch nicht alle Arten kennen, in denen sie sich verändern wird. Die vielleicht offensichtlichste Aus-wirkung ist die dramatische Zunahme des Homeoffice. Auch wenn sich gezeigt hat,, dass wir remote zumeist ohne Produktivitätsverlust arbeiten können, sind kritische Geschäfts-entscheidungen, Brainstormings, die Bereitstellung von sensiblem Feedback und das Onboarding neuer Mitarbeiter Beispiele für Aktivitäten, die meiner Meinung nach an Effektivität verlieren werden, wenn sie aus der Ferne durchgeführt werden. Das bedeutet, dass wir uns in Richtung eines „hybriden" Arbeitsbereichs bewegen, in dem wir weiter-hin Technologie zur Interaktion nutzen werden, in dem aber die persönliche Beziehung entscheidend bleibt.

Aus der Mitarbeiterperspektive ist die Verschiebung massiv und sehr folgenreich: Kontinuierliche Remote-Arbeit verlängert den Arbeitstag, verwischt die Work-Life-Grenzen und reduziert das psychische Wohlbefinden. Menschen treffen daher neue Ent-scheidungen darüber, wo sie leben wollen, und das wiederum schafft neue Erwartungen an Flexibilität, Arbeitsbedingungen und die Work-Life-Balance, die nicht rückgängig gemacht werden können. In einer „Digital first"-Welt wird die Art und Weise, wie wir das Engagement fördern, organisatorische Agilität erreichen, die Ausrichtung aufrechterhalten und die Teamarbeit über alle Disziplinen, Ebenen und Standorte hinweg fördern, unseren Wettbewerbsvorteil in dieser neuen Ära der Arbeit verankern. Die Belohnung für die Anstrengungen, die Organisationen unternehmen, um diesen Wandel zu bewältigen, wäre eine widerstandsfähigere, talentiertere und vielfältigere Belegschaft, die zu einer robusteren und gerechteren Gesellschaft führt.

## Die Rolle der Führungskräfte

Gute Führungskräfte führen ihre Teams mit Empathie und Vertrauen zu einer klar definierten Vision. Sie sind Sinnstifter, die den Menschen in ihrem Team helfen, durch ihre Arbeit persönliche Ziele zu finden. Gute Führungskräfte fördern und stellen die Entwicklung der Mitarbeiter in den Vordergrund und ebnen den Weg für zukünftige Führungskräfte. In diesem Sinne können Coaching und Kompetenzaufbau durch Führungskräfte und Manager, die den Zielsetzungsprozess und die Entwicklungsbedürfnisse unterstützen, nur eine positive Wirkung haben. Erfolgreiche Manager sind diejenigen, die es geschafft haben, einen Zwei-Wege-Dialog mit ihrem Team zu schaffen sowie permanente Check-ins und sinnvolle Gespräche zu führen. Erfolgreiche Manager werden diejenigen sein, die anerkennen, dass der Wandel nicht nur in ihren Händen liegt, sondern auch in denen ihrer Teammitglieder, da wir uns in Richtung eines hybriden Arbeitsplatzes mit einer Mischung aus digitalen und physischen Interaktionen bewegen. Manager, die gewinnen werden, sind diejenigen, die ihren Teams zuhören und deren Reaktionen und Feedback berücksichtigen, die Empathie zeigen, delegieren, coachen und ihre Teammitglieder betreuen.

Technologie muss ein Enabler und eine sehr willkommene Unterstützung bleiben. Aber während wir immer mehr Technologien und Analysen in unsere tägliche Arbeit sowie in den Prozess der Mitarbeiterbeurteilung und -berichterstattung integrieren, sollten wir nicht vergessen, dass menschliche Interaktionen weiterhin im Mittelpunkt aller Aktivitäten von Unternehmen stehen müssen und Technologie als Katalysator für die Unterstützung und Verbesserung der Arbeit der Mitarbeiter genutzt werden sollte.

## Performancemanagement

Der heutige Ansatz zur Leistungsmessung hat seine Grenzen erreicht. Unternehmen müssen lernen, Leistung und Ergebnisse jenseits von KPIs zu erkennen und den Dialog und die Entwicklung im Herzen des Performancemanagements zu verstärken. Technologie und Analytik leisten einen großen Beitrag zur Vereinfachung und Rationalisierung des

HR-Performancemanagement-Prozesses und spiegeln die neue Umgebung und die Realitäten von heute und morgen wider. Sie werden helfen, neue Definitionen zu erforschen, um sicherzustellen, dass der Performancemanagement-Prozess über die traditionellen Grenzen hinaus auf verschiedene Bevölkerungsgruppen zugeschnitten und relevant ist.

## Vom Umgang mit der Generation Z

Während sich Unternehmen darauf vorbereiten, die neu hinzugekommene Gen Z in ihren Teams willkommen zu heißen, ist es von größter Bedeutung für sie, einen offenen und regelmäßigen Dialog mit der nächsten Generation zu führen. Denn sie unterscheidet sich dramatisch von den Millennials und anderen Generationen vor ihnen. Die Prioritäten, Bedürfnisse und Werte der Gen Z sind anders als die der traditionellen Belegschaft, an die wir gewöhnt sind. Sie zeichnen sich Generation der Digital Natives aus, da sie in der digitalen Welt sozialisieren, konsumieren, lernen und ihre Freizeit verbringen und somit immer und überall verbunden sind. Über die Technologiekompetenz hinaus stellen sie auch die gesellschaftlichen Normen und Traditionen infrage und stellen Ethik, Transparenz und Umweltfragen an die Spitze ihrer Anliegen. Sie haben auch ein anderes Verhältnis zu anderen und stellen die Werte Individualität, Einzigartigkeit, aber auch Selbstakzeptanz sehr hoch. Für Unternehmen ist es daher entscheidend, nicht nur zu lernen, diese Generation zu verstehen, sondern auch ihre Herangehensweise an das Wertversprechen ihres Unternehmens in Bezug auf die Work-Life-Balance, die menschliche und digitale Interaktion bei der Arbeit, die Bedeutung von Arbeit und die Art der Leistungsbewertung zu überprüfen und anzupassen.

Eine Möglichkeit, die ich besonders interessant und für beide Seiten lohnend finde, sind die Partnerschaften zwischen Unternehmen und den Hochschulen. Dies ermöglicht es den Unternehmen einerseits, mehr Neugier, Ehrgeiz und Wissen über sie zu generieren, aber auch, und das ist meiner Meinung nach am wichtigsten, die Kreativität und das Lernen der eigenen Teams zu fördern. Die akademische Welt ist sehr dynamisch und versteht perfekt die Vorteile einer Partnerschaft mit Unternehmen. Diese Win-Win-Kooperation führt zu großartigen Ergebnissen, da sie es den Studenten ermöglicht, ihre frischen Ideen und Perspektiven in die Arbeit an wichtigen Unternehmensprojekten und geschäftlichen Herausforderungen einfließen zu lassen und den internen Teams Inspiration und Lernmöglichkeiten zu bieten. Von dort aus sind Talentakquise und -beschaffung ein natürliches positives Ergebnis.

Das führt mich natürlich zum Themenkomplex Talentakquise, Talentförderung und Lernen. Die Rekrutierung und – noch wichtiger – die Entwicklung von Talenten in der Belegschaft wird in Zukunft vielleicht die oberste Priorität jeder Personalabteilung sein. Für einige Unternehmen wird es eine Frage des Überlebens sein, für andere eine Frage der Reaktion auf ihr Wachstum im Zuge der Pandemie. Bei der Abstimmung von

Mitarbeitern und Geschäftsanforderungen und -zielen spielt die Personalabteilung eine zentrale Rolle, um die Umsetzung der strategischen Roadmap eines Unternehmens zu ermöglichen. In diesem Sinne glaube ich wirklich, dass die Kultivierung eines vielfältigen und talentierten Teams in den kommenden Jahren den Unterschied ausmachen wird, da Unternehmen agiler und widerstandsfähiger sein müssen. Externe Einstellungen können einem Unternehmen natürlich helfen, seine Kultur zu verbessern, die Vielfalt zu erhöhen, aber auch organisatorische Kompetenzlücken zu schließen. Aber ich sehe erfolgreiche interne Einstellungen irgendwie als noch lohnender an, da wir die Reise und Entwicklung der Mitarbeiter innerhalb des Unternehmens unterstützen und eine Kultur mit einem größeren Gefühl der Zugehörigkeit und Loyalität aufbauen. Dies erfordert, dass wir die Karriere jedes einzelnen Mitarbeiters genau verfolgen und einen internen Nachfolgeplan haben, um Rollen schneller auszufüllen und Mitarbeiter zu halten.

Aus diesem Grund wird die Bedeutung von Training und Entwicklung vom Rekrutierungsprozess an immer wichtiger, um nicht nur auf die Bedürfnisse des Unternehmens, sondern auch auf das persönliche Wachstum und die Ziele sowie die Erwartungen der Mitarbeiter einzugehen. So ist es im Zuge der COVID-19-Pandemie notwendiger denn je, dass sich Mitarbeiter wertgeschätzt und erfüllt fühlen. Die Mitarbeiter sind mit einer Zeit der Isolation und Bedingungen konfrontiert, die schädliche Auswirkungen wie Einsamkeit, Stress und Burnout haben, die sich letztendlich auf die psychische Gesundheit und Produktivität der Mitarbeiter auswirken. Meiner Erfahrung nach muss das Arbeitsumfeld daher mehr sein als ein Ort, an dem Menschen ihre Arbeit verrichten, denn wenn Mitarbeiter das Gefühl haben, dass sie vorankommen und etwas bewirken können, profitieren Unternehmen im Gegenzug von ihrer Motivation, was zu einer wesentlich agileren und innovativeren Belegschaft führen kann.

## Diversität & Inklusion

Überall auf der Welt sind Diversität und Inklusion (D&I) zunehmend zu einem integralen Bestandteil der Identität und der Werte von Unternehmen geworden und werden mehr und mehr in der Unternehmenskultur verankert. Wenn wir dies aus einer betrieblichen Perspektive betrachten, sind es die folgenden drei Richtungen, die vorrangig in Angriff genommen werden sollten:

- Gleiche Rechte und Chancen für alle,
- erhöhtes Bewusstsein und Bildung und
- verstärkte Repräsentation und Vorbilder.

Für mich gibt es mehrere Verpflichtungen, die direkt mit unseren Aufgaben innerhalb der Personalabteilung zusammenhängen und die D&I konkret voranbringen können:

- Gleiches Gehalt für Männer und Frauen bei gleicher Tätigkeit und gleicher Arbeit
- Verbesserung des globalen Bewusstseins und Verständnisses dafür, was D&I für das Unternehmen bedeutet, wo es steht und wohin es geht, sowie die Eröffnung des Dialogs, Zuhören und Aufklären
- Re-Evaluierung der Rekrutierungs- und Bewerberreise mit einer D&I-Linse und Implementierung fairer Einstellungspraktiken wie kompetenzbasierter Interviews und diverser Einstellungspanels
- Implementierung eines umfassenden Onboarding-Prozesses mit einem starken Fokus auf die Integration insbesondere von „nicht-traditionellen Profilen"
- Implementierung von internen Messinstrumenten, um den Fortschritt zu bewerten und die Rückmeldungen der Mitarbeiter zu sammeln
- Entwicklung externer Partnerschaften mit Verbänden zur Förderung der Chancengleichheit bei der Beschäftigung und zur Verringerung sozialer Ungleichheit

Dies alles sind wichtige Schritte. Unternehmen müssen jedoch sicherstellen, dass sie in die richtige Richtung gehen. Daher ist die Durchführung einer globalen D&I-Diagnose einschließlich der Bewertung von Prozessen, Praktiken und Richtlinien vor der Aktivierung einer Initiative etwas, das ich sehr empfehle, da sie es ermöglicht, zu identifizieren, worauf sich das Unternehmen weiterhin konzentrieren sollte.

Es gibt ein weiteres drängendes Thema, das nicht nur mir, sondern allen meinen weiblichen Kollegen sehr am Herzen liegt. Laut dem Global Gender Index Gap 2021 hat sich die Zeit bis zur Schließung der globalen Geschlechterlücke um eine Generation verlängert – von 99,5 Jahren im Jahr 2020 auf 135,6 Jahre im Jahr 2021, wenn man das derzeitige Tempo der Fortschritte zugrunde legt. In der Unternehmenswelt haben Frauen lange gegen Barrieren in der Organisation gekämpft, als sie für die Gleichstellung mit ihren männlichen Kollegen kämpften. Ich bin der Meinung, dass die Arbeitswelt mehr tun und bedeutende Fortschritte bei der Gleichstellung der Geschlechter erzielen muss, da ein solcher Schritt enorm dazu beitragen kann, positive Veränderungen voranzutreiben, indem er Beispiele setzt, die in anderen Teilen der Gesellschaft nachgeahmt werden können. In diesem Sinne können Unternehmen die Beispiele erfolgreicher Frauen am Arbeitsplatz vervielfachen, indem sie mehr Frauen in Führungs- und Managementpositionen haben, ihnen beim Aufstieg helfen, sie auf ihrem Weg nach oben unterrichten und letztlich andere Frauen ermutigen und inspirieren. Es ist nicht nur eine Frage der Ausgewogenheit und Gleichberechtigung der Geschlechter, sondern auch eine Frage der Leistung, eine Frage der Öffnung für neue Perspektiven und Ideen, des Austauschs einer größeren Bandbreite von Erfahrungen und Standpunkten, die alle positiv zum Status quo beitragen und einem Unternehmen helfen können, voranzukommen und relevant zu bleiben.

Als Führungskräfte haben wir sowohl die Verantwortung als auch die Möglichkeit, eine wichtige Rolle dabei zu spielen, wenn es darum geht, all dies mit Leben zu füllen.

## Die Hochschule und HR: Empowerment Treiber (Dr. M. Würsten, Universität St. Gallen)

Angetrieben durch die beiden Megatrends der „Digitalen Transformation" und des „demographischen Wandels" sind bereits heute, wie erst kürzlich in einem Interview der NZZ erwähnt (NZZ 2021), einschneidende Entwicklungen im Bereich der Arbeitsformen unverkennbar. Durch ihre historisch-bedingte, enge Verbindung zur unternehmerischen Praxis blieb erwähnte Änderungen der Arbeitsformen auch der in Forschung an der Universität St.Gallen nicht verborgen.

Der Blick auf Familienunternehmen lohnt sich insbesondere deshalb, weil die natürliche Autorität in diesen Organisationen traditionell in den Händen weniger exekutivtätiger Familienmitglieder liegt. Gerade für jene familiengeführten Organisationen, in welchen einzelne Personen die Rollen als Aktionär, Verwaltungsrat und gegebenenfalls CEO in sich vereinen, ist das Teilen von Kontrolle von zentraler Bedeutung für den Erfolg des Unternehmens.

Untersucht wird die These, dass Unternehmenswachstum nicht nur ein Produkt von Mitarbeiter-Empowerment ist, sondern gleichzeitig auch ein Treiber von ebendiesem. Unternehmenswachstum bedeutet in den meisten Fällen ein Ausbau des Organigramms in horizontaler (z. B. zusätzliche Business Units) und vertikaler (z. B. zusätzliche Management-Ebenen) Richtung. Dies führt überdies zu einem zahlenmässigen Ausbau der Schnittstellen innerhalb der Organisation. In Summe bedeutet dies, dass Unternehmenswachstum in vielen Fällen mit erhöhter Komplexität der Organisation einhergeht, welche Führungskräfte zwingt, konstant über deren Umgang nachzudenken. Als solche stellt die Befähigung von Mitarbeitenden ein Instrument für Führungskräfte zum Umgang mit wachsender Unternehmenskomplexität dar.

Mitarbeiter-Empowerment erfordert sowohl von Führungskräften als auch Mitarbeitenden unterschiedliche Ressourcen. Um Mitarbeitende zu befähigen, müssen Führungskräfte beispielsweise gewillt sein, Verantwortung und Kontrolle effektiv und glaubwürdig mit ihren Mitarbeitenden zu teilen. Ist eine Führungskraft willens Verantwortung und Kontrolle mit Mitarbeitenden zu teilen, führt dies auch zu einer Veränderung der eigenen Rolle. Ein stark vereinfachtes Beispiel: Die Abgabe von operativen Aufgaben an Mitarbeitende, führt zu einer stärkeren Fokussierung der Führungskraft auf strategische Themen. Damit erfordert Mitarbeiter-Empowerment nicht nur den Willen einer Führungskraft Verantwortung und Kontrolle mit Mitarbeitenden zu teilen, sondern auch die Fähigkeit Verantwortung, die sich aus der neuen Rolle ergibt, zu meistern. Darüber hinaus erfordert Mitarbeiter-Empowerment auch von den Mitarbeitenden sowohl Willen als auch Fähigkeiten. Mitarbeitende müssen einerseits gewillt und andererseits fähig sein, zusätzliche Verantwortung, die ihre Führungskräfte mit ihnen teilen möchten, zu übernehmen. Während das Fehlen von Fähigkeiten von Mitarbeitenden über Aus- und Weiterbildungsmöglichkeiten möglicherweise kompensiert werden können, bedarf die Identifikation von fehlendem Willen einer kritischen Analyse, ob sich die richtigen Personen an den passenden Stellen in der Organisation befinden.

## Empowerment-Instrumente

Organisationen haben diverse Möglichkeiten ihre Mitarbeitenden zu befähigen. Die Einführung von partizipativen Entscheidungsprozessen, die Auflösung von Informationsmonopolen oder die breitere Verteilung von Autorität in der Organisation stellen mögliche Führungspraktiken dar, über die Mitarbeitende befähigt werden können. Demokratische Entscheidungsprozesse, beispielsweise, erlauben es Mitarbeitenden in unterschiedlichen Phasen einer Entscheidung – z. B. bei der Ideenfindung, bei der Meinungsbildung, beim Treffen der Entscheidung oder bei der Umsetzung einer Entscheidung – Einfluss zu nehmen. Teil des Entscheidungsprozesses zu sein, führt dazu, dass Mitarbeitende sich eine Entscheidung im Optimalfall zu eigen machen («ownership»), sie sich mit ihr identifizieren und sich ihr verpflichtet fühlen.

Ein solcher Ausbau von partizipativen Entscheidungsprozessen funktioniert jedoch nur, wenn gleichzeitig bestehende Informationsmonopole in der Organisation proaktiv abgebaut werden. Mitarbeitende fühlen sich nur dann befähigt Entscheidungen zu treffen und mitzutragen, wenn sie auch Zugang zu den notwendigen Informationsquellen und -inhalten haben. Anders ausgedrückt: Qualitativ gute Entscheidungen basieren auf einer adäquaten Informationsbasis. Oftmals vernachlässigen Organisationen beim Mitarbeiter-Empowerment den Abbau bestehender Informationsmonopole. Dies kann im schlechtesten Fall dazu führen, dass Entscheidungen von den Trägern nicht mitgetragen oder sogar im Hintergrund boykottiert werden.

Der letzte Aspekt, die breitere Autoritätsverteilung, zielt darauf ab, dass Führungskräfte situativ ihre Autorität mit ihren Mitarbeitenden teilen können, um Empowerment zu ermöglichen. So berichten Führungskräfte beispielsweise davon, dass sie in Sitzungen mit ihren Mitarbeitenden aktiv versuchen sich zurückzunehmen, beispielsweise indem sie nicht als erste Person im Meeting sprechen, um Raum für Ideen und Meinungen von Mitarbeitende zu geben. Einige Führungskräfte nutzen dies gezielt als Gegenmittel zu einer möglichen «Abnick-Kultur», bei der blind dem Vorgesetzten gefolgt wird.

Neben diesen Führungspraktiken kann Mitarbeiter-Empowerment auch über den Hebel der Professionalisierung der Zusammenarbeit innerhalb der Organisation bestärkt werden. Dazu gehören der Aufbau von Organisationshierarchien, welche Mitarbeiter-Empowerment erlauben und unterstützen, die Installierung formalisierter Prozesse, welche transparent aufzeigen, wie Abläufe im Unternehmen von Mitarbeitenden beeinflusst werden können, und die Zuweisung von Autonomie, um Unklarheiten mit Sicht auf Aufgaben, Verantwortung und Kompetenzen auszuräumen.

## Literatur

NZZ (2021). «Was früher als gut zu haben angesehen wurde, ist heute existenziell». https://www.nzz.ch/themen-dossiers/x-days/was-frueher-als-gut-zu-haben-angesehen-wurde-ist-heute-existenziell-ld.1641510. Letzter Zugriff am 19.07.2022.

**Beatrice Wenzel-Lux-Krönig** begann ihre Karriere nach ihrem Jura-Studium als internationale Anwältin in Berlin. Heute ist sie Senior Vice President und Chief Human Resources Officer bei dem familiengeführten Luxusunternehmen Cartier. Davor war sie als Senior Vice President Human Resources bei bereits einem anderen weltweit führenden Luxuskonzern tätig.

**Dr. Matthias Würsten** ist seit 2022 in der erweiterten Geschäftsleitung im Bereich Strategie bei Baumann Springs Ltd. tätig. Zuvor war er Projektleiter und Doktorand am Center for Family Business der Universität St. Gallen.

# Veränderung der Unternehmenskultur als Erfolgstreiber

Marco Gadola

„The future will never be as slow as this specific moment." – Gerade jetzt erleben wir alle den langsamsten Moment des Rests unseres Lebens? Wie kommt Ray Kurzweil, einer der beiden Gründer Singularity University im Silicon Valley und Autor zahlreicher Bestseller (Kurzweil, 2014), zu dieser Aussage (Abb. 31.1)?

Kurzweil wagt sie aufgrund von zwei „Gesetzen" bzw. Beobachtungen: dem sogenannten Moore's Law und dem nach ihm benannten Kurzweil's Law. Gemäß Moore's Law verdoppelt sich die Rechenleistung von Mikroprozessoren alle 18 Monate, und dies bei gleichbleibenden Kosten pro Prozessor. Dieses Gesetz hat sich übrigens seit seiner Definition im Jahre 1965 bewahrheitet: Die Rechenleistung von Computern hat sich über 43 Jahre hinweg bei gleichbleibenden Kosten um einen Faktor von 100 Mrd. Mal verbessert – eine unglaubliche Zahl!

„Interessant", werden Sie nun vielleicht sagen, „aber wieso ist das wichtig?" Nun, wie Sie längst wissen, sind Daten die neue Währung. Unternehmen wie Google, Alibaba, Facebook etc. sind im Besitz von Trillionen von Daten. Aufgrund des technischen Fortschritts, eben Moore's Law, ist es heute nun möglich, diese Daten zu erfassen, zu speichern und rasch und effizient auszuwerten. Themen wie Artificial Intelligence (AI) oder Blockchain existieren zwar nicht erst seit ein paar Jahren – jeder Algorithmus der z. B. für die Nachfrageplanung in der Logistik verwendet wird, beruht auf AI, und das zugegebenermaßen bröckelnde Schweizer Bankgeheimnis stellte einst eine Blockchain vom Feinsten dar –, was aber heute anders ist, ist die Tatsache, dass diese Algorithmen

M. Gadola (✉)
Engelberg, Obwalden, Schweiz
E-Mail: marco.gadola@straumann.com

T. Zellweger und P. Ohle (Hrsg.), *Finanzielle Führung von Familienunternehmen*,
https://doi.org/10.1007/978-3-658-38061-8_31

**Abb. 31.1** Definition von
Organisationskultur. (Quelle:
E. Schein, MIT Sloan School
of Management)

A set of shared **assumptions**
that have been **learned** over time,
**are taught** to new organisation
members, and **are believed to be
the correct way** to perceive, think,
and feel.

viel schneller definiert und zu x-fach tieferen Kosten auf einen viel größeren Bestand an Daten angewendet werden können. Auch dazu eine Zahl: Es werden heute weltweit in jeder Minute 5 Mrd. Gigabytes an Daten generiert – im Jahre 2010 dauerte es noch ganze 2 Tage, um diese Datenmenge zu produzieren. Peter Diamandis, der zweite Gründer der Singularity University, fasst es so zusammen: „Das Tempo, mit dem sich die Technologie beschleunigt, beschleunigt sich. Es wird die Welt in den nächsten 10 Jahren mehr verändern als in den letzten 100 Jahren."

Um nur ein paar Beispiele zu nennen: Uber, Netflix, das iPhone und Google Maps wären ohne den gewaltigen technologischen Fortschritt und die Möglichkeit, riesige Datenmengen zu generieren, zu speichern und auszuwerten, nicht möglich gewesen. „Technologie ist eine Kraft, die das, was einst knapp war, in Hülle und Fülle zur Verfügung stellt", um nochmals Peter Diamandis zu zitieren. Oder hätten Sie vor fünf Jahren gedacht, dass Taxis bald obsolet sein könnten und der Markt von einem Unternehmen – Uber – übernommen wird, welches keine eigenen Fahrzeuge und Fahrer hat? Oder dass der größte und erfolgreichste „Hotelbetreiber" – AirBnB – gar keine eigenen Hotels betreibt?

### Kurzweils Gesetz oder: Wenn Alles zusammenkommt

Noch etwas zu Kurzweils Gesetz: Ihm zufolge leben wir in einer Phase der technologischen Entwicklung, in der Alles zusammenkommt. IoT, AI, Blockchain, 5G zum Beispiel sind Technologien, die alle nötig waren, um in ein paar Jahren mit hoher Wahrscheinlichkeit autonomes Fahren in vollendeter Form möglich zu mache. Was momentan noch fehlt, ist flächendeckende 5G-Technologie. Was uns aber vielleicht nicht bewusst ist, ist die Tatsache, welche immensen Fortschritte notwendig waren, um über autonomes Fahren überhaupt nachdenken zu können: in der Sensortechnologie, in der Entwicklung von Kameras – Stichwort Konturenerkennung –, in der Entwicklung von Elektroautos generell und in der Definition von Algorithmen – Stichwort Deep Learning. Und überlegen Sie sich nun einmal, welche weiteren immensen disruptiven Folgen sich aus dem autonomen Fahren ergeben werden: So werden etwa die Landpreise in den Stadtzentren, wo heute geschätzte 30 % der Fläche für Parkplätze verwendet werden, massiv fallen. Und was die Folgewirkungen für viele Automobilzulieferer und -hersteller sind, können Sie sich sicher lebhaft vorstellen …

Die Schnelligkeit, aufgrund von Daten neue Erkenntnisse zu generieren und diese dann auch in praktischen Use Cases anzuwenden, ist heute in einem Maße gegeben, das unser aller Leben mehr und mehr nachhaltig beeinflusst. Und – dies der große Unterscheid zu früher – es geschieht spürbar und schnell und nicht mehr schleichend und über Jahrzehnte hinweg. Die Möglichkeit, Alles ein wenig aus der Ferne zu betrachten und halt später auf den Zug aufzuspringen, ist heute oft nicht mehr gegeben.

Sich auszuruhen, durchzuatmen, Luft zu holen: Das können sich Unternehmen, die nachhaltig erfolgreich sein wollen, schlichtweg nicht mehr leisten. Lassen sie mich in diesem Zusammenhang die folgende Frage stellen: Wie viele der Top10 S&P-Unternehmen Ende des Jahres 2000 (basierend auf ihrer Marktkapitalisierung) waren auch Ende 2010 noch unter den Top10? Antwort: Es waren drei – Microsoft, Exxon Mobile und Royal Dutch Shell. Und wie viele der Top10 Ende 2010 gehörten Ende 2018 noch dazu? Nur noch Apple und Microsoft. (Insgesamt bestanden die Top10 Ende 2018 aus sieben Tech-Unternehmen, einer Bank, einen Konsumgüterunternehmen und Warren Buffets Investmentfirma Berkshire Hathaway.)

Ich möchte keine Panik verbreiten, ganz im Gegenteil: Die Zukunft ist rosig für Unternehmen, die sich anpassen, sich wandeln, sich immer wieder aus dem Selbstgefälligkeitsmodus herausbewegen können. Der Punkt, den ich hier machen möchte, ist folgender: Je schneller sich die Welt dreht, je schneller der technologische Fortschritt voranschreitet, desto proaktiver, agiler und rascher müssen Unternehmen handeln, desto rascher müssen sie Trends erkennen und darauf reagieren. Und um das hinzubekommen, braucht es eine entsprechende Unternehmenskultur. „Wait, see and then react" geht heute nicht mehr, genauso wenig wie „Command top down and then follow up". Mit einer solchen Kultur gewinnen Sie heute keinen Blumentopf mehr. Wie hat doch bereits Charles Darwin gesagt: „Es ist nicht die stärkste Spezies, die überlebt, auch nicht die intelligenteste, sondern diejenige, die am schnellsten auf Veränderungen reagiert."

## Was Sie von Nokia und Kodak (nicht) lernen können

Bevor ich nun mit Ihnen ein paar Gedanken teilen möchte, wie eine moderne und nachhaltig erfolgreiche Kultur geschaffen und beibehalten werden könnte, lassen Sie mich noch ein paar konkrete Fälle von Unternehmen erwähnen, welche es versäumt haben, rasch auf sich ändernde Gegebenheiten zu reagieren: Nokia und Kodak waren einmal industrieführende Unternehmen. Warum haben Sie es nicht geschafft, ihre Position erfolgreich gegen aufkommende Konkurrenten wie Apple zu verteidigen?

Schauen wir uns zunächst Kodak an: Kodak hatte die erste digitale Kamera bereits 1975 im Hause, entschied sich aus Angst vor der Kannibalisierung des traditionellen Geschäfts aber dazu, die neue Technologie nicht zu lancieren. Das Unternehmen hatte alles in der Hand und verpasste doch die digitale Revolution. Hatte Kodak ein strategisches Problem? Nein! Das Problem war die Kultur im Unternehmen – die Angst

vor Disruption, das Verharren in der Gegenwart, in der Komfortzone also, wo es scheinbar nicht weh tut.

Und Nokia? Nokia bekam nicht mit, dass mehr und mehr über Daten – über damals
neue Plattformen wie Facebook, Whatsapp etc. – und nicht mehr über die Stimme
kommuniziert wird und dass künftig deshalb Softwarekomponenten und nicht mehr die
Hardware entscheidend sein werden. (Wer damals von einem Nokia-Mobiltelefon auf
ein iPhone umgestiegen ist, wird sich noch daran erinnern, wie über die mangelhafte
Funktionalität und Verbindungsqualität des iPhones geschimpft wurde.) Nokias Problem
war zweidimensional: strategisch und kulturell. Der Zug wurde verpasst, weil das Unternehmen nicht mehr nahe genug am Markt und seinen Entwicklungen war.

Im Gegensatz dazu ein sehr positives Beispiel: Microsoft, das einzige Top10-Unter-
nehmen des S&P 500, das Ende 2000 welches auch Ende 2018 noch in den Top10 vertreten war. Microsoft war und ist ein Technologiekonzern, der sich ständig erneuert hat,
und zwar nicht nur, was die Technologie betrifft, sondern speziell auch im Hinblick auf
die Unternehmenskultur. Der heutige CEO Satya Nadella etwa setzt sehr stark auf eine
lernende Kultur, basierend auf Vertrauen, autonom arbeitenden Gruppen, Kooperation
und Kommunikation zwischen diesen Gruppen sowie auf Selbstverantwortung. Seit er
Microsoft 2014 übernommen hat, floriert der Konzern wieder, und laut einer internen
Umfrage glauben 80 % der Mitarbeiterinnen und Mitarbeiter, dass der Grund dafür eben
diese neue, moderne, motivierende Unternehmenskultur ist.

## Die Kultur bestimmt zu 80 % über die Innovationskraft – sagen CEOs

Wie wichtig Unternehmenskultur für den Erfolg eines Unternehmens ist, zeigt auch die
jährliche Umfrage des Stern Stewart Institutes unter den Top CEOs europäischer börsen-
notierter Firmen. Gemäß dieser Umfrage glauben 80 %, dass die Kultur im Unternehmen
der wichtigste Treiber von Innovation und damit dem langfristigen Erfolg des Unternehmens darstellt. Umgekehrt glaubt nur 1 %, dass der Innovationserfolg eine Frage des
entsprechenden R&D-Budgets sei!

Nun ist Innovation ja speziell für Schweizer Unternehmen,matchentscheidend', um
im internationalen Wettbewerb überleben zu können und der Konkurrenz immer ein
wenig voraus zu sein –und die Unternehmenskultur offensichtlich der entscheidende
Treiber. Aber was ist denn eigentlich Unternehmenskultur? Wie auch für den Begriff
„Strategie" gibt es auch dazu sehr viele Definitionen. Die folgende trifft es meiner
Meinung nach sehr gut: Unternehmenskultur ist die Art und Weise, wie in einem Unternehmen Entscheidungen getroffen und implementiert werden.

In einer Welt, die sich, wie gesehen, immer schneller dreht, sind proaktives Handeln,
Agilität und eine Mentalität des „Try, fail and learn" gefragt, um auch in Zukunft
innovativ und erfolgreich agieren zu können. Eine Unternehmenskultur zu schaffen,
welche diese Verhaltensweisen fördert und fordert, ist also nicht Kür, sondern Pflicht.

Anhand des Beispiels der Firma Straumann möchte ich nun nachfolgend darstellen, wie eine solche Kulturveränderung bzw. -anpassung konkret aussehen könnte. Gegründet wurde Straumann im Jahre 1954 im Waldenburgertal im hintersten Winkel des Kantons Baselland am Übergang des Hauensteins. Seit 1998 ist das Unternehmen an der Schweizer Börse. Auf sehr erfolgreiche erste zehn Jahre nach dem Börsengang folgten fünf sehr schwierige, geprägt durch fallende Marktanteile, sinkende Margen und einen erodierendem Aktienkurs. Ende 2012 belief sich die Börsenkapitalisierung von Straumann auf ca. 1,5 Mrd. CHF. Heute ist das Unternehmen mehr als 20 Mrd. wert, der Umsatz hat sich in den letzten 7 Jahren mehr als verdoppelt, der Gewinn und die Mitarbeiterzahl haben sich mehr als verdreifacht – Straumann ist der klare globale Marktführer für Zahnimplantatsysteme und einer der führenden Anbieter in der professionellen Zahnmedizin.

Als ich im März 2013 als CEO bei Straumann eintrat, hatte das Unternehmen aufgrund rückläufiger Umsätze und Gewinne bereits drei halbherzige, mehr kosmetische Restrukturierungswellen hinter sich. Ich entschied mich zusammen mit der Geschäftsleitung, rasch die vierte und letzte Welle anzugehen – dieses Mal nicht halbherzig, sondern „übertrieben". Wieso übertrieben? Einfach deshalb, um sicherzustellen, dass die vierte tatsächlich die letzte Welle sein würde. Innerhalb von drei Monaten wurden fast 20 % der weltweiten Belegschaft und ein Drittel der Stellen am Hauptsitz abgebaut. Sie können sich vorstellen, wie damals die Stimmung im Unternehmen war und wieviel Vertrauen in die Führung und die Zukunft der Firma noch bestand. Die Entwicklung des Unternehmens kann auch wie in Abb. 31.2. dargestellt werden.

Innert weniger Jahre hatte sich das Unternehmen aus der Komfortzone in die Resignationszone und mit Einleitung der vierten Restrukturierung in die sogenannte Akzelerationszone bewegt. Charakterisiert war die Kultur damals zwar durch eine

## Straumann – From Inertia to Paradise

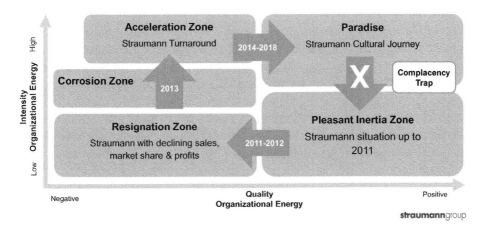

**Abb. 31.2** Der Straumann-Weg. (Schaubild: Straumann Group)

scheinbar hohe Verbindlichkeit bzw. Accountability – jede und jeder wussten, was die Stunde geschlagen hatte und was erwartet wurde – aber auch durch Angst, Frustration und Misstrauen. Ich sprach bewusst von „scheinbar hoher Verbindlichkeit", denn sie wurde unter starkem Druck „herbeigepusht". Sie kam nicht freiwillig und nicht auf Basis eigenmotivierter Mitarbeitender zustande und bot also keine wirklich solide Basis, um auf lange Sicht erfolgreich zu agieren.

## Das Problem des Lucien Favre

Ich nehme an, dass Viele unter Ihnen Fußballfans sind und Ihr Herz für einen bestimmten Club schlägt. Sie werden deshalb sicher auch eine Meinung zu gewissen Fußballtrainern haben. Ein interessanter Fall ist der Schweizer Lucien Favre: Er schafft es immer wieder, aus scheinbar mittelmäßigen Mannschaften innerhalb kurzer Zeit Spitzenteams zu formen. Das ist ihm bei Hertha BSC Berlin, in Mönchengladbach, in Nizza und zuletzt bei Borussia Dortmund gelungen. Lucien Favres Problem besteht aber darin, dass dann jeweils bereits in der zweiten, spätestens aber in der dritten Saison die Erfolge schlagartig nachlassen und er sich dann wieder eine neue Herausforderung suchen muss.

Meine Sichtweise dieses Phänomens ist die folgende: Lucien Favre versteht es wie wahrscheinlich kein zweiter, rasch zu analysieren, was wo fehlt und verbessert werden könnte. Er setzt dann die konkreten Maßnahmen auch rasch und zügig um, und der Erfolg lässt nicht lange auf sich warten. Den Spielern wird klar gemacht: So läuft es, und du hast die Weisungen umzusetzen und zwar rasch – eigentlich so, wie es in der Wirtschaft in erfolgreichen Turnaround-Situationen der Fall ist. Da wird auch nicht lange gefackelt und herumdiskutiert, sondern messerscharf analysiert und dann umgesetzt.

Die entscheidende Frage ist aber: Was geschieht nun? Wie kann ein Team bzw. eine Organisation so weiterentwickelt werden, dass jedes Rädchen, jeder Spieler, jeder Mitarbeitende eigenmotiviert und nicht per mit „Diktat von oben", sondern mit Selbstinitiative an seiner und damit der Entwicklung des gesamten Teams arbeitet? Es braucht dazu andere Führungsfähigkeiten als in einer Turnaround-Situation: Empathie, Kommunikation, Einfühlungsvermögen und die Fähigkeit, eine belastbare Vertrauensbasis zu schaffen, sind gefragt. Ich spreche Lucien Favre diese Fähigkeiten nicht ab, glaube aber, dass seine Stärken als Trainer eben mehr auf der technischen Ebene anzusiedeln sind. Vergleichen Sie damit Jürgen Klopp. Erinnern Sie sich an das legendäre Rückspiel im Champions League-Halbfinale zwischen Liverpool und Barcelona 2018? Liverpool hatte das Hinspiel in Barcelona mit 0:3 verloren – eine fast hoffnungslose Situation – und gewann das Rückspiel 4:0! Wäre das mit Druck, mit „Pushen" möglich gewesen? Wahrscheinlich nicht. Der 4:0-Erfolg war der eines Kollektivs, bei dem jeder aus Eigenmotivation und selbstlos das beste gab, und zwar bis zur letzten Minute. Eine solche Dynamik in einem Team bzw. einer Organisation zu schaffen, benötigt Zeit. Das kann nicht über Nacht mittels kurzfristigem Druck erzeugt werden. Der Weg dazu führt über die Grundeinstellung – über die DNA eines jeden einzelnen.

## Verbindlichkeit und Sicherheit

Wohin sollte denn nun aber die Reise bei Straumann gehen? In die sogenannte Paradise Zone. Es ging also darum, nachhaltig einen Zustand zu erreichen, der durch ein hohes Maß an Verbindlichkeit und eine solide Vertrauensbasis bzw. „psychologischer Sicherheit" charakterisiert sein sollte. Diese beiden Aspekte in Kombination ermöglichen und fördern nachhaltige „High Performance". Teams bzw. Organisationen, welche über sie verfügen, unterscheiden sich positiv von anderen, wie das Beispiel des FC Liverpool und Abb. 31.3 zeigen.

Die Wichtigkeit der Verbindlichkeit ist Ihnen wahrscheinlich glasklar: Leadership by MBO, Ziele definieren und einfordern – das sind Führungsprinzipien, welche in uns Managern fest, vielleicht zu fest verankert sind. Die wirkliche Herausforderung besteht darin, diese Verbindlichkeit ohne ständiges Pushen und Kontrollieren und der damit verbundenen Gefahr, die Betroffenen und damit auch die Organisation zu „verbrennen", zu verankern.

Wieso ist dafür eine intakte Vertrauensbasis bzw. psychologische Sicherheit so wichtig? Die Antwort dazu mag einfach und sogar ein wenig sozialromantisch klingen: Es sind die Menschen in einem Unternehmen, welche den Unterschied ausmachen. Sie definieren nicht nur die strategischen Initiativen, sondern treiben auch die Umsetzung dieser voran, was wiederum die Erreichung der Unternehmensvision und damit auch die Erreichung der finanziellen Zielsetzungen erlaubt. Die meisten Unternehmen haben Strategien, welche anscheinend Sinn ergeben.

Die Spreu trennt sich vom Weizen, wenn es um die Umsetzung geht. Bei Unternehmen, in denen sich die Mitarbeitenden wirklich „empowered" und in der Mitver-

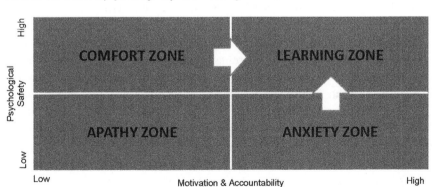

**Abb. 31.3** Erzeugung von psychologischer Sicherheit. (Quelle: Straumann Group)

antwortung und Mitgestaltung fühlen, in denen über Abteilungen hinweg kommuniziert und kooperiert wird, in denen Fehler erlaubt, ja sogar eingefordert werden, bleiben Strategien nicht nur Wunschvorstellungen, sondern werden diese konsequent umgesetzt und laufend neu definiert. Ohne gegenseitiges Vertrauen, ohne eben diese psychologische Sicherheit ist das aber ein schwieriges und oft hoffnungsloses Unterfangen. Angst, Vorsicht, Risikoaversion oder Prozessmanie sind Folgeerscheinungen, bzw. charakterisieren Organisationen, in denen eine intakte Vertrauensbasis fehlt.

## Wie Google den Faktor „Vertrauen" entdeckte

Lassen Sie mich an dieser Stelle das Thema psychologische Sicherheit etwas vertiefter beleuchten: Im Jahre 2012 startete Google das sogenannte Projekt „Aristotle" – ganz im Sinne des berühmten Philosophen: „Das Ganze ist mehr als die Summe seiner Teile." Ziel des Projekts war es, herauszufinden, wieso des gewisse Teams erfolgreicher agierten als andere. Das Ergebnis war überraschend und wegweisend: Es waren nicht diejenigen Teams mit den gescheitesten oder erfahrensten Mitarbeitenden oder einer Kombination draus, sondern diejenigen, in welchen eben diese sogenannte psychologische Sicherheit gegeben war und in denen die Rollen und Verantwortlichkeiten klar zugeteilt waren.

Wie entsteht denn nun aber psychologische Sicherheit oder anders gesagt: diese Vertrauensbasis? Die Antwort ist relativ simpel: Stellen sie sich ihre Beziehung zu Ihrer Ehefrau, ihrem Ehemann bzw. ihrer Partnerin oder Partner oder alternativ zu ihren Kindern vor und fragen sich selber: Was ist denn die Basis des gegenseitigen Vertrauens, und wie ist diese Basis zustande gekommen? Sich auf Augenhöhe begegnen, seine Meinung frei und frank zu äußern, das Gefühl zu haben gehört zu werden, Fehler angstfrei zu begehen und daraus zu lernen, mit dem Partner darüber zu reden und gemeinsam Lösungen zu finden, auch einmal „nicht gut drauf" zu sein und das auch zu zeigen und mitzuteilen – also Verletzlichkeit zu zeigen: Das alles sind Verhaltensweisen, welche eine Vertrauensbasis bzw. psychologische Sicherheit als Grundlage haben.

Und nicht anders verhält es sich in Unternehmen. Es waren genau diese Verhaltensweisen, welche die „Highest Performing Teams" bei Google charakterisierten. Noch ein schöner Satz dazu aus dem Munde von Amy Edmondson, der Ikone, wenn es um dieses Thema geht: „Verletzliche Anführer erlauben es den Kollegen, Meinungen zu äußern, die aus dem Herzen und nicht nur aus dem Kopf kommen". Und ein Zitat von Winston Churchill: „Erfolg besteht darin, von Misserfolg zu Misserfolg zu gehen, ohne die Begeisterung zu verlieren."

Wie konkret ist es denn nun bei Straumann gelungen, das Unternehmen aus der Akzelerations- in die High Performance bzw. Paradise Zone zu führen, also Verbindlichkeit und Vertrauen nachhaltig zu verankern? Als erstes wurde eine detaillierte Analyse des Ist-Zustandes vorgenommen. Es gibt dazu verschiedene Methoden; bei Straumann wurde die auf der Maslowschen Bedürfnispyramide beruhende „Leadership Style Inventory Assessment"- Methode von Human Synergistics angewendet. Darauf

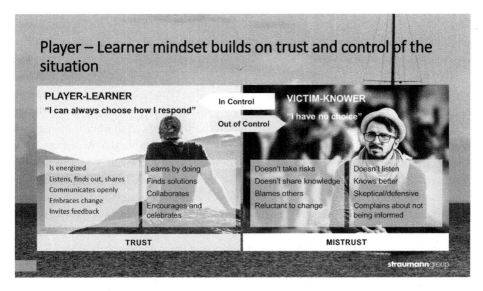

**Abb. 31.4**  „Player/Learner" vs. „Knower/Victim". (Quelle: Straumann Group)

basierend war es möglich, konsolidiert für die gesamte Firma, aber auch auf einzelne Abteilungen heruntergebrochen eine Bestandsaufnahme der „vorherrschenden Kultur" vorzunehmen und die Abweichung zum angestrebten Soll-Zustand festzustellen.

Zusammenfassend war die Organisation durch eine hohe Ausprägung an defensiven, sicherheitsorientierten Verhaltens- und Denkweisen und wenig nach vorne gerichtete, konstruktive, und durch den Willen, sich selber weiterzuentwickeln, bestimmte Denk- und Verhaltensmuster charakterisiert – nicht überraschend für eine Organisation, welche eine gröbere Restrukturierungsphase durchlebt und währen dieser Zeit wenig Erfolge zu feiern hatte.

Was war nun die Zielrichtung? Bildlich ausgedrückt: Es ging darum, möglichst viele Mitarbeiterinnen und Mitarbeiter von der „Knower"- und „Victim"-Einstellung zu sogenannten „Players" und „Learners" zu entwickeln – zu Menschen welche den Anspruch haben sich weiterzuentwickeln, dauernd dazuzulernen und aktiv ihr Leben, ihre Umgebung und ihr Arbeitsumfeld aktiv mitzugestalten. (Abb. 31.4).

## Mit Workshops ins Paradies

Was genau wurde nun unternommen, um diese Transformation hinzubekommen? Zunächst wurden sogenannte High Performance Team Workshops abgehalten. Ihr Ziel: Maßnahmen zu definieren, um die Vertrauensbasis zwischen Abteilungsführung und den Kolleginnen und Kollegen nachhaltig zu stärken, also die psychologische Sicherheit zu verbessern. So wurden z. B. sogenannte Check-ins am Anfang von Besprechungen eingeführt, um sicherzustellen, dass Sitzungsziele und -erwartungen klar definiert sind, und Check-outs am Ende, die Feedback zur Stimmung, zur Führung der Sitzung und zu den Konklusionen ermöglichen.

Als nächstes fanden „I and WE Workshops" statt, zweitägige Workshops mit maximal 15 Teilnehmenden. Ziel dieser Workshops war es, das „Player-Learner-Mantra" fest in der Organisation zu verankern, also die Grundeinstellung bzw. die Grundbedürfnisse von sicherheitsorientiert und passiv auf Selbsterfüllung bzw. Selbstbestimmung und aktiv umzupolen. Wichtig zu erwähnen, dass die Teilnahme an diesen Workshops freiwillig war und Alles hier Besprochene zu 100 % vertraulich behandelt wurde bzw. wird. Ein wesentliches Element dieser Workshops ist ein „Deep Dive" in verschiedene Verhaltensmuster auf Basis von „Life Style Inventories" für jeden einzelnen Teilnehmenden. Faszinierend daran ist die Gegenüberstellung von Eigen- und Fremdbild. Immer wieder kam es dabei zu sehr emotionalen Momenten, wenn Teilnehmende sich im Fremdbild nicht wieder fanden und erst akzeptieren mussten, von der Außenwelt als Opfer, Besserwisser oder Blockierer wahrgenommen wurden. Der zweite wesentliche Baustein ist das sogenannte Eisbergmodell. Dabei geht es darum, Verhaltensweisen in der Tiefe zu hinterfragen und die Annahmen dahinter, die big assumptions, sichtbar zu machen – etwa die Annahme, dass wenn ich den Kopf zu weit herausstrecke und riskiere, etwas Falsches zu sagen, „doof dastehen" oder sogar meinen Job riskieren könnte. Schlussendlich war das Ziel, die Teilnehmenden zu motivieren, ihr Leben und ihren Arbeitsalltag in Zukunft selbstbestimmter und proaktiver zu gestalten und dadurch den zweiten großen Treiber des Unternehmenserfolgs – die nachhaltige selbstmotivierte Verbindlichkeit auf jeder Stufe des Unternehmens – voranzutreiben und damit dazu beizutragen, das Unternehmen nachhaltig in der Paradise Zone zu verankern.

Der Erfolg dieser Workshops war überwältigend und hat die Stimmung innerhalb des Unternehmens nachhaltig und extrem positiv verändert. Im letzten Perception Pulse bzw. Engagement Surveys, welche zweimal pro Jahr durchgeführt werden, haben über 90 % der Mitarbeiterinnen und Mitarbeiter bestätigt, dass sie stolz sind für Straumann zu arbeiten, dass sie die Kulturreise als eine Bereicherung für sich selber wahrnehmen und das Gefühl haben, dass ihre Arbeit wesentlich zum Unternehmenserfolg beiträgt. Auch die harten Zahlen sprechen für sich: Seit die erwähnten Workshops durchgeführt wurden, ist das Unternehmen fünf Jahre in Folge weit überdurchschnittlich gewachsen, und die Börsenkapitalisierung hat sich seit 2014 fast verzehnfacht. (Abb. 31.5).

Ein Gedanke noch zum Abschluss: Die Welt dreht sich je länger, desto je schneller. Die Halbwertszeit von Wissen, von Innovation und von technologischem Vorsprung wird dabei kürzer und kürzer. Innovation ist aber speziell für Länder wie Deutschland, Österreich und insbesondere die Schweiz – ich wiederhole mich – der entscheidende Treiber, um auch in Zukunft wettbewerbsfähig zu sein. Was sich nicht oder nur schwer kopieren lässt, ist die Kultur eines Unternehmens. Die Kultur kann daher zu einem signifikanten Differenzierungsfaktor werden. Je mehr Mitarbeitende mit dem richtigen, also einem nach vorne gerichteten Mindset am Werke sind, desto innovativer, und zwar nachhaltig innovativer, wird ein Unternehmen agieren, und desto erfolgreicher wird es sein – davon

## 2014 Comparison Straumann Group culture versus "ideal culture"

Current Global Culture (OCI)                    Ideal culture described by Executive Team

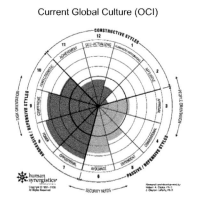 

straumanngroup

**Abb. 31.5** Vergleich zwischer idealer und realer Unternehmenskultur.  (Quelle: Eigene Darstellung, Straumann Group)

bin ich zutiefst überzeugt. Noch nicht alle Führungsteams haben das wirklich erkannt und sich auf die Fahne geschrieben. Nutzen Sie diesen Zustand für sich und Ihr Unternehmen – und fangen Sie rasch, mit Tempo, am besten gleich morgen damit an.

Ein Beispiel für Erfolg i. S. der hier vorgeschlagenen Logik ist die Pfeifer & Langen Gruppe, kurz: P&L. Die Gruppe, die für Marken wie Intersnack, Krüger, Kölner Zucker bekannt ist und europaweit 24.000 Mitarbeiter beschäftigt, feierte 2020 ein zuckersüßes Jubiläum: Sie wurde 150 Jahre alt. Eine respekterheischende Tradition, die Alexander Pfeifer als Vorsitzender des Gesellschafterausschusses zu einigen grundsätzlichen persönlichen Überlegungen zu Erfolgsfaktoren für den nachhaltigen Unternehmenserfolg inspiriert hat.

## Literatur

Kurzweil, R. (2014). Menschheit 2.0: Die Singularität naht. Lola Books.

**Marco Gadola** ist seit dem 1. Januar 2020 Mitglied des Verwaltungsrats der DKSH und seit Mai 2020 Präsident des Verwaltungsrats. Zuvor fungierte er von 2013 bis Ende 2019 CEO der Straumann-Gruppe. Zuvor war er von 2012 bis 2013 Regional CEO Asia Pacific bei Panalpina und von 2008 bis 2012 CFO von Panalpina. Von 2006 bis 2008 war er bei Straumann bereits als CFO tätig gewesen.

# Nachhaltige und langfristige Entwicklung von Familienunternehmen

Alexander Pfeifer

Die wenigsten Familienunternehmen überleben langfristig als Familienunternehmen. Diejenigen, die sich über mehrere Generationen entwickeln, sind gemäss einer Studie des Credit Suisse Research Institutes aus dem Jahr 2020 (Credit Suisse, 2020) deutlich erfolgreicher als Nicht-Familienunternehmen (Abb. 32.1).

Welche Faktoren – neben der offensichtlichen wirtschaftlichen Grundlage – sind entscheidend dafür, ob ein Familienunternehmen über mehrere Generationen überlebt und sich erfolgreich entwickelt? Der Versuch einer Erklärung:

## Family Governance

Eine bestehende, in der Familie breit akzeptierte und sich mit dem Unternehmen entwickelnde Family Governance ist die Basis für den Zusammenhalt als Familienunternehmen.

### Gesellschaftsvertrag

Mit dem Gesellschaftsvertrag wird das gemeinsame Regelwerk festgelegt, das rechtlich für alle Beteiligten verbindlich ist. Mit Blick auf die langfristige Entwicklung als Familienunternehmen sind Regelungen zur Zugehörigkeit (wer darf Anteile, zu welchem Preis und von wem erwerben?), zu Abstimmungsquoten (welches Quorum ist für welche

A. Pfeifer (✉)
Zürich, Schweiz
E-Mail: pfeiferalexander@gmx.ch

T. Zellweger und P. Ohle (Hrsg.), *Finanzielle Führung von Familienunternehmen*,
https://doi.org/10.1007/978-3-658-38061-8_32

**Performance of family-owned companies by generation** [3]

**Abb. 32.1** Performance von Familienunternehmen über mehrere Generationen. (Quelle: Credit Suisse (2020), S. 11.)

Entscheidung notwendig?) sowie zu Strukturen (welche Gremien habe welche Aufgaben, wie wird der Einfluss der Familie sichergestellt?) entscheidend. Ein intelligenter und vorausschauender Gesellschaftsvertrag antizipiert dabei potenzielles Streitpotenzial sowie die Entwicklung der Anzahl der Beteiligten über mehrere Generationen.

**Familienverfassung**

Gemeinsame Werte als Basis unternehmerischen Wirkens sind identitäts- und sinnstiftend. Worüber in der frühen Phase eines Unternehmens unausgesprochen Einigkeit besteht, können sich über die Zeit unterschiedliche Vorstellungen entwickeln. Wird dieses Auseinanderdriften nicht eingefangen, kann das Familienunternehmen in dieser Form nicht überleben. Einige Familienunternehmen haben ihre Werte und ihre gemeinsamen Ziele in einer Art Verfassung, oder Familiencharta niedergeschrieben. Diese dient als Orientierung, auch für die heranwachsende Generation. Der Weg zur Familiencharta, die gemeinsamen Diskussionen, möglichst breit abgestützt, ist dabei die eigentliche Erkenntnis.

**Nachwuchsförderung**

Ein besonderes Augenmerk sollte auf das frühe Heranführen der nachwachsenden Generation gelegt werden, unabhängig davon, ob später eine aktive Rolle im Familienunternehmen vorgesehen ist. Das beginnt mit informellen Gesprächen über das Unternehmen am Küchentisch, der frühen Identifikation mit den Produkten, der Einbindung

in die Berichterstattung und endet mit institutionellen Veranstaltungen wie z. B. Jugendtreffen im Werk. Nicht zuletzt soll durch das regelmässige Wiedersehen ein Familiengefühl unter Gleichaltrigen entfacht werden.

## Eigenständigkeit durch finanzielle Stärke

### Eigenkapitalquote, Liquiditätsreserve & geringe Abhängigkeiten

Die unternehmerische Zukunft ist ungewiss und keine Konstante. Es hat sich noch kein
Business Plan eins zu eins realisieren lassen. Externe Kapitalgeber haben per Definition
andere Interessen als das Familienunternehmen. Daher gehen eine substanzielle Eigen-
kapitalquote, genügend Liquiditätsreserven sowie möglichst geringe Abhängigkeiten
von externem Kapital einher mit unternehmerischer Freiheit und Eigenständigkeit. Dass
darunter die Rentabilität des Unternehmens leidet, ist nur kurzfristig evident.

### Differenzierung & Anpassung

Für jedes Unternehmen müssen die relevanten Kennzahlen differenziert definiert und
regelmässig überprüft werden. Sie sind abhängig von der Branche, dem Unternehmens-
stadium, der Unternehmensgrösse sowie seinem Zugang zum Kapitalmarkt. Letzterer hat
sich in den letzten Jahren sehr positiv entwickelt, womit sich auch grössere Familienunternehmen nicht an der Börse finanzieren müssen.

### Management der Unternehmensfinanzierung

Je grösser das Familienunternehmen wird, desto schwieriger wird die Unternehmensfinanzierung durch die Eigentümer. Ab einer gewissen Grösse beschränkt sich diese
auf den Rückbehalt und die Wiederanlage eines substanziellen Anteils der jährlichen
Gewinne im Unternehmen. Umso bedeutender wird das Management der Unternehmensfinanzierung durch externe Kapitalgeber.

## Unternehmer bleiben

### Erhaltung des Gründergeistes

Jedes Unternehmen beginnt mit einer zündenden Idee und unternehmerischem Risiko.
Mit zunehmendem Alter und Grösse werden notwendige Strukturen geschaffen und
normierte Prozesse definiert. Dabei besteht die Gefahr, dass Trägheit und Bequemlichkeit Einzug hält, besonders wenn die Gewinne sprudeln. Gerade bei Familienunternehmen ist es wichtig, dass der unternehmerische Gründergeist erhalten bleibt und das
Unternehmen Veränderungen antizipiert. Disruptives Denken und Agieren muss möglich
sein. Diese Unternehmenskultur sollte von der Familie unterstützt und im Unternehmen
gelebt werden.

### Risiko- & Fehlerkultur

Unternehmer gehen Risiken ein und machen Fehler. Eine entsprechende Risiko- und Fehlerkultur sollte daher im Familienunternehmen explizit gefördert werden. Scheitern muss möglich sein, sofern die Risiken begrenzt sind und die Lehren gezogen werden können. Im deutschsprachigen Europa haben wir diesbezüglich – vergleichsweise – Aufholpotenzial.

### Gleichschaltung der Interessen

Das Management des Familienunternehmens sollte möglichst ähnliche Interessen wie die Familieneigentümer verfolgen. Am einfachsten erreicht man dies, indem man sie zu Mitunternehmern macht. Familienexterne dürfen, bzw. müssen Anteile erwerben und halten diese für eine definierte Periode. Idealerweise sind diese Mitunternehmer gleichberechtigt, was die Eigentumsrechte angeht. Damit steht die langfristige Entwicklung des Familienunternehmens bei unternehmerischen Entscheidungen im Vordergrund.

### Partnerfähigkeit

Unternehmer sind auf zuverlässige Partner angewiesen. Dies gilt grundsätzlich für alle Stakeholder, wie z. B. Mitarbeiter, Kunden und Lieferanten. Gerade als langfristig ausgerichtetes Familienunternehmen hat man hier eine Vorbildfunktion, die sich allemal auszahlt. Mit Blick auf die Mitarbeiter darf man diese als erweiterten Familienkreis bezeichnen, mit denen man fair, wohlwollend und persönlicher Wertschätzung umgeht.

## Family Governance

Eine bestehende, in der Familie breit akzeptierte und sich mit dem Unternehmen entwickelnde Family Governance ist die Basis für den Zusammenhalt als Familienunternehmen.

### Gesellschaftsvertrag

Mit dem Gesellschaftsvertrag wird das gemeinsame Regelwerk festgelegt, das rechtlich für alle Beteiligten verbindlich ist. Mit Blick auf die langfristige Entwicklung als Familienunternehmen sind Regelungen zur Zugehörigkeit (wer darf Anteile, zu welchem Preis und von wem erwerben?), zu Abstimmungsquoten (welches Quorum ist für welche Entscheidung notwendig?) sowie zu Strukturen (welche Gremien habe welche Aufgaben, wie wird der Einfluss der Familie sichergestellt?) entscheidend. Ein intelligenter und vorausschauender Gesellschaftsvertrag antizipiert dabei potenzielles Streitpotenzial sowie die Entwicklung der Anzahl der Beteiligten über mehrere Generationen.

### Familienverfassung

Gemeinsame Werte als Basis unternehmerischen Wirkens sind identitäts- und sinnstiftend. Worüber in der frühen Phase eines Unternehmens unausgesprochen Einigkeit besteht, können sich über die Zeit unterschiedliche Vorstellungen entwickeln. Wird dieses Auseinanderdriften nicht eingefangen, kann das Familienunternehmen in dieser Form nicht überleben. Einige Familienunternehmen haben ihre Werte und ihre gemeinsamen Ziele in einer Art Verfassung, oder Familiencharta niedergeschrieben. Diese dient als Orientierung, auch für die heranwachsende Generation. Der Weg zur Familiencharta, die gemeinsamen Diskussionen, möglichst breit abgestützt, ist dabei die eigentliche Erkenntnis.

**Nachwuchsförderung**

Ein besonderes Augenmerk sollte auf das frühe Heranführen der nachwachsenden Generation gelegt werden, unabhängig davon, ob später eine aktive Rolle im Familienunternehmen vorgesehen ist. Das beginnt mit informellen Gesprächen über das Unternehmen am Küchentisch, der frühen Identifikation mit den Produkten, der Einbindung in die Berichterstattung und endet mit institutionellen Veranstaltungen wie z. B. Jugendtreffen im Werk. Nicht zuletzt soll durch das regelmässige Wiedersehen ein Familiengefühl unter Gleichaltrigen entfacht werden.

## Literatur

Credit Suisse (2020). The Family 1000: Post the pandemic. https://www.credit-suisse.com/media/assets/corporate/docs/about-us/research/publications/cs-family-1000-post-the-pandemic.pdf. Letzter Zugriff am 19.07.2022.

**Alexander Pfeifer**  ist seit 2015 Vorsitzender des Verwaltungsausschusses der Pfeifer & Langen Gruppe. Der Lebensmittelkonzern beschäftigt europaweit 24.000 Mitarbeiter.

Patricio Ohle

Die komplexen Herausforderungen der Governance für Familienunternehmen machen die Reihenfolge im Fünf-Stufen-Modell so wichtig: Erst wenn die Stufen 1–4 weitgehend und über lange Zeit abgearbeitet sind, kann man auch die Governance-Stufe gut gestalten. Patentrezepte gibt es hier aber nicht, da die Konstellationen zu verschiedenartig sind.

Da die Ausgestaltung einer Corporate Governance in Familienunternehmen zum einen ein sehr persönlicher, familienspezifischer Prozess ist und zum anderen nicht als bloße „Checkliste" abgearbeitet werden sollte, bietet sich der Erfahrungsaustausch mit Familienunternehmen an, die ähnliche Prozesse bereits durchlaufen haben.

Auch ist die Governance in jedem der drei Länder des DACH-Raums sehr eigen. Gerade für neue Verwaltungsräte, die das Schweizer Obligationen Recht noch nicht kennen, ist das eine ziemliche Umstellung. Es ist daher wichtig, dass die Stakeholder (Gesellschafter, VR und Management) die Governance kennen und damit einverstanden sind. Die Rollenverteilung in den Ausschüssen muss beispielsweise eindeutig definiert sein. In der Phase der Mehrgenerationenunternehmen sind formelle Koordinationsmechanismen hinsichtlich der „Family Governance" und der sogenannten „Professional Ownership" vermutlich ein Muss und können helfen. Auch Vorwerk-Gesellschafter Dr. Jörg Mittelsten-Scheidt, der von 1969 bis 2005 den Wuppertaler Familienkonzern leitete, formuliert ganz ähnliche Gedanken (Mittelsten-Scheid 2005, S. 43). „Neben finanziellen Werten auch emotionale Werte leben", „Keine kurzfristige Renditesteigerungen", „Erhalt

P. Ohle (✉)
FBXperts AG, St. Gallen, Zürich, Schweiz
E-Mail: patrick.ohle@fbxperts.ch

© Der/die Autor(en), exklusiv lizenziert an Springer Fachmedien Wiesbaden GmbH, ein
Teil von Springer Nature 2022
T. Zellweger und P. Ohle (Hrsg.), *Finanzielle Führung von Familienunternehmen*,
https://doi.org/10.1007/978-3-658-38061-8_33

des Unternehmens als höchstes Ziel", „Bescheidene Gesellschafter", „Zusammenhalt wird gefördert und geplant" und „Unternehmertum durch Einbindung von Fremdmanagern als persönliche haftende Gesellschafter".

Der Faktor Zeit kann für Familienunternehmen indes auch zu einer Falle werden. Die Forschung kennt dies als „Family Innovator's Dilemma". Dabei geht es darum, dass insbesondere Familienunternehmen sehr gut daran sind, inkrementelle Verbesserungen über die Zeit zu vollbringen. Sie sind allerdings sehr anfällig für den „pitfall" von neuen Marktteilnehmern, die Produkte auf den Markt bringen, die auf den ersten Blick zwar schlechter in der Funktionalität sind, aber über die Zeit das inkrementell verbesserte Produkt verdrängen. Man denke an Kodak und die Handykameras.

Vorwerk hingegen ist dieser Falle entgangen und hat seine Kernkompetenzen innovativ weiterentwickelt. Der Erfolg hat einen Namen: Thermomix. Das Küchengerät war 2019 für 40 % des Konzernumsatzes von etwa 2,9 Mrd. Euro verantwortlich. Größenordnungen wie diese sind im DACH-Raum durchaus keine Rarität. In Summe dürften wir hier von über 800 solchen Unternehmen mit einem Umsatz von nahe oder über 1 Mrd. Euro Umsatz sprechen. Doch wie wir leider aus Erfahrung wissen: Bei allem Erfolg der Familienunternehmen sind die Risiken ebenfalls groß. Auch diese spezifischen Risiken gingen in die Gestaltung des Fünf-Stufen-Konzeptes ein.

Es bedarf aber vor allem der kritischen Selbstsicht: In ihrer Forschung zu Lehren aus der Pandemie war Prof. Nadine Kammerlander von der WHU am meisten davon überrascht, dass das Selbstbild und das Fremdbild der Familienunternehmer so weit auseinanderliegen. Während viele Familienunternehmen sich noch lange als Hidden Champion sehen und auf ihre Erfolge in der Vergangenheit verweisen, schauen Berater, Banken und neue Konkurrenten kritischer." Und weiter heißt es: „Die Anpassungsfähigkeit der Familienunternehmen sei zwar nicht schlechter geworden, aber das Umfeld und die Spielregeln ändern sich schneller als bisher" (Müller 2022).

## Literatur

Mittelsten-Scheid, J. (2005). Gedanken zum Familienunternehmen. INTES – Akademie für Familienunternehmen 2005.
Müller, A. (2022). Sieben Lehren aus der Coronapandemie für Familienunternehmen. https://www.handelsblatt.com/unternehmen/mittelstand/familienunternehmer/management-sieben-lehren-aus-der-coronapandemie-fuer-familienunternehmen/27993742.html. Letzter Zugriff am 19.07.2022.

**Dr. Patricio Ohle** ist Gründer und Geschäftsführer der FBXperts AG. Er war drei Jahrzehnte lang in Führungspositionen bei Familienunternehmen tätig, unter anderem als Direktor bei der Hipp Holding AG. Dr. P. Ohle ist Research Fellow des Center for Family Business an der Universität St.Gallen, wo er auch promovierte. Er ist zudem Lehrbeauftragter der Universität St.Gallen in „Finance of large family firms".

# Teil VII

# Fazit: Erfahrungswissen teilen und vermitteln können

# Der FBXperts View: Ein Rückblick auf das Fünf-Stufen-Modell und die „kritischen" Herausforderungen für Familienunternehmen – die Entstehungsgeschichte

Patricio Ohle

Der Grundgedanke der FBXperts besteht im Erfahrungsaustausch, und so begann unser Weg auch, wenngleich in ganz anderer Form als heute: 2004 suchte ich, Patricio Ohle, das Gespräch mit Klaus Köster, Geschäftsführer bei Intersnack (Pfeifer & Langen Gruppe, Familienunternehmen) und ehedem mein Vorgesetzter. Wir trafen uns zu zweit in vertraulicher Atmosphäre am Zürcher Flughafen. Ein persönliches und vertrauliches Gespräch war damals die einzige mir bekannte Möglichkeit des Wissensaustausches von CFO zu CFO.

„Produzieren kann jeder – verkaufen ist göttlich", zitierte Klaus Köster seinen Kollegen Dr. Peter-Nils Evers. „Aber ohne Finanzen kann man nicht produzieren", führt er spaßhaft fort und fügte hinzu: „Einer muss im Familienunternehmen die Fahne der finanziellen Führung tragen."

Aus der Haltung, die Silos im Unternehmen im Denken wie im Handeln aufzubrechen, entstand in im Rahmen unseres Netzwerkes an der Universität in St. Gallen ein immer intensiverer Dialog, der Praxis und Theorie zur finanziellen Führung noch stärker zusammenführen sollte. Fünf Systemdurchbrüche wurden definiert (vgl. Grafik 2.1) und in der Praxis und Theorie systematisch studiert und ausgearbeitet. Das diesem Buch zugrunde liegende Verständnis finanzieller Führung beinhaltet daher neben den Kernthemen des CFO auch den wichtigen Managementaspekt der Finanzfunktion.

Die Diskussion mit Klaus Köster zur Rolle der Finanzen im Familienunternehmen führe ich bis heute – sowie mit vielen weiteren Mentoren und Kollegen.

P. Ohle (✉)
FBXperts AG, Zürich, Schweiz
E-Mail: patrick.ohle@fbxperts.ch

T. Zellweger und P. Ohle (Hrsg.), *Finanzielle Führung von Familienunternehmen*,
https://doi.org/10.1007/978-3-658-38061-8_34

Dieses Buch ist durch diese Gespräche inspiriert.

Dies ist die Entstehungsgeschichte FBXperts AG - Family Business und Finance & Business Experts – und dieser Grundgedanke motiviert uns bis heute, den Weg der Transparenz zu beschreiten dafür Mitstreiter aus Wissenschaft und Praxis zu suchen.

In Abb. 34.1 nehmen wir den Gedanken aus Kapitel I nochmals auf und verdeutlichen, wie unsere Methodologie aus Sicht des CFO geeignet erscheint, ganz wesentlichen Risiken, die in Familienunternehmen auftreten, entgegen zu wirken – beispielsweise in der Sicherstellung der Transparenz gegenüber der Familie (z. B. Steuerungsinformation für die Eigentümer, spezifisches Risikomanagement für die Eigentümer, Bindeglied zur Family Office Struktur).

Um diese Risiken schon im Ansatz vermeiden, behandeln oder verbessern zu können, bedarf es Erfahrung. Die Vielfalt der Themen, personellen Verquickungen und komplexen Rahmenbedingungen und Strukturen verlangen langjähre Beschäftigung, Empathie und Engagement der Personen, die helfen wollen, zu einer Optimierung beizutragen.

„Dass Familienunternehmen kooperieren, Wissen und Erfahrungen teilen, war lange unvorstellbar. Schließlich hatte man sich über Generationen mühsam etwas aufgebaut, das teilt man doch nicht einfach so mit der Konkurrenz! Doch diese Geheimniskrämerei verschwindet zusehends – schließlich könnte sie in unserer immer komplexer werdenden Welt das schnelle Ende der eigenen Erfolgsgeschichte bedeuten (Rappers, 2022)."

Ein gewisses Maß an Offenheit ist möglich und nötig, weil unabhängig von der Größe viele spezifische Herausforderungen für Familienunternehmen identisch sind und die

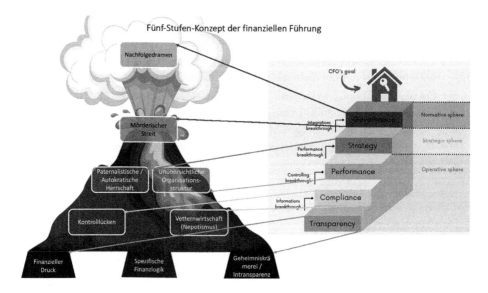

**Abb. 34.1** Risikominimierung mit dem Fünf-Stufen-Modell. (Quelle: Eigene Darstellung)

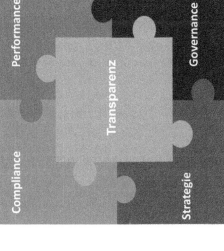

**Performance**

1. Förderung und Steuerung von Innovation
2. Steuerungssysteme und Incentives als Werttreiber
3. Einkauf und Working Capital Management
4. Identifizierung „shiftender" Kundennachfrage und Megatrends
5. Agilität durch digitale Transformation

**Governance:**

1. Einbezug Gesellschafter im Unternehmen und Kontrollorgan
2. Optimales Board und Entscheidungsprozesse/Heuristik
3. HR-Strategy - from hire to fire
4. Veränderung der Unternehmenskultur
5. Konflikte unter Gesellschaftern und Generationenwechsel

**Compliance**

1. Ethik Codices und korrektes Verhalten (Compliance Management System)
2. Umgang mit staatlichen Hilfs-/ und Förderprogrammen
3. Umgang mit und Abwehr von Fraud
4. Ausgewogene Kontrollkultur & Compliance Management
5. IT-Security & Cyber

**Strategie**

1. Segmentierung und Consumer Management (Customer Focus)
2. Nachhaltigkeit als Wettbewerbsvorteil
3. Optimierung von Strategieprozessen
4. M&A: Wachstum durch Zukäufe
5. Internationalisierung und Diversifikation (Ansoff)

**Transparenz**

1. Organisation des CFO Bereichs und Prozesse
2. Management Informationssysteme und Business Intelligence
3. Optimierung von Planungssystemen
4. Shareholder Management & Optimale Kapitalallokation
5. Finanzierungsstruktur

Compliance  Performance  Transparenz  Strategie  Governance

**Abb. 34.2** Transparenz als Bindeglied im Konzept der finanziellen Führung für Familienunternehmen. (Quelle: Eigene Darstellung)

Diskussion darüber im Wettbewerb unschädlich ist. Im vorliegenden Buch wollten wir eine Vielzahl von Praktikern zu Wort kommen lassen und einen breiten Wissenstransfer in Gang setzen, der unsere Erfahrungen weitergibt, aber sicher auch die eine oder andere „Déja-vu"-Reaktion auslösen wird.

Den Linking-Pin Effekt der Transparenz zeigt Abb. 34.2 auf.

Vielleicht können wir unseren Gedanken und unsere Motivation mit der Analogie im Abschlusskapitel nochmals besser verdeutlichen und unser Kernanliegen sowie unseren Lösungsansatz verdeutlichen.

## Literatur

Rappers, T. (2022). Adieu, Geheimniskrämerei und Eigenbrötlerei. https://dienews.net/artikel/adieu-geheimniskraemerei-und-eigenbroetlerei/. Letzter Zugriff am 19.07.2022.

**Patricio Ohle**  ist Gründer und Geschäftsführer der FBXperts AG. Er war drei Jahrzehnte lang in Führungspositionen bei Familienunternehmen tätig, unter anderem als Direktor der Hipp Holding AG, Schweiz. Dr. P. Ohle ist Research Fellow des Center for Family Business an der Universität St.Gallen, wo er auch promovierte. Er ist zudem Lehrbeauftragter der Universität St.Gallen in „Finance of large family firms".

Axel Wachholz

Die Nachricht war niederschmetternd. Sie bestätigte letztendlich aber nur die eigenen Befürchtungen, denn als weltweit bekannter und seit gut einem Jahrzehnt erfolgreicher Profisportler verfügte er über die erforderliche Kompetenz und auch das benötigte eigene Körpergefühl, seine gesundheitliche Situation angemessen zu beurteilen.

Seit fast zwei Jahren hatte er diese stechenden und in Wellen wiederkehrenden Schmerzen im Handgelenk, insbesondere in Ruhe- und Regenerationsphasen. Ein zielgerichtetes Training ganz nach dem Prinzip „Try harder" war aktuell kaum noch möglich und die Nebenwirkungen der unumgänglichen Schmerzmittel zeigten sich bereits deutlich. Die selbstauferlegte Odyssee durch die Praxen namhafter Orthopäden, Physiotherapeuten und Chiropraktiker unter Einsatz modernster Technologie hatte bislang nicht zum Erfolg geführt und vor allem eins gekostet: Zeit und Geld. Im Gegenteil, die eigene Verunsicherung wuchs, die Anzahl der, sicher gut gemeinten, Empfehlungen war kaum noch überschaubar und Manager, Trainer und Freunde überboten sich mit immer neuen Ideen für die „richtigen Maßnahmen". Das jüngste Ergebnis der Kernspintomographie war aber eindeutig und der lange verschobene chirurgischer Eingriff war demnach unausweichlich. Der hinzugezogene Handgelenkspezialisten beschrieb die Erfolgsaussichten als „knifflig, aber medizinisch machbar". Tatsächlich gäbe es wohl einige Risiken und Komplexitätstreiber bei einem derartigen Eingriff und die zu entscheidenden Schritte würden sich erst während der Operation ergeben und müssten im Prozess bewertet werden. Was nun?

A. Wachholz (✉)
Phoenix Contact GmbH & Co. KG, Blomberg, NRW, Deutschland
E-Mail: awachholz@phoenixcontact.com

© Der/die Autor(en), exklusiv lizenziert an Springer Fachmedien Wiesbaden GmbH, ein Teil von Springer Nature 2022
T. Zellweger und P. Ohle (Hrsg.), *Finanzielle Führung von Familienunternehmen*,
https://doi.org/10.1007/978-3-658-38061-8_35

Sein Körper und dessen uneingeschränkte Funktion waren sein Kapital. Insbesondere das Handgelenk hatte eine wesentliche Funktion und der Erfolg der Operation war direkt verknüpft mit dem Fortbestehen seiner bislang so erfolgreich verlaufenen Karriere. Er brauchte dringend Kompetenz! Kompetenz in Form der Verbindung von Wissen und Können in der Bewältigung der für seine spezifische Situation relevanten Handlungsanforderungen. Er entschied sich, die lange Liste der ihm bekannten und ihm empfohlenen Ärzte gründlich anhand von nachweisbaren Kompetenzkriterien durchzugehen und dann die nächsten Schritte gemeinsam mit seinem Management einzuleiten. Doch was sind „nachweisbare Kompetenzkriterien"? Er begann zu recherchieren und stieß schnell auf unzählige nationale wie internationale Ärzteranglisten, die nach unterschiedlichsten Kriterien erstellt wurden. Von qualitativen Kriterien wie „Zufriedenheit des Patienten" über „Atmosphäre der Behandlungsräume" bis hin zur „Weiterempfehlungsquote von KollegInnen" war alles zu finden und gerade in den angelsächsischen Medien war Kompetenz offensichtlich oftmals eng verknüpft mit einem exklusiven Praxisstandort, einer Ausbildung an einer „Ivy League"-Universität oder Vorträgen auf prominent besetzten Spendenveranstaltungen. Aber es gab auch Ergebnisse, die er als vornehmlich quantitativ getrieben, damit seiner Ansicht nach objektiviert seriös und passend empfand. Insbesondere eine Methodik der Kompetenzeinschätzung fand er vertrauenserweckend.

Hier wurden ein allgemeines Qualifikationsniveau ausgedrückt durch die erreichte Position und das Level an Verantwortung, die Fähigkeit in Form von selbst durchgeführten relevanten operativen Eingriffen, die Fortschrittlichkeit und Innovationshaltung in Form von eigenen Veröffentlichungen in Fachmagazinen und eigener Weiterbildungstätigkeit herangezogen und daraus ein Score gebildet. Der ausgewiesene Score wurde gewichtet ermittelt, wobei der Gewichtung eine grundsätzliche, aber entscheidende Überzeugung zugrunde lag: Erfahrung als Anwendung von vorhandenem Wissen ist der Schlüssel! Erst durch die Anwendung wird Wissen wertvoll, erst dadurch entsteht die Kompetenz, auf neue Handlungsanforderungen erfolgreich reagieren zu können. Diese Erfahrung schafft Vertrauen, sie ist mit Unaufgeregtheit und Souveränität auch unter aufregenden und einzigartigen Rahmenbedingungen verbunden.

Die einleitende kleine Geschichte um den erfolgreichen, aber mit einigen unumgänglichen Herausforderungen konfrontierten Profisportler dient selbstverständlich nur der Veranschaulichung einer Grundhaltung zur Erfahrung im vorgenannten Sinne. In unzähligen Berufen ist Erfahrung der Schlüssel zum Erfolg. Neben Ärzten bzw. Chirurgen wie in der vorliegenden Geschichte – und bei allen genannten Berufsgruppen sind selbstverständlich alle Geschlechter gemeint – seien beispielhaft Piloten, Hebammen, Feuerwehrmänner, Juristen, Dirigenten, Handwerker, Seelsorger, Kraftfahrer, Schifffahrtskapitäne, Diplomaten oder Berufspolitiker genannt. Bei all diesen Berufsgruppen und vielen weiteren ist Erfahrung entscheidend für – und das ist wesentlich! – anhaltend und konstant gute Ergebnisse.

Selbstverständlich ist Erfolg auch ohne Erfahrung möglich, aber in Zeiten mit stetig wechselnden Rahmenbedingungen, fehlender Akkuratesse von Prognosemöglichkeiten, immer kürzeren Entscheidungszyklen und einer grundsätzlich erhöhten Komplexität im Zuge einer sich wandelnden sozioökonomischen Umwelt eher auf Glück zurückzuführen oder auch mit der sagenumwobenen „richtigen Intuition" zu erklären. Dies mag einmal funktionieren, vielleicht auch mehrfach, aber Erfolg auf Dauer oder auch in „special situations" erfordert das gezielte Einbringen von Erfahrung! Erfahrung allein ist sicher noch kein Garant für Erfolg, denn schon Kurt Tucholsky sagte treffend: „Erfahrung heißt gar nichts, man kann seine Sache auch 35 Jahre schlecht machen". So können sich (mitunter gefährliche) Routinen entwickeln, die in keiner Weise zu dem oben beschriebenen Kompetenzverständnis passen. Kompetenz ist nicht automatisch eine Funktion der Zeit. Sie ist wie schon oben erwähnt direkt verwoben mit dem Wissen und der Anwendung dieses Wissens über die Zeit. Dazu gehört auch die Weiterentwicklung des Wissens und das vielzitierte „lebenslange Lernen".

Neben den zuvor beispielhaft aufgezählten Berufsgruppen gibt es eine weitere Berufsgruppe, bei denen auf Dauer angelegter Erfolg oder auch Erfolg in „special situations" maßgeblich vom Erfahrungshintergrund, dem Kompetenzlevel und der Umsetzung von „lebenslangem Lernen" abhängt: den ManagerInnen. In den zurückliegenden Monaten und Jahren wurde diese Berufsgruppe wie kaum eine andere mit Volatilität, Unsicherheit, Komplexität und Mehrdeutigkeit (englisch: VUCA) bei gleichzeitig stark erhöhtem Druck durch alle denkbaren Stakeholder-Gruppen konfrontiert. Die weltweiten Megatrends rund um Handelskriege, Klimaveränderungen, Kaufkraftverschiebungen, dematerialisierte Wertschöpfungsketten, politische Unsicherheiten aber auch Krisen wie Umweltkatastrophen, Covid-19 oder anhaltende humanitäre Krisen in Zentralafrika führen zu Herausforderungen und Entscheidungsnotwendigkeiten, die das Kompetenzprofil eines Einzelnen stark beanspruchen, ehrlicherweise in vielen Fällen auch überfordern. Die ManagerInnen in Familienunternehmen stehen hier oft in einer besonderen Verantwortung: die Eigentümer vertrauen ihnen zumeist direkt oder indirekt Privatvermögen oder zumindest im Unternehmen gebundene Bestandteile des Privatvermögens an und erwarten angemessene und risikoadjustierte Renditen bei einer gleichzeitig langfristig ausgerichteten Unternehmensstrategie, deren unumstößliches Fundament oft der Erhalt der Unabhängigkeit als Familienunternehmen ist. Dies erfordert sorgfältiges und besonnenes Handeln und Entscheiden: unaufgeregt, souverän und kompetent. Erfahren.

Hier setzt FBXperts an. FBXperts versteht sich als Multiplikator der praktischen Erfahrung aus der (finanziellen) Führung von Familienunternehmen. FBXperts glaubt an den Mehrwert der Weitergabe des Erfahrungswissens im Bereich der finanziellen Führung. Jedes Mitglied von FBXperts verfügt über langjährige Erfahrungen auf C-Level-Ebene in Familienunternehmen, hat spezifische Kompetenzbereiche nachweislich ausgeprägt und ist vertraut mit Beratungs- oder Mentoringkonzepten zum Wissenstransfer, zudem gewohnt im Umgang mit Vertraulichkeit und Verschwiegenheit. FBXperts nutzt ein Daten basiertes Scoringmodell zum Abgleich von Kompetenzanforderung und Kompetenzprofil und ersetzt bei der Suche- dem Pairing – „Glauben" durch „Wissen".

Zurück zur Eingangsgeschichte und dem zentralen Problem des Profisportlers: er brauchte dringend Kompetenz und den „richtigen" Chirurgen, dem er vertrauen kann, weil er über die spezifische Erfahrung hinsichtlich aller möglichen Eventualitäten während der Operation verfügt und ihm damit die größtmögliche Sicherheit gibt, seinen bisherigen Weg erfolgreich fortsetzen zu können. Die Ärzterangliste, die er recherchiert hatte, gab ihm gute Hinweise, aber letztendlich musste er sich mit seinem Management weiter kümmern, da es die EINE Plattform nicht gab. Für „MangerInnen, EigentümerInnen und BeiräteInnen" gibt es sie – spezialisiert auf Familienunternehmen: FBXperts.

> Der Expertenkreis von FBXperts (www.fbxperts.ch) ist ein Multiplikator der praktischen Erfahrung aus der (finanziellen) Führung von Familienunternehmen. Vielleicht können Sie nach der Lektüre dieses Buches besser nachvollziehen, dass wir uns auch durch die jüngsten krisenhaften Ereignisse eher bestärkt fühlen, die Wissensweitergabe, Transparenz und Vernetzung der Familienunternehmen in Europa weiter zu fördern. So möchten wir Brücken bauen. Besuchen Sie www.fbxperts.ch. So tragen auch Sie zu dem Wissensaustausch bei, der an der Universität St. Gallen initiiert wurde und heute auch an weiteren führenden europäischen Universitäten in Europa genutzt werden wird.

**Axel Wachholz**  ist CFO des Familienunternehmens Phoenix Contact in Ostwestfalen. Er ist ein ausgewiesener Spezialist für Familienunternehmen und hat sowohl in operativen Finanz- und Controllingfunktionen als auch während seiner fünfjährigen Tätigkeit als Unternehmensberater bei Droege & Comp. seine Expertise ausgeprägt.

Printed by Printforce, the Netherlands